U0723333

编辑委员会

顾　　问：王天玺　　孙雨亭　　王连芳
　　　　　赵廷光　　李汉柏　　赵　钰
　　　　　马立三　　王正芳
主　　编：格桑顿珠
副 主 编：马化清　　高　广　　段金录
　　　　　袁晓林　　李缵绪　　郭大烈
　　　　　陈　锴
编　　委：格桑顿珠　　马化清　　高　广
　　　　　段金录　　　袁晓林　　陈　锴
　　　　　李缵绪　　　郭大烈　　左玉堂
　　　　　保定召　　　岳　坚　　李安泰
　　　　　斯陆益　　　沙云生

再版编辑委员会

顾　　问：尹建业
主　　编：赵立雄
副 主 编：张卫东　　徐畅江　　鲁德忠
　　　　　高力青
业务指导：岳　坚　　左玉堂
编　　委：杨红英　　杨浩林　　董　艾
　　　　　普　毅　　张东平　　浩杰辉
　　　　　晏麟德　　郭玉萍　　奚寿鼎
　　　　　郑卫东　　李福春　　李建兵
　　　　　陈秋伶　　欧燕生　　曾　刚

云南民族文化大观丛书

阿昌族
文化大观

云南省民族事务委员会　编

云南民族出版社

图书在版编目（CIP）数据

阿昌族文化大观 / 曹先强主编；云南省民族事务委员会编.
—2 版. —昆明：云南民族出版社，2013.11
（云南民族文化大观丛书）
ISBN 978-7-5367-5888-9

Ⅰ.①阿…　Ⅱ.①曹…②云…　Ⅲ.①阿昌族—民族文化—
云南省　Ⅳ.①K286.2

中国版本图书馆 CIP 数据核字（2013）第254218 号

云南民族文化大观丛书

阿昌族文化大观
ACHANGZU WENHUA DAGUAN

云南省民族事务委员会　编

曹先强　主编

责任编辑：岳文相　封面设计：贺　涛　责任校对：刀碧芬

云南民族出版社出版发行

（昆明市环城西路 170 号云南民族大厦 5 楼　邮编：650032）

昆明富新春彩色印务有限公司印刷

2013 年 11 月第 2 版　2013 年 11 月第 1 次
开本：889mm × 1194mm　1/32
印张：10.25　字数：250千字

ISBN 978-7-5367-5888-9/K·1542　定价：45.00 元

阿昌族村寨

阿昌族家庭

阿昌族服饰

阿昌族服饰

阿昌族服饰

阿昌族服饰

阿昌族服饰

阿昌制刀

制作好的阿昌刀

纺织

织布

采茶

传统舞蹈——窝罗舞

传统舞蹈

象脚鼓舞

甩鼓舞

上百年的老佛寺

拜 佛

佛爷主持仪式

赕佛塔仪式

祭祀寨神

纸扎的节日标志——青龙白象

阿昌婚俗——拜堂

放牛的老妇

赶摆路上

内容提要

阿昌族拥有灿烂的文明。中国境内的阿昌族主要聚居在云南省德宏傣族景颇族自治州，共有人口27 708人（1990 年）。

从文化角度详细地介绍阿昌族的历史渊源、语言文字、宗教信仰、风俗习惯、伦理道德、文学艺术、新闻出版、政治军事、教育体育、商业贸易、交通通信和经济生产方面的内容。

内容全面，资料翔实，语句流畅，风格幽默，尤其宗教信仰、风俗习惯和文学艺术部分的描述最为精彩。

Synopsis

The A'chang, an ethnic minority group living in compact communities in Dehong Dai and Jingpo Autonomous Prefecture of Yunnan province, is a race with brilliant cultural traditions. In 1990, their population reached 27 708.

An Overview of the A'chang Culture gives a detailed account of the history, language, religion, folklore, ethnical values, literature and art, publications, politiics and military affairs, education and sport, trade, communication and economic activities of the A'chang people.

The book is rich in content, fluent in presentation, and humorous in style, with highlighted descrptions of the religious beliefs, customs, literature and art of the A'chang people.

再版说明

云南是祖国西南边疆一个多民族的省份。勤劳勇敢的云南各族人民，不仅用自己的双手耕耘祖国边疆美丽富饶的大地，而且用自己的才智创造、继承和发扬了绚烂多彩的云南民族文化。

文化是民族的血脉，是人民的精神家园。云南民族出版社始终以繁荣发展云南民族文化事业为己任。在 20 世纪 90 年代，云南民族出版社组织各民族的专家、学者和民族文化工作者，编撰了"云南民族文化大观丛书""云南少数民族文化史丛书""云南少数民族文学史丛书"三套丛书。这三套丛书的出版，既满足了云南各民族人民群众精神文化需求，也为建设云南民族文化大省做了一件扎扎实实的最基础的工作。三套丛书对民族文化积累有重要价值，得到了社会好评。其中，"云南民族文化大观丛书"荣获第十二届中国图书奖。

中华民族的伟大复兴决定了中华文化的繁荣兴盛。在开创中华民族美好未来的历史进程中，党中央对繁荣发展中国社会主义文化作出了全新的战略部署，对深化文化体制改革、推动社会主义文化大发展、大繁荣，努力建设社会主义文化强国提出了新的要求。中共云南省委、省人民政府提出了推动云南民族文化大省向民族文化强省迈进的战略思路，云南民族文化迎来了一个新的繁荣发展的历史时期。

新的形势、任务、目标，要求民族出版工作者增强责任感、使命感和紧迫感，抓住机遇，在新的历史起点上深化体制改革，推动云南民族文化大发展、大繁荣，丰富各民族的精神生活，增强民族凝聚力，提高民族创造力，为加快建设民族文化强省做出新的贡献。为满足读者需求，决定再版三套丛书，以新的面貌奉献给广大读者。

此次再版的三套丛书未作大的修订，保持原版的思想观点、学术观点、编写体例乃至书中的数据、地名等原貌，仅对原版书以国家最新实施的标准进行规范，调整了部分图片。三套丛书的再版，是云南民族出版社的一件大事、一件令人欣喜的事，也是云南省出版界的一件引人注目的事。

在再版过程中，尽管我们做了大的努力，付出了辛勤的劳动，但由于水平有限，再版的三套丛书，难免有错漏，敬请读者指正。

再版编辑委员会

2013 年 11 月

总　序

　　云南是中国民族种类最多的省份，世居 5 000 人以上的少数民族有彝、白、哈尼、傣、壮、苗、傈僳、回、拉祜、佤、纳西、瑶、景颇、藏、布朗、布依、阿昌、普米、怒、基诺、德昂、蒙古、水、满和独龙 25 个。少数民族人口有 1 460 万，占全省总人口的 35.7%。全省有 8 个民族自治州、29 个民族自治县，民族自治地方土地面积占全省总面积的 70.2%。

　　在云南这块神奇的土地上，长期以来，各民族人民交错杂居，和睦共处，生息繁衍，用他们的劳动与智慧，创造了丰富多彩的物质文明和光辉灿烂的精神文明。云南民族文化是云南各民族人民物质文明和精神文明的结晶，是云南各民族人民赖以生存、自强不息的精神支柱和知识源泉。

　　为了全面继承、发扬云南少数民族文化，增强民族凝聚力，加强民族团结，维护祖国统一，从 1991 年起，云南省民族事务委员会组织各民族专家、学者，通过深入调查研究，利用丰富的资料，编纂了彝、白、哈尼、傣、傈僳、拉祜、佤、纳西、景颇、布朗、阿昌、普米、怒、基诺、德昂、独龙 16 个民族的文化大观。每个民族的文化大观，都全面涵盖了本民族的历史渊源、语言文字、宗教信仰、风俗习惯、伦理道德、天文历法、文学艺术、科学技术、教育体育、哲学思想、商业贸易、经济生产、建筑名胜等各个领域，系统地反映了云南少数民族所处的自然地理、人文地理环境和与之相联系的生产、生活方式，充分展示了多姿多彩的云南少数民族文化在整个中华民族文化中的地位。在一定意义上说，这是一项建设民族文化大省的最基础的工程，也是一项带有填补学术空白的工作。

为此，云南省民族事务委员会决定出版"云南民族文化大观丛书"，作为云南各少数民族向中华人民共和国成立50周年献上的厚礼。这一举措，得到1999年4月17日在云南省民委召开的省长办公会议的认可和支持。同时，列入了"云南建设民族文化大省规划"项目。

特别需要说明的是"云南民族文化大观丛书"，前称为"中国民族文化大观·云南卷"，系国家"八五"期间社会科学重点研究课题。总编委会主编关东升、副主编陈连开等诸位先生及国家民委有关领导，做了组织、联络、协调、指导等前期工作；孙雨亭、王连芳等民族工作的老前辈、老领导给予热情关心，并担任过顾问；黄惠焜、沈其荣、杨德鋆、巫凌云、高宗裕、乌谷、李昆声、郭思九、和丽峰、李光云等同志先后担任过编委或办公室工作人员。一些有关单位、部门的领导和同志，曾参与过前期的组织协调工作。在此，一并致谢！

由于总编委会人事变动和各种原因，1999年4月16日经总编委会同意，重新调整云南编委会，并把该书易名为"云南民族文化大观丛书"，决定由云南民族出版社以最好的质量、最快的速度，作为精品出版，向中华人民共和国成立50周年献礼，为建设民族文化大省贡献力量，对此我们深感欣慰。

"云南民族文化大观丛书"16卷虽然经过9年努力，但许多方面仍会有不足之处，有待再版时补充完善。

编辑委员会
1999年6月

目　　录

引　言

　　我国境内的阿昌族，共有人口27 708人（1990 年），其中23 658人居住在云南省德宏傣族景颇族自治州的陇川、梁河、芒市、盈江、瑞丽、畹町等县（市）内，占国内阿昌族总人口的85. 38%；其余4 000多人分散居住在保山市的腾冲、龙陵和大理白族自治州的云龙等县。陇川县的户撒和梁河县的曩宋、九保3个阿昌族乡是阿昌族主要人口聚居区。阿昌族是跨境民族，在缅甸被称为"莪昌"和"迈英达"，主要分布在密支那、歪莫、八莫、腊戍、莫谷、红宝场、景栋等地，人口约35 000人。

　　阿昌族是一个历史悠久的民族。在我国境内的阿昌族大都与傣族、景颇族、德昂族和汉族为邻，分寨而居。在历史上，阿昌族人民与云南省境内的各族人民一起，以自己的辛勤劳动和英雄气概，开发和捍卫了祖国的西南边疆，在缔造和建设祖国的伟大事业中做出了贡献。

　　阿昌族分布于云南省西部横断山脉的高黎贡山大支脉，澜沧江与怒江两大水系相互切割交错形成的冲积地带。因此，阿昌族聚居区山脉河流相间，山地盆地交错。这些地区，气候湿润，土地肥沃，物产丰富，森林茂盛，河流落差大，有利于发展电力事业。

　　在阿昌族居住地区绵延起伏的丘陵河谷地带与崇山峻岭之间，蕴藏着丰富的矿产资源，有煤、锡、铅、锌、铀、铁、铜、云母、石墨、硫黄等。其中，已经广泛开采利用的煤、锡、石灰石等矿产资源，促进了阿昌族地区经济的发展，使一部分阿昌族人民走上了富裕之路。在纵贯南北的山梁上，覆盖着茂盛的森林，栖息着马鹿、麂子、獐子、野猪、熊、猴子、豹子、孔雀、锦鸡、野鸭、山鸡等珍禽异兽。

在湿热地带中，还有鹿茸、麝香、熊胆等名贵药材。名目繁多的野生植物可以提炼出冬青油、香茅油、松节油、桐油、桉油、烤胶等原料，满足工业、医药上的需要。

阿昌族地区受印度洋季风气候的影响，气候温和，雨量充沛。全年降雨量为1 400毫米左右，分干、湿两季，年平均气温为18°C左右，河谷平坝土质肥沃，适宜各种农作物生长，产量很高。水稻是阿昌族地区的主要粮食作物。阿昌族的种稻历史悠久，颇具丰富的耕作、技艺经验，并在长期的稻作农耕实践中培育出了许多优良品种，有的良种被当地各民族誉为"水稻之王"。梁河地区的土壤和气候，尤其适宜水稻栽种，可种双季稻或三季稻。此外，阿昌族主要种植玉米、小麦、豆类等农作物。经济作物有甘蔗、烟草、茶叶、花生、油菜、木棉、核桃、桐油果等。户腊撒地区的烟叶，色泽金黄，质地丰厚而松软，加工成精细烟丝后，味道芳香醇美，享有盛名，深受境内外边民的欢迎。

阿昌族除从事农业和家畜饲养外，还从事各种手工业加工，主要制作铁器、木器、竹编、染织、刺绣、酿酒、榨油等。户撒地区的铁器加工业已有相当高的水平，户撒刀尤其著名，产品行销缅甸、泰国、印度和国内西藏、新疆、青海、黑龙江大兴安岭等少数民族地区。

阿昌族有本民族语言，但是没有文字，使用汉文和傣文。

阿昌族人民热爱生活，向往和平与幸福。在中华人民共和国成立前，阿昌族人民受封建领主与反动土司的压迫和剥削，生产、生活处于极其贫穷落后状态，终年辛劳，仍不得温饱。具有革命传统的阿昌族人民长期与历代的封建统治阶级进行了不屈不挠的斗争，终于在1950年春天得到了彻底解放，翻身当家做了主人。

中华人民共和国成立后，阿昌族人民在党和政府的领导下，经过民主改革和社会主义建设，建立了社会主义的生产资料所有制，在阿昌族聚居的地区先后建立了民族乡、自治村。阿昌族人民在政治上享有民族平等的权利；经济上在各级政府的关怀下，有了很大的发展，基本改变了贫穷落后的面貌；文化、教育、卫生、交通等各项建设事业也相应地取得了很大的成就。尤其是在党的十一届三中全会以来，阿昌族地区的经济得到了迅速的发展，丰富的自然资源优势得到进一步开发，阿昌族地区的经济、文化充满了前所未有的活力。目前，阿昌族人民以极大的热情投身改革开放的大潮，为实现社会主义现代化宏伟目标，实现各民族共同繁荣、进步和团结而正在忘我地劳动，谱写着新的历史篇章。

第一章　渊源历史

第一节　族源及民族形成

据古籍记载及近代专家、学者考证，阿昌族是古代氐羌族群中的一部分在向南流徙及衍化过程中逐渐形成的民族。

一、氐羌族群及其流徙

游牧于我国西部高原的古代氐羌族群，先秦至南北朝时期，主要分布在今甘肃省兰州以西、青海省西宁以南的辽阔区域。由于当时中国西北广大地区的民族族群众多、民族关系复杂，西部羌人部落时常受到其他民族势力的侵扰，生存受到了威胁，于是先秦时期就开始向南流徙。到汉代南迁人数逐渐增多，到了东汉以后，大量的羌人南移进入川西南及云南、贵州等地，其中一部分散居于川西一带。

历史文献中屡见促使羌人部落迁徙的事例。西晋末，吐谷浑西迁今甘肃、青海一带，与羌人部落融合；南北朝时，其王夸吕称可汗，以伏俟城（今青海湖西岸）为活动中心，势力渐强，侵扰氐羌部落。《通典·边防·吐谷浑》记载："兼并氐羌，号为强国。"由于当时故土已被分裂割据，促使氐羌部落迁徙西南。

羌人部落迁入西南地区后，与原有或早先进入西南的夜郎、滇、邛都、白马、嶲、昆明、徙（斯）、筰都、冉駹等民族部落长期杂处，互相依存，以致互相融合，从而引起了西南地区民族结构的变化，形成了氐羌、濮蛮两大支系。

随着历史的变迁，西南地区的民族部落又不断进一步分化。到唐代初期，出现了许多不同名称的部落，其中较大的有僰、叟、摩沙、爨、嶲等。

二、唐宋时期的"寻传蛮"

到了唐代，叟、爨等部落进一步衍化，分化为许多部落，阿昌族先民就是其中的一个，大体上流居于今澜沧江上游以西至缅甸克钦邦境内伊洛瓦底江上游以东的辽阔地带。因为这一带地区当时统称"寻传"，阿昌族先民居住在这一地区，所以在唐代文献史书上将阿昌族的祖先称为"寻传蛮"。《蛮书》卷4记载："寻传蛮，阁罗凤所讨定也。"卷3记载："阁罗凤西开寻传，南通骠国。"

在澜沧江以东，金沙江流域，今四川省的雅砻江至云南省的丽江、永胜等县，当时也有寻传蛮分布。史书记载，这一地区原是唐代以前氐羌族系各民族部落居住区域。到了唐宋时期，在泸水（今雅砻江）附近仍有寻传蛮部落。唐代以后，"寻传蛮部落"中的一部分便逐渐向西流徙，至澜沧江及其以西的寻传地区。

据学界研究，阿昌先民的浪峨支系来源于"三浪诏"（浪穹、剑浪、邓赕）的"浪人"，认为南诏国王家族为"哀牢之后"，也是浪峨人。远在6世纪，有一部分哀牢后裔浪峨人东迁进入洱海周边地区，曾有"蒙撒"和"蒙寻"两个部落迁入阳瓜江下游（现今巍山），分别建立"蒙舍诏"和"蒙嶲诏"。"蒙舍"与"蒙撒"，"蒙嶲"与"蒙寻"同音。与阿昌族先民"寻传蛮"族群的"寻"与"嶲"族称密切。南诏崛起又灭亡，蒙氏退出洱海区域，沿江流迁徙滇西南。退至云县、双江、澜沧、元阳一带的自称"蒙化族"，村落自称"蒙化寨"。德宏户撒、腊撒一带的阿昌族至今保留古老部族称谓，自称"勐索人""蒙撒人"。阿昌族民间传说，自己的祖先来自于遥远的"勐撒峒"。沿袭古代浪峨时期，浪速部族、峨昌族群支系衍化，演变的结果，现代阿昌族族群大体有四个支系，分别为"勐索"（蒙撒）支系、"义瓦"（"野瓦"）"克赛"（大阿昌）支系、"曩瓦"（小阿昌）支系和先岛人（崩巴）支系。与阿昌族同属浪峨族群，有渊源关系的还有"载瓦"支系，已划入景颇族。阿昌族聚族而居，因居住地区不同，支系不同，有不同的自称和他称。户撒阿昌族自称"蒙索卓"，他称为"傣撒"、"勐撒掸"、"昌撒"；梁河阿昌族自称"汉撒"、"哈昌"，他称为"克赛"、"义瓦"（"野瓦"）、"大阿昌"；高埂田阿昌族自称为"曩瓦"，他称为"曩瓦"、"小阿昌"；"先岛"支系，自称"先岛人"、"刊岛"，他称为"崩麻诸"、"崩巴刊岛"。

三、"阿昌"统一族称的形成

大约在12世纪（元世祖至元年间），阿昌族的祖先被称为"峨昌"或"阿昌"。《元史·地理志》记载：

> 其地在大理西南，澜沧江界以东，与缅甸接。其西土蛮凡八种：曰金齿、曰百夷、曰峨昌、曰骠、曰缥、曰渠罗、曰比苏。
>
> 南赕，在镇西路西北，其地有阿赛赕、舞真赕、白夷、峨昌所居。

这里所说的8种"土蛮"，是元代金齿宣抚司辖境的民族部落。镇西路指今盈江县。元十三年（1276年），元朝为了巩固在云南地区的统治，采取协调当地民族关系的政策，注重发展生产，对云南西部各部族，一改强权统治为怀柔安抚，并将原来的金齿安抚司升级为金齿宣抚司，立金齿六路①，建六路总管府。

元代建立的这六路区域设治分布于澜沧江以西至与缅甸相连接的地带，即唐宋时期的寻传地区。

到13世纪初（元成宗大德年间），便开始以"阿昌"这一统一名称称呼阿昌族的祖先。据《招捕总录》记载：

> 至元十四年，……时大理路蒙古千户忽都，……奉命伐永昌之西腾越、蒲骠阿昌、金齿之未降部族，驻南甸，……②

从这条史料可知，当时阿昌族祖先主要居住于今保山、腾冲、梁河一带，并统称为"阿昌"。以后的文献中虽有写作"峨昌""莪昌""萼昌"，都是译音不同而已。《元混一方舆胜览》记载：

> 麓川江出萼昌，经越赕傍高黎贡山，由茫施孟乃甸入缅中。

麓川江即今陇川江，越赕为今腾冲，茫施指今芒市。陇川江发源于今泸水县西部边境尖高山，往西与缅甸克钦邦接壤，元代属云龙路管辖，这一带地区也有阿昌族祖先分布。萼昌，即阿

---

① 六路：指柔远路（今保山市之潞江区，俗称怒江坝）、镇西路（今盈江县）、平缅路（今梁河县境及其西部一带地区）、麓川路（今陇川、瑞丽、芒市的遮放地区及瑞丽江以南一部分地区）、芒施路（今芒市）、镇康路（今镇康县）。

② 蒲骠：今保山市西南部；南甸：今梁河县；永昌：今保山；腾越：今腾冲。

昌。《元一统志》记载：

> 丽江路，蛮有八种：曰么些、曰白、曰罗落、曰冬
> 闷、曰峨昌、曰撬、曰吐蕃、曰护，参错而居。

"峨"与"阿"同音，这里的"峨昌"也同"阿昌"，且从中得知，元代澜沧江以东仍有部分"阿昌"居住。

综上所述，现在的阿昌族名称，是在元代形成统一称号并开始确定下来的"阿昌"。大约在12世纪末（元世祖至元年间），史书称阿昌族的祖先为"峨昌"；到13世纪初（元成宗大德年间），又以"阿昌"这一名称来称呼阿昌族的祖先。

元代，阿昌族不仅有了统一的"阿昌"族称，并且当时居住的地理位置分布与现在阿昌族聚居的位置分布基本一致。这说明，阿昌族先民自元代开始，所居住的地域已经相对稳定，"迁徙无常"的生活被相对安定的定居生活所代替，进入了固定居所的生产、生活阶段。

四、有关阿昌族族源的传说

阿昌族作为一个历史悠久的民族，经历了不断衍化、迁徙、离散和聚合的复杂过程。关于阿昌族的来源，有着各种传说，有的带有神话色彩、有的属于附会、有的则带有真实的历史性。

在梁河县阿昌族和芒市高埂田一带的阿昌族中，世代流传着人类始祖遮帕麻和遮米麻开天辟地创造人类的故事。这个取材于创世史诗《遮帕麻和遮米麻》的神话故事说：在天地产生之前，世界一片混沌。没有天，也没有地，只有混沌，混沌中无明无暗、无上无下、无依无托、无边无际，虚无缥缈。后来，在混沌中忽然闪出一道白光。有了白光，也就有了黑暗，有了白光和黑暗，也就有了阴阳。阴阳相间便诞生了天公遮帕

麻和地母遮米麻。

遮帕麻腰系赶山鞭创造了天、创造了日月，将巨大的左右乳房扯下变成太阴山、太阳山，有了太阳和月亮，又创造了满天的星星。遮米麻摘下喉头当梭子，拔下脸毛织大地，织好了大地，还在大地上织出了花草树木、江河湖海。

天地造好以后，天地间变得非常美丽，但是"山高没有打猎人，林深没有砍柴人，地阔没有种田人，海宽没有捕鱼人"。遮帕麻和遮米麻便采用滚石磨和烧柴烟的办法进行神卦，结果从两山滚下的石磨盘神奇地合在一起，两山点燃的柴烟神奇地交汇在一起，遮帕麻和遮米麻就结合成了家。结婚9年，遮米麻才怀胎，怀胎9年才临产，生下一颗葫芦籽；葫芦籽9年才发芽，发芽9年才开花，开花9年才结果，结果9年磨盘大的葫芦便生出9个小娃娃。9个小娃娃被分到了各个地方，分到坝子的成了傣族、汉族，分到高山顶上的成了景颇族、傈僳族，分到半山半坝的便是阿昌族、德昂族。这个被阿昌族人民称之为"天公地母传人种"的神话传说，反映的是阿昌族人民一种原始、朴素的民族同源意识。

传说中阿昌族先民最早居住的地方，称为"勐撒峒"。勐撒峒在什么地方，目前还没有发现足以与"勐撒峒"相当的地名，所以很难考究。户撒的阿昌族均自称"蒙撒"，因此"勐撒峒"可能就是"蒙撒"的变音，即为蒙撒人居住的溪峒。传说"勐撒峒"里有一个国王，国王有两个儿子，两个儿子长大后由于争夺王位继承权闹不和，无法相处下去。于是小儿子只有离开原居地，率领家属部众1 000多人，带着谷种，搬离了勐撒峒。他们先后搬了7个地方，最后才在户撒坝子定居下来。由于当时户撒坝森林茂密，连路都没有，只好相约沿路以砍芭蕉树为标记。走在后面的人见芭蕉树已长得很高，以为追不上了，便不再往前追赶，就地定居下来。因此，阿昌族就形成了今天这样分布的格局。

在梁河、陇川等县的阿昌族一些村寨中，传说着自己的祖先是距他们二三十代人前从外地迁入的汉族的说法。从年代来推算，距今约五六百年，应当是明朝统治者三征麓川之时，这一传说有相应历史文献记载。这些村寨的阿昌族人民在生活习俗、宗教信仰方面确实夹杂着许多汉民族的传统礼仪，比如家里保留了与当地汉族大同小异的"天地君亲师"神位，有的还在神位上方加上"祖宗郡望"的字批等。

这部分阿昌族是由汉族演变来的传说，主要来源于当地的一些墓碑刻石记载或家会传承的家谱记载。

陇川县户撒阿昌族乡芒东寨尹立兴的墓志铭说：

> 立兴，大有公之次子，原籍四川重庆，其始祖因经商到腾，落籍腾冲黄坡，后分居南甸。至加广祖，率子鸿本，迁到本司麻来山，又迁居富来，成为现在之基业。传至大有，生子二人，长曰立思，次曰立兴。公娶本司轩勒寨阿昌虞氏之女为室……

梁河县曩宋阿昌族乡关章村的曹姓阿昌族，也在他们的祖坟墓碑石刻上申言，始祖名曹宾部（也有的写成曹秉薄），洪武二年到腾越，据称把缅人赶走后，参加筑城，修了12年，后因逃避苦役，搬到绮罗，后又迁罗汉冲，再迁关章，娶阿昌族奉氏老妹，从而变为阿昌人。曹姓阿昌族在关章兴盛以后，其中一支到芒市高埂田、龙陵县等地定居，现在仍为阿昌族；一支到萝卜坝，现已变为傣族；一支到陇川小新寨，现已变为景颇族载瓦人；还有一支到盈江，现已变为傈僳族。还有一些辗转陇川、龙陵、芒市等县（市），又迁回梁河，后住在蛮掌（芒展）、丙介、曹家寨、弄别、荒田、河西（别董）等村寨。有趣的是不论变什么民族，姓氏家族仍然相认。比如陇川县已经变为景颇族载瓦人的曹家、腾冲县大蒲川白花村曹家、芒市高埂田的曹家，近年多次来信或来人，追根溯源到关章曹家，问什么时候修祖坟。如果修祖坟的话，也愿意出人、出力、出钱财。

目前，经关章曹家族人的合力倡举，曹氏宗族的祖宗坟墓，雕龙琢凤，石墙碑碣已重新修葺一新。传说曹宾部原籍南京应天府柳荫塘，在明朝军队中是一个司粮草的小官役。因粮草失火，被革职充军服苦役而逃居关章，在关章砍草立寨。

在梁河县阿昌族村寨中，赵姓的寨子最多，人口也最多。赵姓是阿昌族中的一个大姓氏。赵姓有家族家会制度，有较为系统的家谱修订本。据《赵氏家谱》称：梁河县的赵家原籍南京应天府柳树湾，先到腾冲县落籍，后搬到梁河县木瓜寨，先祖名曰赵尔荣，为教书先生，与阿昌族马氏通婚，后变为阿昌族。仅从木瓜寨赵氏家族的老祖坟记载时间推算，到丙介一带的阿昌族已有 12 代人，大约有三四百年的历史。

在上述引例中的几个姓氏阿昌族是外来汉族与阿昌族通婚后融合到阿昌族中的一部分，他们不能完全代表古老的属于守土氏族的阿昌族，他们只是因"娶夷婆变夷人"而陆续融合渗入阿昌族中。

第二节　历史演进与发展

阿昌族在长期的迁徙奔波中，逐渐与别的民族频繁接触、交往和杂居。阿昌族每到一处，都能与当地的民族融洽相处，并擅长学习和汲取其他民族先进的生产方式和科学技术。在阿昌族的社会形态中，无论是生产方法、起居习俗还是宗教信仰，无不遗

留着历史上与之相处的民族的印迹。这无疑对阿昌族的历史进步
与社会发展具有一定的促进作用。

一、唐宋以前阿昌族的社会形态

唐宋以前的阿昌族先民，处于大范围的流动、迁徙时期，对
其社会结构和历史状况，古文献中没有详细记载。从唐代以后的
文献记录来看，当时阿昌族先民的生产方式主要以采集、狩猎、
游牧为基础。《蛮书》卷4记载，寻传地区散居于山谷的寻传蛮，
妇女"入山林，采拾虫、鱼、菜、螺蜆等归啖食之"。因为史料
奇缺，寻传蛮采集生活的详细情况无法知晓。《蛮书》卷4在记
载采集活动的同时，也粗略地记录了寻传蛮的狩猎活动及一些经
济状况：

> 寻传蛮，阁罗凤所讨定也。俗无丝绵布帛，披波罗
> 皮（虎皮），跣足，可以践履棒棘。持弓挟矢，射豪
> 猪，生食其肉，取其两牙双插髻旁为饰，又条猪皮以系
> 腰，每战斗即以笼子笼头如兜鍪状。

从这里可以大体了解到，阁罗凤征讨寻传地区的前期，阿昌
族先民是依靠狩猎来取得生活资料的，以虎皮及其他兽皮为衣。
当时，生产力还没有达到织丝帛的水平；在饮食方面，有的还处
于生食的原始状态。狩猎及战争时，使用弓和箭。从文献中可以
看出，阿昌族先民在进行采集经济活动的同时，狩猎经济占重要
地位。狩猎不仅获得食源，还可用剩余猎物到邻近民族市场上通
过以物易物的方式，将其变作商品，换回生产生活资料；还可以
利用采集活动的所得剩余豢养剩余猎物，形成最初的畜牧业。采
集经济与狩猎经济在当时的生产力条件下，相辅相成，至关重
要。在迁移不定与无固定居住的条件下，狩猎应是阿昌族先民的

主要谋生手段。说明阿昌族先民男子在生产、生活中已有了相当的地位，但是还没有形成较大的社会组织，故史书称他们"散漫山中，无君长"。这时期的阿昌族社会已进入父系氏族社会阶段，即处于原始社会末期。

二、阿昌族社会阶级关系的产生

根据（清）董善庆《云龙记往》的记载，公元 6 ~ 7 世纪之间，云龙境内的阿昌族势力日益强盛，阿昌族部落酋长早概，率众兼并了蒲蛮部落酋长底弄，成为云龙地区各部落的首领。期间，马山（今漕涧）、鹿山、峨山（今浪宋诸村）、邓山、凤山（今赶马撒等地）的"众夷皆拱服，岁贡物产以为常"。由此可见，当时的阿昌族已形成部落联盟，剥削与被剥削的阶级关系已经出现。在此之前的部落首领是"皆任人自立"，到早概时期则"以铁印券为凭，不得擅立"。从此，传统的部落酋长选举制也随之被打破，改为世袭制，阿昌族社会开始进入奴隶制社会。

南诏政权（8 世纪）建立后，南诏王阁罗凤"西开寻传"，曾引起了一部分阿昌族部落的西迁，但是也使先进的南诏文化不断流入，商贾贸易往来日益密切。到了大理国时期（10 世纪），云龙阿昌族部落首领早疆，接受大理国招抚，使阿昌族的社会结构和经济结构发生了巨大的变化。当时"商贾有不归者，教夷人开田，有喇鲁者习其法，于是始有田耕"（《云龙记往》）。夷人，当是阿昌，喇鲁则是阿昌族最先从渔猎跨入农耕的鼻祖，也是阿昌族现今驰名远近的稻作文明的先驱。阿昌族农业田耕的兴起，结束了以采集、狩猎为主要谋生手段的经济形态。到 13 世纪初，阿昌族的阶级社会进入繁盛时期。

三、阿昌族社会封建生产关系的产生

由于阿昌族从远古时代起就一直不断地选择更好的、适合自己生存和发展的自然地域和自然条件，因此阿昌族居住区域的自然条件优越，依山傍水，虽非平坝，但是地势平坦，土质肥沃，气候适中，适宜农作物的生长。唐朝以后，民族交往频繁，许多内地商旅进入阿昌族地区，带来了先进的生产工具与生产技术，使阿昌族由"刀耕火种"的原始农业转入水田的锄耕时代，工具与技术的提高和革新，促进了当时阿昌族的经济和社会发展。

到了明朝，阿昌族的生产技能又有了很大提高，社会生活也有较大变化。明（景泰）《云南图经志》卷6记载："境内峨昌蛮，……种秫为酒，歌舞而饮，以糟粕为饼，晒之以待乏。"秫是一种黏米，也就是糯米。这里反映出阿昌族不仅种植技术有所提高，种植规模与范围（品种）不断扩大，而且对农产品的加工制作也初具规模。从种秫到酿酒，从酿酒到酒糟饼的再生利用，呈现出生产工艺的日臻完善，颇具现代农业立体结构的链式生产雏形。

明（景泰）《云南图经志》卷6又记载："峨昌蛮，以孳畜佃种为生，又善商贾。"由此可看出，当时阿昌族已不再以采集渔猎为生，而是以繁殖牲畜及耕田种地为生。随着农业和畜牧业的发展以及生产力的提高，阿昌族社会中也出现了一些商贾活动。产业结构的变化，加深了阶级关系的变化，即史书中所说的"贫富有差"。这种财富和阶级的差别渗透到了阿昌族社会的各个方面，夫妻不再是自由结合，男子必须用牛马做聘礼才能娶到妻子；衣饰也从兽皮转向丝麻和棉织物；酿酒业的兴盛，使阿昌人几乎嗜酒成习。财富的多寡是贫富的标志，决定着人们的社会地位和阶级地位。这个时期，阿昌族地区已出现"佃种"现象，说明外来民族已将内地的封建制生产关系带到阿昌族的农业生产领域中。因为"佃种"关系是封建社会特有的生产关系。从这一现象可以推断，在明景泰年间，约公元15世纪，阿昌族社会中已出现了封建制的生产关系。

这一时期，阿昌族地区产生封建制生产关系的另一佐证是自明朝开始，阿昌族地区普遍设立土司制度。比如明洪武十六年，明王朝封漕涧阿昌族酋长早纳为漕涧土千总。这是阿昌族地区最早建立的土司政权。漕涧土千总的建立是阿昌族地区土司制度的开始。漕涧土司制度历时475年，土司衙门设在苗丹。据说在修土司衙门时，所有的砖瓦都是由土司兵丁排成长队，由漕涧街一直传递到苗丹的。两地距离约3里，可见漕涧土司颇具统治势力。到清咸丰年间，因滇西回民起义浪潮的冲击才将阿昌族沿袭了数百年的土司制度瓦解。继漕涧建立土司制度和土司政权之后，阿昌族地区还相继建立了茶山、里麻土司制度、腾冲北部明光地区的土司制度、南甸土司制度和户撒与腊撒土司制度[1]。这些土司制度中，土司都是世袭的封建领主，都是封建朝廷赐封的，他们对本辖区内的阿昌族民众及其他民族进行着封建统治和阶级压迫。

四、阿昌族人民反帝反封建的斗争

土司制度对阿昌族地区的封建统治、政治压迫和经济剥削，给阿昌族人民带来了深重的灾难。阿昌族人民除了向土司租佃纳租外，还要缴纳土司的日常所需及婚丧费用。于是"贡奉有增无减，追乎不胜其繁"。各种苛捐杂税多如牛毛，阿昌族人民在忍无可忍的情况下，组织起来进行了无数次反封建统治阶级的斗争。

1660年，陇川户撒地区爆发了以杨五为首的各族人民起义，占领了土司署。后来，南甸、干崖、盏达三土司联合出兵才把起义镇压了下去。

---

① 杨浚：《阿昌族社会历史调查报告》，载《云南少数民族社会历史调查》，云南人民出版社，1985年。

1769 年，户撒土司横征暴敛，阿昌族人民又起来反抗，迫使清政府撤换了土司赖邦俊。

1793 年，由于土司的残酷压迫和剥削，户撒、腊撒的阿昌族人民再一次揭竿而起，掀起了反抗封建领主压迫和剥削的斗争，杀死了腊撒土司盖荣邦。这次起义规模宏大，抗暴斗争蔓延户撒、腊撒坝头坝尾，持续了 3 个月，震惊了清廷及地方政权。清廷派来大量兵丁残酷镇压，同时也指责了腊撒土司苛派太繁重。这次起义虽然遭镇压而失败，但是迫使清政府刻碑立石，废止和革除了土司的部分苛捐杂税。此碑现存于芒东寨。

1725 年，梁河县河西一带的各族人民经过多年数次抗暴斗争，取得了划归腾越流官管理的胜利，土司被逼搬离到河西邦读的衙门所在地。

1833 年，梁河县曩宋关、马茂、老官城、新寨、尖坡 5 寨起义，迫使清政府处死了土司，并将 5 个村寨划归腾越。

1851 年，梁河县芒丙、河东、大厂、勐蚌、田心等"五撮"[①] 阿昌族与其他民族人民武装起义，反抗南甸土司变本加厉的盘剥和苛役，"五撮"人民联合抗暴起义队伍，冲进土司衙门，并一举烧毁了永安司署府。南甸土司向芒市、干崖司署求援，起义最终被联合镇压，但是土司衙门却不得不再次搬迁至遮岛现址。

1815～1861 年，由于户腊撒的男子被干崖土司强征入伍，与陇川土司兵丁作战，行军途中，遭到陇川土司兵丁伏击，几乎全部惨死。受难家属无比愤慨，组织起来到干崖司署示威，控诉土司罪行，与干崖土司和户撒土司（后者当时受制于干崖土司）进行了旷日持久的激烈斗争，迫使土司做出让步，并赔偿了损失。这次反封建领主的斗争，猛烈地冲击了土司统治的政权。此

---

①撮：行政区划建制。当时南甸土司行政区划为三山、四畎、八撮。

后，阿昌族反抗土司压迫和剥削的斗争，风起云涌，连续不断。其中，1892 年腊撒又爆发过大规模的起义。

清咸丰六年（1856 年），滇西回民举行了反抗清朝民族压迫的武装起义。起义军攻占大理后，向各地推进，与清朝地方封建势力展开激烈斗争。回民起义军的反清斗争，激励了滇西各族人民的斗志，云龙一带的阿昌族人民也同其他各族人民一道，投入了这次斗争。

1909 年，德宏地区各族人民举行反清政府、反封建帝制的干崖起义，阿昌族人民也树立反抗清朝民族压迫、民族歧视的斗志，积极参加了战斗。

民国时期，各族人民反封建统治的斗争进一步发展，阿昌族人民也继续发扬明清以来反封建的传统，加入反帝反封建的斗争中。

1943 年，户撒、腊撒的阿昌族人民不畏当时封建统治势力的强暴，又联合进行了一次较大规模的武装起义。阿昌族起义群众包围了土司衙门，并向土司署发起进攻，迫使土司逃到陇川，并向陇川土司和国民党地方政权设治局求援。地方封建势力勾结国民党地方政权，出动了大批军队，残酷镇压阿昌族人民。陇川县各族人民看到国民党反动军队的种种暴行，纷纷参加援助阿昌族人民的战斗。阿昌族和陇川县各族人民并肩战斗，激战 5 昼夜，狠狠打击了国民党地方政府的武装力量。在国民党 198 师师长刘金奎的调解下，起义军才暂时解散。但是，随后国民党军队向阿昌族人民进行了疯狂报复，肆意屠杀和掠夺。阿昌人死的死、伤的伤，许多村寨被烧光，人们四处逃亡，许多家庭被逼得颠沛流离、家破人亡。

1949 年底，户撒、腊撒土司在全国即将解放的形势下，还蓄兵备粮，大肆搜刮民财，强拉壮丁，规定"两丁抽一，三丁抽二"，以充实土司兵丁队伍，企图抵制人民的解放事业。土司的横征暴敛，使阿昌族民不聊生，又一次激发了反封建的斗争。8月初，腊撒第22代土司盖万新的三弟盖万忠无故开枪伤人，回衙途中被百姓开枪打死，其父盖炳铨（第21代土司）立即派兵逮捕了原由土司委派的阿昌族头人共8人，强逼他们交出"凶手"，并饬令辖区铁匠赶造大批镣铐刑具，准备大规模逮捕、镇压阿昌族人民。阿昌村寨哀鸿遍野，民不聊生，阿昌族人民被逼得无法生活下去了。9月，群众组织的武装队伍奋起反抗，经过3昼夜的激战，攻破了腊撒土司衙门，歼灭了土司署守兵，砍死了老土司盖炳铨。当时，小土司盖万新在阿昌族人民武装起义前已去陇川城参加德宏地区的"十土司会议"。当盖万新听到父亲被杀的消息，便向各土司哭诉求援，与会土司随即密谋血腥屠杀，并从干崖、南甸、陇川等地土司署联合调集号称"强兵千人"的土司武装队伍。9月21日进至户撒、腊撒一带。10月8日盖万新杀气腾腾地回到腊撒主持政务，并继续镇压起义民众，起义民众被迫退入山中。

阿昌族人民为了获得彻底的解放，选出番有贵（汉族，芒东寨人，曾担任户腊撒解放委员会主任，"文化大革命"时期惨遭迫害，逃亡缅甸，1993年回国定居）、邓家美（腊撒人，原籍腾冲，曾担任户腊撒解放委员会委员）、肖渊（腊撒大坝竹人，原籍四川，曾担任户腊撒解放委员会委员）3位代表前往腾冲迎接中国人民解放军。当时，户撒通往内地龙陵、保山、腾冲的通道已被国民党残匪和与其勾结的部分土司封锁，交通线被切断。阿昌族代表脚穿草鞋、手举火把、身背长刀，斗猛兽，战毒蛇，不辞劳苦，绕道缅甸八莫、密支那到昔董、古永、腾冲，跋山涉水，整整走了半个多月，终于到达腾冲。代表们受到了中国人民解放军滇桂黔边纵队第七支队三十六团首长的接见，并赠予了一面"户腊撒解放委员会"的红色旗帜和一枚公章——"户腊撒解放委员会"。主任番有贵（汉族），芒东寨人；副主任雷过勐，海南寨人；副主任杨发广（汉族），曼境寨人；委员梁翁保小坝竹寨人，赵元相（汉族）、曼棒寨人，邓家美、肖渊；秘书佐科（汉族），我党特派员。阿昌族人民历经艰难抗争，苦苦追寻，于1951年正月初八，朗光村芒告寨黄礼先、隆光村苏姓青年等前去迎接驻莲山中国人民解放军。阿昌族人民终于找到了救星中国共产党。

在近代反抗外国帝国主义侵略的斗争中，阿昌族人民同云南西部各族人民一道，站在反抗殖民主义者野蛮侵略的战争前沿，给侵略者予沉重的打击。

1875年，阿昌族人民参加了有名的"马嘉理事件"，打击了英帝国主义的嚣张气焰。这是云南西部沿边各族人民反击英国殖民主义分子入侵我国边疆的一段光辉史实。

1890年、1892年、1893年，英帝国主义侵略军"探测队"多次入侵我国德宏沿边领土，当地各族人民使用疑兵计、传言恐吓、设置路障、集众围阻等各种斗争形式，阻击和击退英国侵略军。阿昌族人民参加了当地各族人民组织的武装斗争。特别是在1898年户撒坝尾至洗帕河领土保卫战中，围歼了入侵之敌。

1900年，英国殖民军又入侵腾冲北部地区，枪杀各族人民，烧毁明光、茨竹等村寨。腾冲县阿昌族明光土守备左孝臣率领600多阿昌族人民奔赴片马前方的边防茨竹隘口甘稗地，奋勇抗击英国侵略军。景颇、傈僳、汉等各族人民也协同作战。但是由于敌人已有武装准备，这支反侵略群众队伍所使用的武器较差，而且后备力量不足，终于失败。在这次反抗英国侵略军的斗争中，阿昌族和其他民族的爱国军民137人壮烈牺牲，左孝臣也身中8弹英勇殉职。阿昌族人民在反帝反侵略的斗争中，英勇顽强，为保家卫国做出巨大贡献。

在日本帝国主义侵华期间，阿昌族人民为了保家卫国，又进行了反抗日本帝国主义侵略的斗争。

1942 年，日本侵略军侵占了邻邦缅甸，进而侵犯云南西部边境。日本侵略军沿滇缅公路长驱直入，占领了瑞丽、陇川、遮放、芒市、龙陵，同时向北占领了盈江、梁河、腾冲，又妄图染指保山、大理，因受阻于怒江，未能实现。这时，阿昌族的绝大部分居住地已被日本侵略者占领，财物遭受洗劫，青年被强行拉夫服劳役。阿昌族人民临危不屈，怀着热爱祖国、不愿当亡国奴的心情，公开地或隐蔽地反抗日本侵略军的暴行，同当地各族人民一道，配合抗日游击组织作战，用自己制造的长刀、斧头、地弩，以及从外地购置的枪支，在交通要道伏击敌人。日寇侵占梁河县曩宋阿昌族聚居的村寨时，附近阿昌族人民积极支援抗日部队作战，并组织青壮年狙击敌人。关章桐油地的郎洪才家，闯进3 名日军人，郎洪才叫妻子做饭，自己谎称买肉，跑去马茂叫来抗日部队生擒了从腾冲退来的日军。关章人曹连云、曹连常、曹先洪等去几马洞砍柴，路遇 4 个日军跛脚伤兵，即举大刀追击，日军逃入几马洞洼子及弄丘火石洼自杀。关章人曹连云、弄丘人梁富广等缴获了日军的钢盔、饭盒、武器、钢笔等物。弄别村阿昌族群众曹老有，在笼通凹遇到一个日本兵，虽然自己赤手空拳，但是却机智地绕到日本兵背后，用石块将荷枪实弹的日本兵砸毙。

在怒江东岸，地处滇西抗战前沿的阿昌族聚居区云龙县漕涧镇、泸水县老窝乡区域的阿昌族民众，积极参加抗战，组织民工挖公路，组织马帮运输队和民工支前运输队，背运军粮、弹药军用物资，支援前线。仁山村驻满了预备二师等抗日部队，阿昌族青年廖兴根、蒲胜清、林名兴等参加滇西抗战，成为中国远征军部队的机关枪手，参加了腾冲收复战役。梁河县九保阿昌族乡芒展人赵安顺 1938 年 3 月参加了著名的台儿庄战役，壮烈殉国。

历史事实表明，几百年来阿昌族人民在反封建压迫和外来侵略的反帝国主义殖民侵略斗争中，表现出了英勇顽强、不屈不挠、前仆后继的斗争精神和光荣的爱国传统。

五、阿昌族地区的社会主义革命和建设

社会主义民主改革前，阿昌族社会中封建领主经济占统治地位，广大的阿昌族人民深受封建土司的剥削，生活十分贫困。1950年初，中国人民解放军进驻阿昌族主要聚居地——德宏地区，阿昌族人民从此获得了解放。1952年，在阿昌族聚居的陇川县户撒地区成立了阿昌族自治区（乡级），接着在芒市江东区的高埂田、梁河县的丙盖和关章，先后建立了3个阿昌族民族乡（村级）。自1955年开始，在阿昌族地区进行了土地改革运动，彻底废除了封建土地所有制，确立了生产资料的社会主义所有制关系。1958年实现了合作化；1969年成立了人民公社；1978年恢复区级建制；1987年深化改革机制，撤区建乡。阿昌族人民在中国共产党的领导下，完全走上了社会主义的康庄大道。

中华人民共和国成立以来，阿昌族的社会经济发生了翻天覆地的变化，基本上改变了贫穷落后的面貌。特别是党的十一届三中全会以后，农村实行了生产责任制为主的家庭联产承包制。阿昌族地区的生产力获得巨大解放，优势资源逐步得到开发，经济建设得到了迅速发展，相应的文化、教育、卫生、交通、水利等各项建设事业取得了很大成就，人民的生活水平也有了很大提高。1990年陇川、梁河2县3个阿昌族乡的工农业生产总产值达到3 434.8万元，人均670元；粮食总产量达到22 498吨，人均406千克；财政收入达到81.7万元。陇川、梁河两县小学以上文化程度人口由1982年的85 250人增到109 372人。至1990年，全云南省阿昌族干部已达到481人。党和政府为了进一步落实民族政策，使阿昌族人民在政治上享有民族平等的权利，1983年建立了14个村级阿昌族乡。在1987年以区建乡的体制改革中，这14个乡改为行政村公所后，又批准建立了云南省德宏傣族景颇

族自治州陇川县户撒阿昌族乡、梁河县曩宋阿昌族乡和九保阿昌族乡3个县辖区级建制的阿昌族民族乡。这3个阿昌族乡是阿昌族在全国范围内最高级别的自治区域建制,乡长都由阿昌族干部担任。3个民族乡的建立,实现了阿昌族人民在管理本民族内部事务上的民主权利,体现了党和国家对各民族平等团结、共同繁荣的基本原则。

尤其值得欣喜的是中华人民共和国成立前,由于民族压迫和民族歧视及中华人民共和国成立后长期以来受"左"的思想干扰与影响,一直到1987年才敢承认自己是阿昌族的大理白族自治州云龙县仁山一带的阿昌族,在党的民族政策光辉指引下,经有关方面批准,于1989年4月自愿要求恢复了其阿昌族族称。这批自愿要求恢复族称的阿昌族人数为1 808人。这是阿昌族人民值得庆贺的一件事情,充分体现了社会主义制度的优越性,象征着党的民族政策充分得以贯彻落实,标志着阿昌族在政治上享有了平等的权利。

中华人民共和国成立50年来,阿昌族地区的社会主义经济建设已经有了很大发展。今天,阿昌族广大干部群众认真贯彻党的各项方针、政策,坚持以经济建设为中心、坚持四项基本原则和改革开放,建设繁荣富有的家园。可以预见,在不久的将来,阿昌族地区的各项建设必将呈现出欣欣向荣的新局面。

第二章　语言文字

第一节　语言系属

　　阿昌族有本民族语言，但是没有文字，一般使用汉文和傣文。阿昌族语言属汉藏语系藏缅语族。

　　中国的语言学家自 20 世纪 50 年代初期起，便对阿昌族的语言进行多次调查，并运用语言谱系分类法进行研究，对阿昌语系属有多种不同的见解，因而至今不能确定语支。研究者认为，阿昌族语支与彝语支、景颇语支、缅语支、白语支相近，但是究竟属于哪一语支，各抒己见，目前尚无定论。

　　关于语支的划分，经过归纳有如下几个观点：《中国少数民族》一书中的"中国民族语言系属简表"中，把阿昌语列入"语支未定"，这是第一种观点；《中国少数民族简况》（中央民族学院教研室，1974 年）主张把阿昌族划归彝语支，这是第二种观点；《云南少数民族语言文字概况》（云南民族出版社，1981 年）主张阿昌语应立阿昌语支，这是第三种观点；《阿昌语简志》（民族出版社，1985 年）认为阿昌语属汉藏语系藏缅语族缅语支，主张把阿昌语同缅语、载瓦语归属一个语支，这是第四种观点。《国内少数民族语言文字概况》（中华书局，1954 年）中，有的学者主张将阿昌语划入景颇语支，这是第五种观点。历史上景颇族与阿昌族同源，古称"寻传蛮"。但是，明朝中叶景颇族才陆续从阿昌族中分化出去，景颇族的"载瓦""浪速""小山"支系分化时间更晚，其语言几乎通阿昌语。故将阿昌语支划归为景颇语支是不妥的。

阿昌语的语支，终究确定为哪一种语支，还有待于专家、学者们做进一步更深刻的研究。以上几种观点都代表和反映了阿昌语的一些重要特征，是自 20 世纪 50 年代初研究阿昌语以来的成果。20 世纪 80 年代中期提出的"阿昌语应独立为阿昌语支"[①]和"应划入缅语支"两个主张值得研究。前者曾由精通阿昌语、懂国际音标的阿昌族同志们发中撰写的《阿昌语音位系统初探》中赞成过；后者的作者是语言学家戴庆厦、崔志超，他俩为编著《阿昌语简志》，从 20 世纪 50 ~ 80 年代 3 次调查过阿昌语，著作比较全面、系统，其主张有据可考。事实上，阿昌族与景颇族载瓦支同源，历史上与缅语支民族交往甚密，语言交流中，你中有我、我中有你，古老借词、古老同源词、古老异源词，互相保存遗留。因此，将阿昌语独立定为阿昌语支或划入缅语支都有可能性和可行性。当然，这只能算作一个顺水推舟的主张，就像缅语支学说的提出者所说的那样："此意见是否妥当，供大家讨论。"

造成阿昌语语支难定的原因，主要在于阿昌语本身的复杂性。

由于种种缘由，阿昌族的祖先长期频繁迁徙，在较大的区域范围内长期同其他民族交错杂居，频繁交往，因而与地理上相邻的其他民族在长期的生产、生活中相互渗透，在借用外来语时，吸收了对方的语词，从而形成了今天本民族语言比较复杂的状况。

---

①们发中：《阿昌语音位系统初探》。

第二节　语言结构和方言

一、语言结构

阿昌族的语言作为一种独立的民族语言，其结构特点比较鲜明。语言是一种社会现象。阿昌语随着阿昌族社会的产生而产生，随着阿昌族社会的发展而发展，依存于阿昌族社会的发展进程中。从一定程度上说，阿昌语的发展变化反射出了阿昌族社会发展的轨迹。阿昌语是阿昌族人民的共有财富。

阿昌语的语音成分中，共有声母 37 个、韵母 80 个。韵母比较丰富，除了单元音韵母外，还有复合元音韵母和带辅音尾韵母。声调有高平 155、低降 131、高升 135、全降 151 共 4 个。阿昌语声调较少，因此变调现象比较丰富。阿昌语各方言之间的变调又有所不同，因而方言之间难以交流。阿昌族的语言，其语音音节结构有 10 种类型，其中以"辅音＋元音""辅音＋元音＋元音""辅音＋元音＋辅音"3 种形式出现的频率较大。

阿昌语的词汇从构造上可分为单纯词和合成词两大类。

单纯词：单纯词在意义上是一个不可分割的整体，又可分为单音节词和多音节词两类。其中，单音节词占多数，多音节词中大多数是双音节词，两个音节以上的单纯词很少。

合成词：合成词可分为一个以上的意义单位，其构词方式有由两个或两个以上的词按一定的方式组合成新词的复合式和特殊构词的附加式两种，以复合式为多数。

阿昌语的一个重要特征是借词较多。阿昌语的词从来源上可分为本语固有词和借词两类。长期以来阿昌族人民和邻近各族人民相互交往，共同劳动，因而语言方面受影响较大。为了语言发展的需要，阿昌语从邻近民族的语言里吸收借词来丰富自己。阿昌语借用的语言主要是汉语、傣语、缅语，其中汉语借词最多，其次是傣语。傣语和缅语主要是中华人民共和国成立前借入的，中华人民共和国成立后借入的较少。汉语借词在中华人民共和国成立前借入的主要是生产、生活方面的词，中华人民共和国成立后增加了大量政治、经济、文化和科技的新词术语。

阿昌语始终具有较强的吸收外来词语的能力。有的名称本语里虽有相应的词语表达，但是还从其他语言里吸收了同样意义的词来丰富自己，使固有词与借词构成了使用特点略有不同的同义词。有趣的是所有的借词进入阿昌语后，都顺应阿昌语的语音特点，并受其语法规则支配。有些借词被吸收后，便具有构词能力，能与固有词一起构成新的词汇。

二、方　言

在研究阿昌族语言的专著《阿昌语简志》[①] 成书面世以前，有关阿昌族语言方面的文字叙述中，都一概将阿昌语分为陇川方言和梁河方言。其实，阿昌语应分 3 个方言，即陇川方言、梁河方言和潞西方言。

这 3 个方言区具体分布为：陇川方言分布在陇川县户撒阿昌族乡一带；梁河方言分布在梁河县囊宋阿昌族乡、九保阿昌族乡一带；潞西方言分布在芒市江东乡高埂田一带。另外，散居于保山市腾冲、龙陵两县的阿昌族语言也属于潞西方言。这 3 个方言区由于各自成片，自然地域分离，长期以来相互交往较少，加上所邻近的民族不同，受到的影响也不同。所以，在发展过程中各自出现了一些不同的特点。从总体上看，阿昌语方言之间的差别主要表现在语音和词汇上，语法上的差别较小，词汇的差异主要

---

①戴庆厦、崔志超编著：《阿昌语简志》，民族出版社，1985 年。

是存在一定数量的异源词。

从以户撒阿昌族乡朗光村腊姐大寨话为代表的陇川方言、以囊宋阿昌族乡关章话为代表的梁河方言和以江东乡高埂田话为代表的潞西方言之间的比较中得知，阿昌语3个方言在语音比较中，声母、韵母及声调方面差别较大。声母、韵母数量不等，声调变调不同，发音方法也有差别。许多语音在3种方言之间相距甚远。这是陇川方言、梁河方言和潞西方言3种方言相互间难以交流的主要原因。

词汇差异是构成阿昌语方言差异的一个重要的原因，也是阿昌语3个方言难以沟通的重要因素。

对阿昌语3个方言的词汇进行比较，大致存在以下几种不同情况：

第一，同源词，即来源相同的词。其中，一类是固有词同源，另一类是借词同源。

第二，异源词，即来源不同的词。其中，除固有词异源外，还包括一个方言使用固有词而另一个方言使用借词而形成的异源词。

第三，半同源词，即多词素的词中有的词素同源，有的不同源。

根据947个阿昌语常用词的比较，3个方言之间固有词中的同源词都不超过所比较总数的50%。除潞西方言与梁河方言之间固有词中的同源词超过异源词外，陇川方言与潞西方言、梁河方言之间异源词都比固有词中的同源词多。3个方言之间，梁河方言和潞西方言同源词较多，较为接近，陇川方言与另外两个方言之间的差别就大一些。

3个方言都同源的词，这些同源的词都是一些最基本的常用词，语音对应也比较整齐，显示了本语和母语的统一性。其中，借入时间较长的借词，在各方言中也同源。

异源词中，也包括一些基本常用词和多数的借词。从现今存于阿昌族中的 3 种方言来看，在陇川方言中，较多地吸收了傣语、缅语等成分；在梁河方言和潞西方言中又较多地吸收了汉语、景颇族（载瓦支）语、傈僳语等成分。因此，各方言中语音、词汇差异较大、异源词借词较多，即使在阿昌族内部，梁河方言、潞西方言和陇川方言之间的交流也有困难，只有借助第三种语言才能沟通。这就是阿昌族语言的复杂性体现。

阿昌族有这样一个有趣的传说，对本民族语言的复杂性，做了生动形象的解释。

传说开天辟地时，人类就分出了很多民族，那时各民族都没有自己的语言，人们在生产、生活上都感到很不方便。后来，人世间出了一个皇帝，召集各民族去分语言，景颇族（载瓦支）、傣族、傈僳族、汉族先赶到皇宫，从皇帝那里分得了语言。阿昌族的祖先因住在遥远的地方，赶到皇帝那里时，语言已经分完了，皇帝没有办法，只好从分得语言的各民族中再收回几句分给阿昌族，从此阿昌族才有了语言，所以在阿昌族语言中也就掺杂着景颇、傣、傈僳、汉、缅、白等各民族的语言成分。传说，在这次分语言的活动中，皇帝还分了一批文字，其他民族有的把文字写在纸张上，安放在箱子里，得以流传至今；有的则刻在木柱或石板上，妥善保存了下来。唯有阿昌族把文字写在了一张牛皮上，并且钉挂在土墙上面，雨淋日晒，后来被狗叼走了，这样阿昌族的文字便失传了，人们找啊找，一直找到现在……

这个传说虽然是明显地附会，但是真实地反映了阿昌族历史上长期同其他民族摩肩共处，在相互交往中广泛地吸取其他民族语言成分的这一突出特点和阿昌族因为没有本民族文字而发生的哀婉之情。

对阿昌族无文字，群众普遍反映强烈。近年来，赵家义、赵家垒、曹明强、孙家林、赵家山等本民族的有识之士为创制阿昌族文字做了许多工作，试图创编一套以汉语拼音字母为符号基础的阿昌文拼音方案。但是要使该方案文字更完善而获得审定并试行，还需经过艰辛的努力。

第三章　宗教信仰

　　阿昌族因为居住地区的不同和相邻民族的影响，宗教信仰方面存在着明显的差异。居住在梁河、芒市、云龙地区的阿昌族主要奉行"万物有灵"的原始宗教；居住在陇川县的阿昌族，则主要信仰南传上座部佛教，同时还兼信道教。梁河、芒市、云龙地区的阿昌族宗教信仰中有汉文化影响的痕迹，陇川县阿昌族的宗教活动中则反映出了受傣族影响的迹象。

第一节　原始宗教
——万物有灵的自然崇拜

　　自然崇拜是原始社会发展到一定阶段的产物。由于那时人们的认识能力有限，对各种自然现象还得不到正确的反映和解释，因而对于原始民族来说，自然力是某种异己的神秘而超越一切的东西。原始思维就其心理和智力发展的水平来说，不可能把握自然界的内在规律，只能以物体人格化的方法来"同化"自然力。"正是这种人格化的欲望，到处创造了许多神"[1]。可以说，在原始宗教的最初阶段，人们接触或感知到多少事物，就有多少神灵

---

　　[1]《马克思恩格斯全集》第 20 卷，第 672 页。

及关于这些神灵的神话或崇拜，这便是所谓"万物有灵"的时代。

阿昌族没有文字，其原始宗教往往和神话结合在一起，互相渗透，并通过本民族的巫师或活袍（经师）加以传播，在本民族中世代传承下来。在阿昌族语言中，没有"宗教观念"或"神话史诗"一词。人们将原始宗教观念和神话称为"万物的道理"，把口传的创世史诗称作"阿公阿祖的历史""老辈子的人走过的路"。原始宗教的中轴线是"万物有灵"。因此，"万物有灵"是阿昌族先民无数代人沿袭下来的世界观，是阿昌人对自然界和社会的总理论，是一种既单一而又包罗万象的纲领，贯穿于阿昌族一切原始文化之中。

阿昌族每逢祭祀祖先和举行葬礼，都要由活袍以庄严的神态向族人念诵阿昌族创世神话史诗《遮帕麻和遮米麻》。史诗中提到的太阳、月亮、风、雨、雷、电、山、河、草、木、猪、狗、鱼、虾，甚至苍蝇、老鼠，无不像人一样有喜怒哀乐、有灵魂附体。创世神话史诗中造天地、传人种的两个大神遮帕麻和遮米麻，便是本民族原始宗教所信奉的两个主要神祇。

在民间信仰中，遮帕麻和遮米麻至今还是阿昌族崇奉的两个最大的善神。狩猎者祈求他们赐予猎物，外出的人祈求他们保佑平安，不会生育的夫妻祈求他们赐予子女，村民祈求他们保佑风调雨顺、六畜兴旺、五谷丰登、人丁平安。史诗中与两大善神对峙的反面形象腊訇，则是阿昌族民间信仰中一个最大的恶神，如果发生事故或灾疾，被活袍确认是触犯了腊訇，那就要杀猪宰羊，请活袍念经禳解安抚。

为什么阿昌族神话中的神又是阿昌族原始宗教信仰中的神呢？曾经研究阿昌族神话史诗《遮帕麻和遮米麻》的杨知勇教授撰文指出，超自然主义是原始人的世界观，是原始信仰的思想基础，也是不自觉创作活动的思想基础。神话和原始宗教产生于同一时代，产生于共同的思想基础，这就决定了神话和原始宗教之间存在着难解难分的关系，所以神话故事中的神可以成为宗教的神。因此，阿昌族神话故事中的神，既活在人民的口头上，又保存在宗教仪式中；既是神话中的神，又是原始宗教信仰中的神。

阿昌族信仰崇奉的鬼神中，几乎每一种鬼神都有一则解释性的神话，这一则神话又是阿昌族社会生活中的巫师或活袍在祈求善神或驱赶恶鬼时向族人诵吟的一则祭词和念词。这或许是阿昌族口头文学（亦称口承文学或口碑文学）十分丰富的又一个主要起因。

一、原始的图腾崇拜

阿昌族万物有灵的自然崇拜，源于古老原始初民的图腾崇拜。在阿昌族先民最古老的图腾崇拜中，最先选择或最具亲和力的图腾对象，是那些在初民意识中至高无上、变幻万千、能庇护他们的万能之神。这些图腾对象具有先民所不能认知的灵应和威力。原始初民们至高无上的守护神最先是自然领域中他们认知不多，既具体又抽象的动植物，这就是原始宗教中阿昌族最古老的动植物图腾或动植物崇拜。

阿昌族的犬图腾和大石崇拜就是原始宗教中图腾崇拜的残迹。

1. 犬图腾

亦称"犬崇拜"，实际是一种原始的动物崇拜。阿昌族是云南古老的原住先民之一，其先民作为古代氐羌族群中的一个氏族部落，从远古不断衍化、迁徙、离散和聚合，渔游于青藏高原与云贵高原的板块接合部广阔的原始莽林与峡谷褶皱地带，繁衍、生息成为云南守土氏族的一部分。

这个时期的阿昌族先民，求生能力极为有限，处于认知和征服自然能力极为粗浅的稚幼时期，冷暖与食物的获得决定了初民的一切。为获得生存的食源，氏族成员不惜赴汤蹈火，甚至对不能恪守氏族规俗的成员"遂饿而死"，以示惩处。从中可见，单个求生和抵御自然界的威慑力渺茫无望，这迫使他们加强聚合力，以集团群体的大力量抗死求生。

追溯和记录阿昌族先民生态栖息状况的文献中是这样描述那时的阿昌族先民的："峨昌蛮，即寻传蛮，似蒲而别种，散居山蘁间。好食蛇，赤手握之，置之于器，不畏其啮"［郑顺（景泰），《云南图经志》卷5〕。清康熙年间范承勋等撰写的《云南通志》卷27称阿昌族先民"性畏暑湿，多居高山，妇女以红藤为腰饰""觅食禽兽虫穿皆生瞰之"。史家王崧《云南通志》卷185又记载阿昌族先民"形状似傈锣，凶悍善斗"。

阿昌族先民的生存取决于食物的获得状况，采集的野葛生果可食性不多，解决温饱的唯一途径便是集体狩猎，以毛皮御寒掩体，以猎物果腹充饥，即"食肉衣皮"。随着氏族自身的壮大，食物需求量也增加，猎获的猎物却日渐减少，石块、弓弩、箭棍和徒手赤膊已难获猎物。于是，最初猎获驯化的狗，便成了人们的帮手。狗动作迅猛、暴烈，生性聪灵，具有超人的猎获能力，使困境中的先民找到了依存的归着点。随着人狗之间亲密关系逐步加深和强化，狗的作用日渐提高，人对狗依赖性日益加固，随之原始人对他们保护神的顶礼膜拜出现了。这就是早期阿昌族动物崇拜中的犬图腾和犬崇拜的由来。

恩格斯在论及原始时期人的动物崇拜时说："人在自己的发展中得到其他实体的支持，但是这些实体不是高级的实体，不是天使，而是低级的实体，是动物，由此就产生了动物崇拜。"[1]这个论述完全适用于阿昌族先民动物崇拜中的犬图腾与犬崇拜。

---

①《马克思恩格斯全集》，第27卷，第63页。

图腾崇拜又称图腾信仰和图腾主义，是一种原始的崇拜意识形态，产生于早期的氏族制度。普列汉诺夫认为："图腾崇拜的特点就是相信人们某一血缘集合体和动物的某一种类之间存在着血缘关系。"① 阿昌族的图腾故事《狗头国》和《白狗代嫁》中，活脱脱地讲述了阿昌族先人与狗形人样的半人半动物的狗进行婚配或与狗具有血缘关系的故事。尽管在故事中，狗头毛人和白狗姑娘在传承过程中赋予了晚期阶级社会的思想，但是所说明的人狗结合、人与狗具有"血缘关系"的这一特征却显而易见。

在近年来的研究中发现，阿昌族的犬图腾崇拜迹象在阿昌族社会意识形态中至今还依稀残存，在某些方面这种迹象还相当明显。

流传于陇川县阿昌族地区的《狗的故事》中说，洪水冲走了庄稼，逃至山顶的少数人成了人类祖先。人类祖先因无粮种，难以生存，一只狗在浅水处将其尾巴伸到洪水中搅动，粘上泥巴，又去粘了几粒谷种，将尾巴翘出水面游回，人类才获得了谷种。流传于梁河县阿昌族地区的《八月十五先喂狗》中说，人类初期，人间谷天米地，人们肆意糟蹋粮食，观音娘娘一阵风，卷走了全部谷粮，人饥狗饿，狗朝天哭泣，观音复生怜悯之心，施与狗一个饭团，饭团上掺有生谷，人们才又获得了谷种。两个故事，尤其是后者，有些牵强附会，说法带有佛教色彩，但是故事的核心是狗。前者说洪水冲走谷种后，狗涉水获得谷种；后者讲大风刮走谷种后狗对天乞哭，谷种重新从天降临，从而人类又获得了新生。两种说法虽然有些不同，但是故事都说明了狗在阿昌族心目中占有极其重要的地位，表达了阿昌族人民对狗的特殊感情。同时，也说明了阿昌族犬图腾的民族性。

阿昌族因无文字，民族历史多见于他族的文献记载。在为数

①《普列汉诺夫哲学著作选集》，第3卷，第383页。

不多的汉文献中，阿昌族与狗的关系较为密切，在记载中有明显的分量。（明）景泰《云南图经志》卷5载：蛾昌"贫富有差，宴备必杀狗"。（清）康熙《云南通志》卷27记载："蛾昌，一名阿昌……祭以犬，占用竹三十三根，略如笠，嗜酒，负担。"《大理府志》卷12（云龙州）载：阿昌"婚聘用牛马，有差宴，待必烹犬，其种散处于浪宋、漕涧、赶马撒之间"。《云南通志》卷186载："峨昌，《皇朝职贡图》：峨昌以喇为姓，……婚聘用牛马，祭以犬，占用竹三十枝，如著茎然。"（清）光绪《腾越厅志稿》卷15载："阿昌，一名蛾昌，性嗜犬，祭必用之，占有竹三十三根，略加笙法，嗜酒。"

史籍中有关阿昌族与狗相关的记载，大多简略、含混，乃至混淆不清但是足已从其"祭以犬"和"祭必用之"的简略记录中看出阿昌族浓重的犬图腾残余。阿昌族的犬图腾崇拜与原始宗教、巫术、占卜、祭祀有关，与习性、嗜好有关。

阿昌族虽无文字但却有语言，语言是传承本民族传统文化的唯一载体。因而口头文学极为丰富，在丰富的口头文学为主体的民族民间文学中，有关狗图腾崇拜的故事较多。除前述的几则犬图腾故事和神话外，还有像《屙金银》等神话故事。《屙金银》讲述了狗帮助一个善良柔弱的弟弟一次次战胜贪心的哥哥和嫂嫂，并帮助弟弟农耕，带来奇迹般的好运的故事。这些故事对犬图腾的升格、淡化也叙述得各有侧重。有些故事明显地表达了随着狩猎时期的结束，犬作为高大的神灵被新的更加高大的神灵所取代后，人们对犬图腾崇拜的依恋、追忆与缅怀之情。

服饰在演进过程中渗透着人类的审美情趣，故而保存了与人类社会生活相伴发展的思想感情及思维定势。狗图腾崇拜的意识也渗透在阿昌族的服饰中，以梁河县阿昌族的服饰尤为突出。梁河县阿昌族女性服饰，在构图和造型上，有许多对狗的图腾意识和崇拜意向，比如早期女性的"绞脚"（装饰性较强的绑腿）上钉有狗牙，这是图腾氏族佩戴图腾实物的遗风；男子的包头边梢和绑腿，女子的绞脚、围裙飘带都锁绣着狗牙状的花纹，人们称绣此花为"锁狗牙"。女子的筒裙，尤其是满花筒裙和花腰带上钩织的变形和夸张了的大狗牙花，亮丽而鲜艳。类似的花纹、图案都源于早期对图腾物的崇拜，并将其意念通过加工编织到服饰中，形成了含有图腾韵味艺术化了的和夸张变形了的图案与花纹。这是阿昌族先民的古老图腾意向，在服饰上的艺术折射和依稀残存。

习俗伴随在历史发展中演变，并随着时代更迭而变革，然而习俗也有其相对的稳定性和连续性。历史文献中，有阿昌族祭犬的记载，现实生活中也还能搜寻到这种习俗。

云龙县是阿昌族历史和文化的发祥地之一。据1984年杨浚专家调查，云龙县漕涧的阿昌族在一种类似白族的本主庙中，除供有鸡头国王、马面人身的马头国王神像外，还供有狗头国王的神像。在祭祀场合供有狗头国王的神像，这多少证明与祭犬习俗有所关联。

梁河县勋科阿昌族寨们（亦写闷）姓阿昌族是梁河县境内较早定居的守土氏族，据中国人民政治协商会议梁河县委员会的孙家申同志调查，勋科们姓家族现今仍保存有将狗供祭在家堂上的古老习俗。由于审美心理的变化，后来此俗受到外人笑谑和不理解，以及晚辈们拒绝承受，改用糯米粑粑捏成狗状，粘上狗毛，当犬来祭祀膜拜。这是古老图腾的延续与发展，也是古老民族原始造型艺术的诞生。在梁河县阿昌族村寨，外族人与阿昌人笑谈"小阿昌，拷（烤）狗献家堂"和"阿昌拷狗，七脚八手"两句老话时，不会使阿昌人难堪和尴尬。这两句话恰巧印证了阿昌族祭犬习性和犬图腾崇拜的普遍性。

在阿昌族地区，凡有坍塌不止的寨边悬崖或长期滞陷的沼泽地，都被认为有稀屎龙和头上长角、身上长毛的大黄鳝在作怪，人们为了降服这种怪物，往往以死狗或其他动物的尸骸刻意丢弃到那里，意为镇治或降服那些怪物。个别村寨则割狗尾取血去镇治认为会"歹"的人，这是原始的图腾遗迹中的镇地、镇邪观念的遗存。

阿昌族在人死后，收殓前因等候主亲奔丧，需停丧侍候。停丧（尸）期间，不能让狗、猫等动物跨越尸首。人们担心狗跨了尸体后，会将死者的灵魂叫醒，乱走乱撞。这是犬图腾中传统的导犬观念。在梁河县弄别、杨权田寨一带，早年有这种说法，过八月十五尝新节时，人们将蚯蚓做灯芯浸在香油里点燃，然后再揩点狗的眼泪来涂抹自己的眼睛，认为只要定神看着蚯蚓香油灯，就会蒙蒙胧胧地看见鬼。这也是一例最直接的拜犬观念的残存。

图腾崇拜，尤其是对动物的图腾崇拜是原始先民最古老的意识选择。纵观阿昌族的犬图腾崇拜现象，十分丰富而悠远，在阿昌族原始初民的原始意识中犬是神灵，是庇佑他们无所不能的保护神。这种原始的犬图腾崇拜，一直与阿昌族的传统文化一脉相承，至今还在阿昌族社会意识中依稀可辨。

2. 大石崇拜

对石神的崇拜，是阿昌族的一种古老的原始信仰。大石崇拜也和犬图腾崇拜一样，在阿昌族的社会意识形态中已经被逐渐淡化和消亡。重新唤醒人们对阿昌族曾经有过的大石崇拜原始信仰的是赵橹先生。赵橹在《阿昌族大石崇拜与诸羌文化的辐射》①一文，指出在阿昌族传统的习俗遗风中，仍可勾勒出原始信仰中大石崇拜意识的遗迹。

在阿昌族的社会意识中，普遍存在寨神、地方神的观念，这也是原始宗教的痕迹。寨神、地方神是汉意，梁河阿昌方言叫

---

① 北京《民间文学论坛》，1987 年第 6 期。

"瓦嘎""瓦当"；陇川阿昌方言叫"色曼""色猛"。位于寨子头或寨子边长得高大、茂密、奇特的树木，都会被认为附有"瓦嘎""瓦当"或"色曼""色猛"神。在寨神"瓦嘎""色曼"面前，竖立一块石头，多为石柱、石板，高约3尺许，顶上横盖石条或石板。每年祭祀两次，一次在春耕，乞求丰收；一次在秋收，庆祝丰收。除此以外，逢人畜疾病、瘟疫肆虐时也祭祀。祭祀多为合村共祭，也有分户祭祀。祭祀时对石柱焚香顶礼膜拜，置祭祀品于石板上。同寨神有密切联系的地方神"瓦当"或"色猛"，也是阿昌族崇拜的神，其布局注重石柱和石板的竖立姿势，顶头横盖石条或石板。地方神的石柱要高于寨神半截。

在梁河阿昌方言中，大石称为"哼嘎"。"瓦嘎"（寨神）的石柱和石板不同的村寨有不同的布局，但是大体上以"瓦当"（地方神）大石布局的意识相同。在梁河县阿昌族村寨，"瓦嘎"的神格不如"瓦当"，但是对"瓦嘎"的祭祀最为普遍。可能因为"瓦嘎"寨神主司人丁神职的缘故，每当结婚或添新丁时都得去祭"瓦嘎"。男婚外娶时，第一批去迎亲的人，要与新郎去祭祀"瓦嘎"。祭词大意为："我家××要成大婚，要添人口，来报告一声，请你保佑迎亲顺当，新人来寨子后少犯口舌。"女婚外嫁时，女方请寨中德高望重的人带女孩到"瓦嘎"祭祀，祭词内容主要是请"瓦嘎"保佑女方婚后事事顺当。

因为阿昌族大石崇拜被淡化或者与其他神祇合二为一，甚至被其他神祇所替代，所以最后只用木柱或木板代替石条和石板。这与阿昌族祭寨神的活动时断时续有关。

阿昌族的大石崇拜后来融入了原始崇拜后期产生的祖先崇拜当中。陇川县户腊撒阿昌族的大石崇拜意识同时也掺杂到南传上座部佛教里，具体表现在佛寺建筑中，称为"招先"。

阿昌族在原始宗教的信仰中注重祖先崇拜，在家里或在墓地祭献先祖是极为讲究的。每一个村寨、每一个姓氏都有规模性的祖坟地，在这些像村寨形态一样布局的老祖坟中，坟后相当于寨头或寨后的位置上，垒起一个小土堆，竖立起一块石头。祭祖时无论是全村寨合祭，还是分户各自祭祀，都必须祭祀那一块石头竖立着的小土堆，汉语称为"后土"。阿昌语却沿用"瓦嘎"，意为祖先亡灵的"寨神"。这个祖灵的"瓦嘎"是不能用木柱等物代替的，必须要有"哼嘎"。如果墓地无石头，则从远处找，从家里背去，最简陋的有一块碗口大的毛石头也行，就是不能没有"哼嘎"大石。或许，这就是大石崇拜意识在祖先崇拜中的传承迹象。

阿昌族先民所顶礼膜拜的神灵，许多都是保护神和守护神。大石崇拜中的大石"哼嘎"神的神力和神格在阿昌族先民的意识中是很高很大的，甚至高于天神。

在梁河、陇川等县的阿昌族民间广泛流传的民间故事《人类的来历》中曾提及石神"哼嘎"。故事中传说，人类始祖是一对兄妹，当看到四处无人烟时，兄妹俩知道人类必须繁衍后代，只好去问"旄蒙"（天地神），亲兄妹能否成婚？"旄蒙"告诉他们亲兄妹可以成婚。最后，他们又向"哼嘎"（石神）祈求，允许他们亲兄妹成为夫妻。

兄妹俩来到"哼嘎"神前祈祷，找到两块大小相同的扁圆形石头来卜卦，各自将一块扁圆石头滚下山去，如果两块石头相垒在一起，那就说明"哼嘎"允许他俩成婚；如果两块石头滚到箐底各在一边，则说明不允许结婚。后来，两块石头滚到箐底相垒在一起。从此，兄妹结成夫妻，生儿育女，一代又一代繁衍人类①。

这是一个独特的"兄妹婚"神话，与众不同之处在于所崇拜的神格上。几乎所有的"兄妹婚"神话都以占卜来验吉凶，

---

①《山茶》，1986年，第6期。

用占卜求教天神的旨意。占卜以射箭、穿针、丢簸箕、烧柴烟为决,阿昌族的却取决于滚石块。阿昌族《人类的来历》中,不仅向"天地神"祈求神旨,更重要的是最后取决于石神的神旨。从中可以看出,阿昌族先民对神"哼嘎"的崇拜和信仰,高于天地神。阿昌族最崇拜的石神,一旦和他们元祖崇拜的始祖母神结合之后,石神的神格就高于天地之神。大石神"哼嘎"在先民的观念中,已近乎守护神。

(清)董善庆所撰的《云龙记往·阿昌传》中,载录了一则有关"石羊"的传说:"一阿昌鳏而有子曰猛仰,因猎,误射毙人。傈作(象山酋长)捕治,令以数羊赎罪。猛仰往求一老妇,愿鬻身贸羊以赎父罪。妇曰:'吾聊毛(华言,寡妇)耳,作作(华言,饮食)且难!'猛仰曰:'然则吾父休矣!'乃痛哭,老妇怜之,亦泪下,送之出,则见门外数石皆化羊,妇喜,令仰驱以赎父。次日,羊自逸回故处,复化为石(今地名石羊沟)。"

"石羊"传说中的石、羊幻化的情节,表明阿昌族大石崇拜意识已经有了进一步的发展。人们认为石神具有庇护万民的神职,同时还有幻化万千的灵应。济猛仰赎父罪之急,而不待猛仰向石神祈求,石神主动点化"数石为羊",以解猛仰父之难。显然,石神在当时阿昌族的社会意识中,已经发展为万能的至高无上的守护神了。

除"石羊"的传说外,阿昌族还有一则有关"石骡"的传说。在"石骡"的传说中,故事内容与"石羊"的传说正好相反,骡变成了石。

"石羊""石骡"诸传说中情节无不形象而生动地将石神的意志和威力趋于人格化、世俗化,使抽象的神的意志和威力,趋于可感性、可触性,从而更深化了阿昌族的大石崇拜。

现今陇川县、梁河县的阿昌族还时兴拜大石头为"亲爹"(干爹)的习俗。人们将大石头崇拜为"亲爹",并为其卑躬屈膝、顶礼膜拜，这完全出于对大石的崇拜。这是对至高无上的大石守护神的原始崇拜的遗迹残存，为阿昌族先民曾经拥有大石崇拜找到了莫可辩驳的佐证。

二、鬼魂神灵和祖先崇拜

阿昌族的鬼魂和神灵崇拜是原始宗教中自然崇拜的延续，其核心意识都是"万物有灵"。这种意识观念，崇尚自然界的日、月、山川、巨石、怪树、一根藤、一条扁担等都具有灵魂。各种鬼魂和神灵都具有超人的力量，既可以给人们带来好运，作为保护神存在，也可以给人们制造灾难，以恶鬼面目出现。因此，当人们生疾遇病或遭到自然灾害，生活上无保障而又需要寻求保护和帮助时，"万物有灵"意识心态就驱使人们去祈求鬼神的宽恕、同情或庇护，于是鬼魂就成为人们崇拜的对象。

鬼魂崇拜与原始图腾崇拜的区别在于原始图腾崇拜注重"实体"，鬼魂崇拜则更加夸大了崇拜对象的"神力"，使其威力更加神奇、抽象、神秘、普遍。

在阿昌族的观念中，鬼和神没有严格的区分界限。通常把保佑和守护人畜安康的精灵称为"神"，比如寨神、路神、猎神、山神、天神、地神、树神、谷神（谷魂）等；把危害人畜安宁的精灵称为"鬼"，比如狮子鬼、毛虫鬼、饿痨鬼、落河鬼、藤子鬼、太阳鬼、月亮鬼等。有的"鬼"和"神"则无法分开。鬼神互通，善神也称鬼。一般神力较强或较古老的危害人畜的恶鬼也称"神"，比如神话史诗《遮帕麻和遮米麻》中的恶魔腊，就是阿昌族所痛恨的最大恶神——旱神。

从上述划分中可以看出，在阿昌族万物有灵的鬼神世界里，还有明确的善恶之分。恶鬼自始至终都会伤害人类，必须小心谨慎，不能冒犯，不然人畜就遭灾遇祸，便要请活袍占卜和进行祭祀。善神（善鬼）则能庇佑人类、赐福于人，但是有时得罪了善神，也会咬人，也要请活袍祭祀安抚。

1. 鬼魂神灵崇拜

阿昌族鬼魂神灵崇拜中的鬼魂神灵特别多，初步统计达 30 余种。现存意识中的神灵主要有以下几种：

地母：也称"地母神"，"土主"或地鬼，是阿昌族最大的善神，神名称"遮火麻"。地母是阿昌族第一个老始祖母，传说大地是她拔自己的脸毛织成的（从此，女人就没有了胡须），江河是她的血液变成的，人类是她和天公酬行的。地母保护土壤肥力，保佑农作物生长，保持土地稳固，不发生山崩地裂。祭祀时不能动土，不能舂米。云龙县阿昌族把地母神供在家堂祖宗神位边，称"土地神"。芒市阿昌族将地母神供奉在大青树下，祭祀也在大青树下举行。梁河县的阿昌族则称此俗为祭"土主"。说土主（地鬼）有6只手，上面两只手托着日和月。土主每年要祭三次，第一次是在二月属马日，主要是祈求全寨清洁平安。祭祀时各户都要派一个男人去参祭，全寨停工一日，不准外人进寨，认为外人进寨会给村寨带来不吉，违者受罚。第二次是五月二十八，祈求保佑牲畜兴旺，祭后商量共同放牧事宜。第三次是六月二十五，称"保苗日"，祈求庄稼丰收，全村齐集祭祀，然后一边将带鸡血和鸡毛的竹片竹笆插在每块田里，还一边念咒语祈求丰收，驱逐灾害。

旧时，阿昌族村寨多设一处供全寨人举行祭祀的建筑物，称"塞""塞勐"或"色猛"，阿昌语意为"土""土地"。在这个"塞"里，梁河县的阿昌族供奉着土主、山神、猎神、孤寡仙人等；陇川县的阿昌族在"塞勐"里还供有带兵打仗的"兵头"；云龙县的阿昌族在"本主"（塞）里，供塑鸡头国王、马头国王、狗头国王神像。据称，早期的"塞"里，供有"瓦靠早"，汉语意为"寨内官"或"寨心神"。可以认为，"塞"内的神祇是阿昌族古代氏族部落的首领、酋长的崇拜物象。祭"塞"的方式和祭"土主"相同。多神崇拜分离后，祭"土主"可能代替了祭"塞"，或者说"塞"中供神很多，祭"塞"原本就是祭"土主"。

天神：又称"天公"，是阿昌族最大的善神，神名称遮帕麻。传说，天是天公造的，太阳是天公用雨水拌金沙造的，月亮是天公用雨水拌银沙造的，山是天公用自己的乳房造的（从此，男人就没有了乳房），人类也是天公与"地母"繁衍的。"天公"是阿昌族神灵中神格最高的保护神，每年正月初或正月十五清晨，要供斋祭献天公。"腊旬"恶神及"棒头鬼"咬人时，还要请活袍祭祀天神。每年农历正月初全民族最盛大、最隆重的传统节日窝罗节，就是由阿昌族祭天神和地母神的盛大祭祀活动演化而来的。

榜：也称"榜争神"，是阿昌族普遍信奉的善神。"榜神"以一根竹棒或一棵带穗的玉米秆为象征物，供奉于正堂屋内祖灵之旁。祭"榜"，俗称祭"老姑太"。梁河县阿昌族在每年农历三月的撒种节和八月十五尝新节时，都要祭"榜"。传说，从前有一个老姑太（老妇人），老姑太是一个瞎眼老太婆，老姑太有一个儿子非常不孝顺，待老姑太不好。老姑太便离家出走，到另一个地方去与别人家的儿子住，这个别人家的儿子待老姑太甚孝，从此家境日渐好转，老姑太亲儿子的家境却完全败落。老姑太儿子找到母亲，再三请母亲回去，但是老姑太已不愿回去了，仅把自己的手杖递给儿子，儿子回家后，把手杖供奉起来，从此家道中兴。阿昌族认为老姑太是持家有方，能耕善织，教会阿昌人种五谷及生产技能的人。

谷期：也称"谷魂"或"谷神"。"谷期"以一小篾篮为象征，里面放一个鸡蛋和玉米。据说，谷期是一个很久以前守谷仓的瞎眼老妇人，死后人们把她供在谷仓或谷囤边上。老妇人变成了附在稻谷上的谷魂。从神格上讲，老妇人是谷魂，稻谷的守护神。被"谷期"咬时，眼睛会痛，这时要请活袍主持祭祀"跳谷期"。祭"谷期榜争"时，祭词内容大致如下：

> 旱谷打三千，迟谷打八百；旱谷连根结，水稻顺根倒。麻雀吃了屙痢，秧鸡吃了蜕皮，蚂蚱吃了春（捣）姜，老鼠吃了烂肠，癞蛤蟆吃了窜江死。

祭词有祈求愿望也有咒语诅咒的法术意味。在阿昌族的宗教观念中，稻谷也有灵魂，谷魂离开了稻谷，秧苗长不好，稻粒不饱满，因此特别重视祭谷魂。"开秧门"时，户主清晨到田里供斋饭，并把李子杖和花枝插栽到要先栽种的田块中，边栽边念："长得像花一样好，像李子一样饱满，结成团!"然后用左手先插3撮秧。此仪式结束才正式栽秧。"关秧门"时，要用剩余的秧苗蘸水洗牛脚、洗犁、洗耙，在田边烧香纸，表示大家干干净净回家，避免把谷魂带回。秋收打完稻谷时，用小公鸡或鸡蛋，供在谷堆上，主人磕头，祭谢谷魂，到晚上再煮鸡蛋到谷堆前叫谷魂，并拔一蓬稻根，再捡几粒散落在田里的稻谷，粘在稻根的泥土上拿回家放进谷仓。有的还在稻谷成熟时，选几穗粒饱穗长的糯谷，挂于家堂上，以祈求神灵和祖先保佑。

梁河县一些地方的阿昌族，在面积较宽的大田中栽"簸箕秧"，也就是先在田中央插一大束秧苗，即"秧王"，也称作"谷期"。插"秧王"时还要口中念念有词，祈求谷天米地、五谷丰收。之后便围绕"秧王"转圈插秧，呈簸箕形，故称"簸箕秧"。秋收时，谷堆最后收拢盖顶时，参加堆谷的长者，手举稻谷捆扎而成的盖帽，边盖顶边念祭词："谷满囤，金满斗，山神野鬼远远走! 不让野物扯，不让飞鸟吃。"云龙县阿昌族信奉五谷神，每村有一个谷神坛，多设在村旁的小山坡上，每年六月祭献一次。

猎神：猎神通常供在寨子里的"塞"或"庙"后的一棵大树下，据说每次打猎前祭祀猎神，容易打到猎物而且不会伤害及人。祭祀猎神，主要用猎获兽物的首级（兽头），每年二月祭一次。但是此神容易被"偷"走，据称梁河县芒展村的猎神就被河西乡的阿昌族"偷"走了。

山神：就是保护山林、山地和农作物的神灵。云龙县阿昌族村寨的大山梁上都盖有山神庙。但是，有的山神有时也咬牛马，被野山神咬着的牛马，会在驮运途中逃鞍、掀驮子、四肢抽搐，严重的还不能动弹。山神咬牛马的地方，阿昌族认为"山硬"，此处不能讲不吉利的话，甚至"饿""累"之类的话也不能说出口。否则，会冒犯山神，使人迷路、患疾病。祭祀山神的办法是吃晌午饭时，将酒、茶和饭或者其他好吃的东西，各取一撮置于碗内做成"汤饭"，往远处泼洒即可。与山神相连的还有狼神，狼神是恶鬼神灵，被"狼神"咬，全寨牲畜都会生病。如果遇此鬼，过年要耍"狮子"、玩"狮子灯"，以驱瘟疫。

树神：树神的表征多为大树、古树或怪树。附有树神的树习惯上称"神树"。阿昌族几乎每个村寨都有一棵神树。神树多数长在寨头或寨边，因而有些神树与寨神、地方神联系紧密。陇川县阿昌族的神树多为皂角树。皂角树四季常青，长得高大，树冠较圆，亦称"团树"，四五月间开粉黄小花。梁河县、芒市等地区的阿昌族大多以杞木、红木、麻栗、黄桑、古松或龙宝树为神树。人们认为人生的某些病痛是触犯神树的结果。被神树咬，如果是起红疙瘩，祭送时，烧燃一块牛粪饼，烧一束头发，绕人3转，再送到树下，以纸火、斋饭、香烛、鲜花祭祀。

寨神：阿昌方言称"瓦嘎"，陇川阿昌方言称"色曼"。供奉寨神"瓦嘎"或"色曼"的场所是建寨前选好的，地点一般选在头一户人家房屋的大门背后。阿昌族各村寨都有寨神，寨神立在寨子头或寨子边。凡长得高大、茂密、奇特的树木，即被认为附有神，就确定为寨神"色曼"或"瓦嘎"。陇川县阿昌族认为，寨神（色曼）有三种形式：一是立起的石柱或木柱，约高3尺许，上顶一块石板或木板，石板上供放祭品。寨神的标志石柱、石板，特别讲究石质材料。二是砌成宽1.5米、高2米多的墙，盖上瓦，造有窗台式神龛，台上供献祭品。三是在祭祀前临时盖一座小庙。据说寨神"色曼"有6只手。阿昌族认为，寨神是一寨之主，保佑村落人畜兴旺、无病无灾。每年固定祭祀两次：第一次于农历五月，择猪日或马日、虎日祭拜。祭祀者多为该寨最初砍草立寨之家的男长者，其他人家则凑钱凑粮。祭祀头晚，在寨神前插香点烛。祭时，各户出一个男人参加，全寨停工一日，禁忌外寨人进入寨内，认为外人进入寨内会给祭祀带来不吉利，违者要重罚。为避免外人误入，祭祀当天，天不亮就派人到寨子周围的路口插竹片篱笆和各色纸彩旗以示该寨正在祭祀寨神，外人禁入。祭祀寨神除要用祭品外，还要在"色曼"四周插彩旗、彩伞或木刀、木矛。此次祭祀寨神主要祈求保佑全寨人畜健康，顺利种好田。第二次祭寨神在农历六月或七月的猪日、虎日和马日。这个季节雨水多、疾病多，祭祀的主要目的是祈求人畜平安。另外，寨中有人事，诸如村寨间械斗、逢白喜事，都祭祀寨神，以求免灾得福。梁河县的阿昌族，逢婚丧嫁娶，也要祭寨神，祭祀由事主独户承揽，寨人相帮。偶尔也合村共祭。男婚时，迎亲的第一批人要与新郎去祭祀；女嫁时女方也要请寨老携带男方的祭品去祭。祭时，新郎跪拜习礼，祭词由长老代言：保佑婚事顺当，少犯口舌等。

此外，与寨神相关联的还有在寨中心设立的寨心神，陇川县阿昌族称"建寨曼"，又叫"折地"。用石、土垒成一个团包，像塔但没有顶。祭时插上一根竹竿，竹竿每隔一截有篾圈，篾圈用于供置饭团、芭蕉、果品等祭物。在祭寨神的同时也要祭"寨心神"。旧时，寨中有犯族规、禁忌的，比如淫、盗，要罚钱财

"洗寨子"，令其修桥铺路，择日祭寨心神。

地方神：比寨神的神格略高。寨神是单个村寨祭设，地方神则数寨合祭一个。中华人民共和国成立前，阿昌族的行政机构是寨里设畹，畹相当于乡。户撒有13个畹，每畹有一个地方神，称为"色猛"。"色猛"供在畹里最先建寨的那个寨子的后山坡上，要为"色猛"盖一座小草棚，旁边栽常绿树种。"色猛"的草棚前立有一人高的石柱（或木柱），顶一块石板（或木板），跟寨神"色曼"的式样差不多，只是"色猛"比"色曼"高半截。梁河县阿昌族的地方神，称"瓦当"。"瓦当"设立在寨子后山，叫"瓦当整"。祭坛是一块石条或石板。因"色猛""瓦当"在阿昌族的观念中，是主管寨神在内的山界、地界的一切。因此，祭祀仪式和规模较复杂、较庞大。每年通常是栽秧前偶尔祭祀一次，除非有偶发事件，比如旧时的氏族、村落间发生械斗，遇较大规模的天灾人祸（比如瘟疫、泥石流、火灾等），便由共拥地方神的全畹协商杀猪宰羊进行群体性祭礼。仪式由畹内最早建寨的寨中男性老者或请活袍主持，每户出一个男人参祭，全畹停工一日，祭物是嘴含尾巴的熟猪头等五牲祭品。

火神：阿昌族火神崇拜主要集中在火塘神和灶神。阿昌族人家的火塘设在正堂，不能朝火塘吐口水，不能跨越，不能用脚凑燃烧的柴，不能随意搬移。否则，要以纸火香烛祭祀，向火神说明原因，祈求谅解。一般修缮房屋时，要将火塘和灶里的火灰作为火种保存起来，待修好房屋、修好灶炉时，再将这些火灰放回到火塘或灶中。兄弟分家，也要先分火种。分家盖好新房的，要从老家火塘和灶里拿火炭，放到新火塘及新灶里，搬家时还要从老家点一束火把作为火种点到新家去。每遇节气或逢家里有好吃的，老者都将少许酒菜倒入火塘。腊月底，春过年粑粑时，第一碓舂出的粑粑，要用芭蕉叶包好，分成几份，供祭给祖灵的同时，也要送一份到火塘边祭祀，送两份献供到灶台上（阿昌族使用双眼灶）。新婚入门的新娘要在老妇人的牵引下绕 3 圈火塘，古时小孩出生或生病时也绕火塘。除夕夜，火塘和灶前要点燃香火，选大树根烧留火种过年。火神对阿昌族来说是善神，但是人们认为跨越火塘裆（阴部）会烂，伸脚板烤火，爬山会滑倒，朝火塘吐唾沫，口角会生疮。在山里过夜，踢烧剩下的柴根和锅脚石，还会招来野兽滋扰。火灾是火神对作恶者或不善者的惩罚。从火神信奉派生的灶神，也要同对待火塘神那样尊敬。冒犯灶神，小孩会得病，猪会厌食。火神多附于锅脚石，马生病、猪生病时，人们就用锅脚石或支锅的土基、灶灰擦其脊背，认为火神可驱走牲畜的疾病，使牲畜安康。

自奔龙神："自奔"，阿昌语意为"水满"。云龙县漕涧西北有一座自奔山，山顶有 99 个大龙塘。传说，这里的自奔龙神与阿昌族土司有亲戚关系，曾传授给阿昌族土司铜马一匹和求雨秘诀。所以，阿昌族特别崇拜自奔龙神。每遇大旱，求雨仪式必须由土司后裔左遇侯家或左致祥家的后世老人来主持。其求雨方式也较特别，必须杀猪、羊、鸡、鹅、鸭等五牲。举行祭祀之后，数百名中青年男子将全身衣服脱光，跳入泥塘打滚，待全身涂满泥浆之后，便呼喊着分头冲下山去，踏遍所有稻田，以此表示他们足迹所到的农田，就不致再受旱灾了。由此可见，自奔龙神可能就是水龙王神。

水神：主要是水井神和河神。梁河县阿昌族每年农历正月初一的凌晨到天亮前，各寨的男子争相到水井里挑第一担水（平常是女人挑水，男子挑水将被耻笑），挑水者手持一对香烛、带纸火喜神，有的还带一把米，在水井边点燃香烛、纸火，将米撒在香烛周围，祭给水井神。祈求水井不要干涸，喝下挑去的第一担水，能使人升官发财，消灾得福。云龙县阿昌族，老人死后，死者的儿子，带纸火到水井边跪着取水，以此来为死者洗面。阿昌族寨子相邻的河流，给人灌溉、碾米带来便利，也时常冲断桥梁道路，危及人畜。寨中男子每年到邻寨河中义务搭桥，搭桥时要祭河神。祭河神所需的祭品为香火、纸钱、米、酒、茶、烟，以及名叫"三牲"的一块猪肉及主祭物一只公鸡。这些祭品由不能参加或无壮劳力参加搭桥的人家提供。主祭物公鸡不杀，但是自己会踢腿倒地而死。河神多通过搭桥祭祀，因此也有认为是祭桥神，即祭河神的同时又祭桥神。

炉神：阿昌族的手工业发达，擅长锻铁制刀，"户撒刀"久享盛名。阿昌族不少人家有打铁炉灶，开炉打铁前要祭炉神。炉神供在挡火墙上，祭时祭品和香火或摆或插在梯级的挡火墙顶端。祭祀愿望主要是祈求炉神保佑打铁时铁屑、锤等不要伤人。出外打铁者祭炉神最勤，以祈求发财，不遇意外及疾病。

太阳神、月亮神：太阳神阿昌语叫"版清"，月亮神阿昌语叫"版当"。太阳神和月亮神因属恶鬼，也称"太阳鬼""月亮鬼"。供奉在围墙的土墙洞里或房檐下，祭祀处放有竹筒等祭祀品。有的则将一截竹筒插入地面，竹筒上放置一块编制精致的竹篱笆，四边又立放4个小竹筒，用来盛祭品。祭祀由各家自行祭拜，目的是祈求太阳神、月亮神保佑家人平安。梁河县阿昌族编成小竹笆，纸剪成圆形，象征太阳或月亮，吊在竹竿上，送出寨外。因害怕恶鬼，在陇川县阿昌族中对太阳神和月亮神供奉最勤，不时烧香，每天早上女主人做饭时先供一团饭，全家才进餐。据说被太阳鬼、月亮鬼咬着，就会患眼病。

棒头鬼：阿昌语叫"康"，鬼名叫"腊訇"。腊訇是阿昌族最大的旱神，被人们归入恶鬼之首，是在"天公"与"地母"开天辟地时作乱的魔王。腊訇曾造了一个假太阳挂在天上，不会升也不会降，造成大地干旱，世界混乱。天公遮帕麻使法术收服了腊訇。祭祀这个又叫绿鸭老仙的旱神时，要祭一只鸭或一个鸭蛋，并做一根木棒，上画土蜂、竹子、树、麂子、马鹿等，与另一小木棒摆成丁字形，请活袍念经。咒语为："你永世不能回家，要回来除非石头开花，公鸡下蛋，公牛下犊。"阿昌族对此鬼深恶痛绝。"棒头鬼"腊匍咬人时，要请活袍驱赶，要祭"天神"。

秋神：秋神即秋杆神或秋千神。阿昌族普遍信奉秋神，秋神也是神力较大的恶鬼。秋神咬人，人会疯，寨子的马牛会成批死掉。祭秋神，要全寨合祭。祭祀是通过砍秋杆、竖秋挂红（迎秋神）、拆秋（送秋神）来进行的。年内有小伙子结婚的人家是自然的"秋头"（有时多家小伙同在一年内结婚，"秋头"就多）。"秋头"在除夕夜买好烟，一家家去递烟，申明今年要祭秋神，请有男青年的人家帮忙。正月初一清晨，"秋头"们敲锣打鼓将扛秋杆的人送出寨门（实际去"砍"，却说"扛"）将置办好的祭品（烟丝、猪肉1斤、粑粑三五块、红糖、香烛和纸火）交给扛秋者。扛秋杆要选择碗口粗标直的生栗树。临近中午时，扛秋者将砍倒的秋杆用火烧烤去皮，并将祭品供献在剥秋杆的地方。晚归时，"秋头"和杠秋者的家人鼓锣迎接，俗称"接秋"。初二，将所有扛回的秋杆放在秋场，由"秋头"请寨中长老及扛秋者在近七八十棵秋杆中评比出能做秋架的4棵"头秋"。"头秋"是秋神驻足的秋杆，竖秋要先竖"头秋"，顶上还系"秋头"置办的红布，讨好秋神。"头秋"选定后，要敲锣打鼓、供献祭品，在鞭炮声中相继将4棵"头秋"竖成"人"字形，系上红布，祭词祈求秋神保佑村寨人畜安康。之后，将其他秋杆合竖在"头秋"周围，拴扎好吊篾，请"头秋"主人和"秋头"代表象征性使一回秋，秋神才算祭毕。寨人都可使秋。到正月十五，"秋头"又邀集寨中老者主持拆秋、送秋神。供献祭品后，在鞭炮、鼓锣声中拆秋，祭词内容主要是祈求秋神保佑全寨安康，并许愿承诺明年再迎接秋神祭祀。

秋神要正月初一扛秋，十五拆秋，不能延误，拆下的秋杆由扛秋者扛回家，头秋的红布也归扛秋者所有，此布设置视"秋头"的经办能力，有的很小，是象征性的布条，有的很大接近被面。这是次要的，主要的是男子们竞技似地荣获"头秋"，令举家光荣。秋杆是火烤去皮的栗树，扛回家后多做晾杆或农具料件，秋神之物，人们认为会很牢靠。拆秋后，本年的"秋头"使命就算结束，次年结婚的小伙子又将接替"秋头"之职，继续邀集寨人竖秋杆、祭秋神。

阿昌族的恶鬼还有很多，比如狮子鬼、狼鬼、苗丹鬼、毛虫鬼、藤子鬼、饿痨鬼、落河鬼、僻拍鬼、撒柴鬼、扑尸鬼、歹等。这些鬼都被认为可以致人生病，可以使牲畜死亡，也可以搅得家园衰败，寨子不得安宁。在日常生活中，一个人被藤子鬼咬着就会生疮；被毛虫鬼咬着就会全身起红块疙瘩；被狼神咬着，牛马等牲畜会得瘟疫死亡；被僻拍鬼咬着肚子会疼，僻拍鬼还会吃小孩的脑子；被饿痨鬼咬着也会肚子疼；落河鬼一般在河边，人过河过桥时咬着会脚瘫手软或头晕眼花而跌河坠桥出事；撒柴鬼多在山林中过夜时惊吓人，此鬼来时发出撒柴般"噼啪"作响的声音；扑尸鬼及歹则认为是附在某些活人身上的。在恶鬼中，人们认为狮子鬼也是最凶恶的恶鬼。若寨子里人病、牲畜死亡，尤其是寨子里的青壮年男子生病或其他自然植物死去，使寨子不安宁，认为是触犯了狮子鬼。这时，就要请活袍给狮子鬼许愿，到来年农历正月初二起耍狮子灯还愿祭祀。所以，阿昌族每年农历正月初二至十五，都要耍狮子灯，耍狮子灯时的祭词通篇都是安慰鬼神的吉利话。

阿昌族的鬼魂崇拜中把如此众多的鬼神分划为善神和恶鬼，这基于把原始宗教万物有灵的自然崇拜融合于鬼魂和神灵崇拜的多样性中。同时，阿昌族的鬼魂崇拜反映了阿昌族先民崇拜信仰中的矛盾心态：一方面囿于本身的软弱无力而企求得到鬼魂的帮助；另一方面又由于本身的无知，因而对自然压迫怀着恐惧。因此，呈现出了祈求恶鬼的宽恕或祈盼善鬼庇护的二重性。这就是阿昌族多神崇拜的内核。

2. 祖先崇拜

祖先崇拜是阿昌族鬼魂和神灵崇拜的延续发展。在阿昌族的观念中，认为人都有魂附身，魂离开了人就会死（故有招魂风俗），人死后此魂就变为鬼魂。祖先的魂之所以不同于其他人死后的鬼魂，就在于祖先的魂同自己有血统的亲缘关系。因此，人们对祖先的魂保持着十分亲近的态度。祖先的魂高贵于其他鬼魂，在一定程度上祖先的魂是友善的，是保佑和庇护自己的神灵。阿昌族一般不称祖先的魂为鬼魂，而是叫灵魂。所以，阿昌族的祖先崇拜可称之祖灵崇拜。

在阿昌族的观念中，祖先的灵魂对现世子孙有着极大的作用，保佑着子孙后代，并去灾赐福，但是如果子孙对祖先的灵魂失敬，也会祸害于家人。因此，阿昌族对先辈的丧葬礼仪极为隆重，祭献祖灵非常虔诚。

阿昌族的鬼魂观念认为，人有"三魂""七魄"。人死后，一个魂要送到坟山上，另一个魂要送回传说中遥远的祖先原居地（陇川县、梁河县两地阿昌族认为"遥远的原居地"在腾冲方向）；第三个魂要供在家里。人一死，即通报族人，请活袍来家里念经送魂。人们认为，只有活袍能把死者的3个魂做应有的安排。阿昌族的丧事一般进行3天，送魂前，活袍要通宵达旦地念经文，主要内容大体包括两大部分，先念天公地母遮帕麻和遮米麻开天辟地、创造万物、繁衍人类的经过，内容与创世神话史诗《遮帕麻和遮米麻》相同，接着念祖先迁徙的历史。前一部分是告诉亡魂和听众，自己是怎样产生的，祖先是谁；第二部分是向亡魂讲述祖灵在什么地方，要沿着什么路线才能到达祖灵那里。活袍在最后的念词中指引死者亡魂：

> 有海的路是傈僳族的路，有文章纸墨的路是汉人的路，有红口水的路是傣族的路（傣族喜嚼槟榔，故称

红口水的路），有箭和弩的路是景颇族的路。这些路都
不能走，要走直往阿昌族祖先那里的路……

这则明朗的指路词，显然既给死者的灵魂指明了去向，也让
活人明白，所谓死只是离开人们去神祖统领的另一个地方生活。
因此，阿昌族祖先的灵魂都归结到这 3 个地方，3 个魂都各有
所安。

阿昌族对祖先的崇拜，主要体现在对祖先的 3 个灵魂的周全
供奉和虔诚伺候上。

阿昌族祖先有三个灵魂，一个魂供在家里的"家堂"上，
受到虔诚祭祀。祖魂在"家堂"有供台，但是某代女的先死于
丈夫和下代先逝于上代的不能直接上"家堂"，在下面或边堂另
立供板供祭。"家堂"是户主的祭祖台，因为祖先的灵魂在其中
供祭，极为神圣。陇川县阿昌族要重修祭祖台要请"庄主"（和
尚）献祭，家运不好要请"庄主"念经，并杀一只公鸡或买肉
祭献家堂上的祖灵魂。阿昌族除在过年、清明、八月尝新时普遍
祭祀供于家堂的祖魂外，其余每遇家里大事都要祭祀，比如讨亲
嫁女，起房盖屋，杀猪宰禽，家里有人出远门，家里有人生病，
甚至家里要祭祀祖灵。祭祀由户主及长老主持，祭桌摆于堂前，
将饭打成"圆饭"盛于碗中，摆列成排，筷子放在饭碗上，指
向摆在中间的"三牲"祭品（鸡肉、猪肉类好菜），最外面摆放
酒茶。摆好祭桌便点香燃纸火，长老祭请祖先灵魂入席。邀词很
笼统地请出由近及远的祖先，比如从爷爷奶奶喊起，一直喊到爷
爷奶奶的爷爷奶奶。针对某祖的灵魂祭祀则一定得喊清称谓，比
如生前他（她）用左手吃饭，筷子就放在左边，生前他（她）
不喝茶，就以酒代茶。祭时，长辈叫晚辈逐一跪拜，以铭古本和
祖恩祖德。

祭献完毕，将碗筷祭品摆设位置变换为饭在前，祭品在中，

酒茶在后，然后抬至大门口祭祀。因为，阿昌族祖先的另外两个魂还在外边，即一个魂在坟山，一个魂被送回到遥远的祖先原居地。因此，每当在家里祭祀稍重要的祖魂的同时都要调换桌口到大门，至少到二门或石阶边祭祀。祭祀是针对祖先原居地的那个祖魂，当然也祭祀某种不能入家堂来的祖魂。祭毕，用一个空碗，从祭桌上各取一小撮祭物连汤带酒将饭菜泼向门外，声称是给"望吃望喝的半路孤魂野鬼"的"浆水饭"。泼毕，将碗倒扣在门外，次日取回。

阿昌族认为祖先原居地有一个"城隍庙"，七月初一鬼王打开鬼门，让所有鬼魂各自回家。阿昌族的这一祖魂也在七月初一至十五日得以回家，因此阿昌族七月初一祭迎这一祖魂，叫"接（亡）人"。专设神位供奉，天天饭前小祭。有山歌唱道："七月烧包王有位，半路主神插不上。"七月十三四日大祭，叫"送（亡）人"。此次祭祀，以家族为单位，祭祀时烧纸火，并把纸火做成包状烧，新鬼烧红包，烧3年后，烧白包，当作祖魂一年的费用。因此，七月十五的大祭，又叫"烧包节"。由家族长老召集同姓各家族举行这一祭祀的组织，叫"烧包会"。该会性质同"清明会"，带有封建色彩。

阿昌族祖先崇拜中，祖先坟山里的祖魂，也受到人格化的祭祀。阿昌族祖坟地的选择及布局，也同活人居住的寨子一样，讲究"地脉""向法"，多选依山傍水的地方。坟冢排列有序，按辈分，长者居上。坟地后坡稍后处竖一石块或垒成土堆，是死者坟寨的寨神，称"瓦嘎"，汉语称"后土"。祭祖坟，无论各户单祭还是合村共祭，都要祭那个以石块为标志的"后土"。因为"后土"是祖魂们共有的庇护神。坟地祭祖魂，以清明为主祭日，平常有亲人亡故葬到祖坟地时，也要祭祀。阿昌族极为重视祭祀祖坟，因祖坟是祖先崇拜最直接的迹象。因此，祖坟修砌时要石雕石刻，庄重奢侈，跨县、跨地区寻根觅祖，花大量钱财来祭献。有的地区，按家族祭祀，并在严格的"家会"制度下，有专司祭祀祖先灵魂的"清明会"。

阿昌族祖先崇拜的核心意识，是让祖先的灵魂能保佑后代子孙，但是在某种情况下，祖先的灵魂也会祸害家人。当祖先的灵魂想吃肉时，就会伙同"康袍麻翁"和"康米麻翁"两个恶鬼一起咬家人，因而有所谓"家鬼不成器，招引外鬼来"之说。这样的祖魂就被人们贬责为"家鬼"。神威恶劣，祭祀繁缛的叫"阿靠玛"；相反，神性温和，神威和善，祭祀简略的叫"阿靠咱"。"阿靠玛"直译是"在家里大的"；"阿靠咱"为"在家里小的"（有的则译成"大家鬼"和"小家鬼"，这是不妥的，这有悖于阿昌族对祖魂的敬仰）。阿昌族认为，某些祖魂会祸害家人，这是受外鬼诱惑或子孙失敬而引起的。祖魂很少咬家人，但是人们恐惧祖魂的威力，尊称"阿靠玛"。阿昌族从不直言自己的某个祖魂为"家鬼"。

"阿靠玛"是受诱惑祸害家人的某个祖魂。阿昌族供奉家里的祖先灵魂有很多，每个祖魂都有可能受某种诱因而祸害家人。因此，"阿靠玛"不是固定的伤人祖魂。这会有助于理解"大家鬼""小家鬼"叫法为何不妥。某个祖魂即便偶尔祸害家人，祭祀后，祸害消除，这个祖魂也就恢复为非常受人崇拜敬仰的祖魂。

"阿靠玛""阿靠咱"祸害家人时，被咬的人会患该祖宗过去患过的病，需请活袍来卜卦。如果是触犯了某个祖魂，便先做许愿，病愈后再祭祀。

祭祀"阿靠玛"比祭祀"阿靠咱"的仪式要隆重复杂，花费也大，故往往是族人中较富裕的人家才能主祭。同一部族的全体成员都参加祭祀活动，请最大的活袍来主持祭祀和念经。祭祀仪式是：先扎好一男一女两个纸人，祭祀开始，巫师用两根白线（阿昌族观念中白色通阴魂世界），将一根白线的一端系于牛耳，一端系于男纸人手中；另一根白线的一端系于猪耳，一端系于女纸人手中。然后活袍念念有词："你们要的牛和猪，你们的子孙已经准备好了，请收下吧！"念完将牛、猪在院子里宰杀，以牛、猪身体的各部分做成祭品，供献在家堂的供台上，主祭户主跪拜，活袍念诵祭词经文，安慰祖灵。除祈求祖先保佑外，还通过祭词，使全体族人都明白，他们是同一始祖的后代，以此来维系和稳固内部团结，并以祖训的方式决定"同姓不婚，氏族外婚制"以及其他禁忌和习惯法则。

祭祀仪式中的祭品"一男一女两个纸人"，可能是最初祭祀象征"想吃肉的"祖魂的合伙恶鬼"康袍麻翁"和"康米麻翁"。在阿昌语古语中"袍"表示男性，"米"表示女性。由于阿昌族浓重的祖先崇拜意识的原因，在祭祀中掩隐了初始的祭俗，遂当作祖先的亡魂，甚至有些地方还写明受祭某祖先的名氏。

祭祀"阿靠咱"，各家自主祭拜，祭祀程序与祭祀"阿靠玛"相同，但是牺牲不同，规模也小。

在有些地方"阿靠玛"，又叫"刊玛"，"阿靠咱"又叫"刊咱"。

阿昌族祖先崇拜的观念中，男祖、女祖享有同等受供的待遇。每逢出嫁的女性去世，娘家要将其灵魂接回，供奉7天，祭期满，请活袍念经发送，又由其子孙后代来人将灵魂接回夫家；娘家人哭送至村外甚至更远，哭诵词多叙该女祖生前的情意和恩德，比如生前在夫家处境不好，其实哭诉给来接的夫家后人听，提醒对其"生前不孝死后敬"。这个接送外嫁女性亡魂的习俗，叫"接切"和"送切"，统称"背切"，阿昌语叫"切特""切袍"。这一习俗将在丧葬习俗中详细介绍。

第二节　南传上座部佛教　道教

阿昌族的宗教，因为居住地区的不同和相邻民族的不同而有明显的差异。居住于户腊撒地区的阿昌族毗邻友好邻邦缅甸，与傣族交往甚密。历史上明朝沐英率领汉兵入滇西征麓川曾屯兵户撒，清朝吴三桂又将户撒霸为私庄，并且户腊撒地区还位于麓川通南甸、干崖的交通要冲上，特殊的地理位置和历史渊源，使户撒地区成为各种文化的交汇点或集散地。在各个历史时期和各种文化的大冲击、大裂变、大交融中，阿昌族传统文化受到其他文化的极大影响，从而广泛吸收了众多外来文化的精华，丰富了本民族的宗教传统。南传上座部佛教和道教随着历史和文化的变迁相继传入户撒阿昌族地区。

一、南传上座部佛教

1. 阿昌族南传上座部佛教的来源

户腊撒地区的阿昌族普遍信仰南传上座部佛教。

南传上座部佛教，俗称"小乘佛教"，是从佛教中分裂出来的一个佛教派别，公元一二世纪，印度佛教徒中的一部分人提出主张要自利自度并重，于是就把这种主张自利自度，只求自我解脱的原始佛教和部派佛教贬称为"小乘"。由于此称含有贬义，为原始佛教和部派佛教所拒绝，不接受"小乘"这个称号，而自称"上座部佛教"。后来"小乘"这个名称为学术界广泛使用开来，就成了佛教教派中的一个专用名词，不再含有贬义[1]。

---

①《阿昌族简史》，云南人民出版社，1986 年。

德宏地区的南传上座部佛教是从邻邦缅甸传入的，传入时间大约在 15 世纪，即明代中期以后。最初由当地傣族所信仰，然后相继传入德昂族地区和阿昌族地区。户腊撒地区的佛寺、佛塔（当地称缅寺、缅塔），其造型与傣族地区的佛塔相似，只是更美观精致一些，反映出阿昌族能工巧匠的高超技能，但是结构多数是清代的建筑。由此可以推测，阿昌族信仰南传上座部佛教可能不会晚于清代。如果从明代中期算起，那么阿昌族信仰南传上座部佛教已有 500 余年的历史。

在德宏地区的南传上座部佛教有 4 种派别：摆总、润、左抵、朵列①。摆总派信仰人数众多，佛寺十之七八属此派；润派与摆总派略同，唯习尚稍异，信仰者较少；左抵派则为 4 派中最具特殊的一派，宗教戒律极严；朵列派近似左抵派，或是从左抵派中分裂出来的一个支派，戒律没有左抵派严格，佛爷居住较为固定，互不隶属。派内又分为 4 支，按傣语音译为德干当、密朱、东比刺、鄂瓦打，前两支戒条较严，后两支戒条较宽。过去，德宏土司中，年老者多信奉左抵或朵列，年轻的多信奉摆总或润。

南传上座部佛教派别众多，支派复杂，阿昌族主要信仰摆总派。清代，阿昌族信仰南传上座部佛教的人数达到高潮。至今，每年都有定期的佛教节日，比如熬露、进洼、出洼、烧白柴、泼水节等，还有赕佛、做摆等。在这些宗教节日和供佛活动中，阿昌族信徒们都以极大的热情来表示自己对佛的虔诚信仰，花去大量的人力、物力和财力，来换取佛祖的恩赐。

2. 阿昌族的主要佛事活动

阿露：也称"熬露""五露"，汉语叫"会街"。在每年农历八月或九月举行，是迎接菩萨回人间的宗教节日。阿昌族供奉的

---

① 《阿昌族简史》，云南人民出版社，1986 年。

释迦牟尼叫"个打马"。传说，个打马幼年丧母，长大修行成佛后，不忘母亲养育之恩，每到农历五月母亲的祭日，总要到天上为母亲念经3日。天上1日，地下3月。个打马不在人间的3个月正逢雨季，疾病暴发，人世艰难。农历八月初十，个打马念完经返回人间时，佛光把天空照得金光四射，万物争艳，连平日呼风唤雨的白象和善济苍生的青龙都欢喜不已。个打马心最慈，一回到人间，马上救世人逃出苦海，驱灾除难。人们为报答个打马佛祖的恩德，在个打马返回人世间的那天，总要杂耍平时很难看到的青龙、白象，载歌载舞，一连5天欢庆和迎接佛祖回到人间。接着八月十五举行"赶朵"，也就是向佛祖忏悔的摆。

进洼：汉语叫"关门节"。农历六月至九月进行，这3个月是阿昌族信徒们过佛寺生活的时间。这一时期，当地正值雨季，气候湿热，稻秧已经栽下（中华人民共和国成立前，无施肥、除草等习惯），一般比较空闲，佛教徒们就都要到各村寨佛寺中静坐参禅，听佛爷讲经说法。

出洼：汉语叫"开门节"。节日比进洼还隆重，进洼90天时，要举行一次盛大的盛会，各村寨的男女老幼都要到佛寺中拜佛祷告，向佛忏悔，以赎过去一年所犯下的罪孽。集会时人们换上新装，成群结队，节日显得格外热闹。由此，也结束了一年一度的佛事生活，恢复正常的农事活动。

烧白柴：在农历十二月举行。届时，信徒们要在晚上于佛寺附近，将一种木质白色的木柴堆成一大堆，点火燃烧，人们围着燃烧的白柴火堆，与佛祖一起烤火取暖，佛教徒们以此讨好佛祖，佛教徒向火祷告、求福消灾。传说，一次佛祖的弟子生病，正当发冷之际，有一位老人看见，老人产生怜悯之心，便拾柴烧火给病人取暖，使佛祖弟子病愈。此事被佛祖闻知后，认为是善举，便规定寒冬腊月，各户及佛寺均要烧柴火，称为"烧白柴节"。

泼水节：亦称"浇花水节"。农历五月二十三日举行，这天信徒们进佛寺拜佛，用水冲洗佛像，人们也相互泼水，以示消灾祝福。

赕佛：赕，沿用傣语，凡用钱物对佛供献或斋僧，都称之为"赕"。赕佛，就是做佛会。各村寨佛寺每年都有固定的日子进行集体性赕佛。私人敬佛可以随时进行。如果要超度祖宗，也可以做赕。每逢佛寺赕佛，邻近村寨的人们都来赶佛会，或听佛爷念经，或在寺外空场上跳舞、放烟花，极为热闹。如果是做大赕，参加者更多，气氛更热烈，往往要延续数天。但是做大赕者，一般都是土司、头人及其亲官属员和各级头人，境内各地头人都来参加，盛况远远超过一般佛教徒赕佛。

做摆：佛教徒们为了超度自己及其子孙，能在来世进入佛国，必须在自己的有生之年，克勤克俭，积累更多的钱财，对佛祖进行一次最大的功德。这种对佛祖表示最大功德的供佛活动称之为"做摆"。信徒们认为，一生没能做一次摆，心里总感到没有对佛表示最大的虔诚之心。做摆是积善积福的具体表现，也为死后能进入佛国创造条件。所以，信徒们为死后能进入佛国，宁倾一生之积蓄或不惜负债终身，也要做一次摆。

一般情况下，做一次摆需要做一年或数年准备。做摆前必须准备好一尊或多尊佛像，佛像或大或小，或木雕或石雕，或从缅甸请来，价值每尊数十元或数百元不等；要制备精致的佛幡、佛伞等；要请佛爷抄写经书，并加上华丽的装帧；要在佛寺内盖一间木房或草房作为临时佛堂；要备好宴客用的牛、猪、粮食及其他副食品。做摆之日，要请佛爷念经，请亲友来家宴聚，需时一至数天。和尚念完经后，给做摆者赐一佛名，以求得精神上的安慰，日后受群众尊重。经事完毕后，便把佛堂陈设的佛像、佛经、佛幡、佛伞等全部送到佛寺供奉，功德便算结束。这样烦琐的项目开支，每一项都需要花一大笔钱。做这样的佛事活动，对一般的信徒来讲是艰难的，充其量一生也只能做一次摆，以了结其佛徒的虔诚之心。

阿昌族文化囿于历史条件的限制，长期处于落后状态，南传上座部佛教的传入丰富了本民族的文化传统。佛寺已成为一定区域范围内的文化中心，有的僧人就是本民族的知识分子。这对阿昌族文化的发展，以及与汉族、傣族等各民族的联系和文化交流，促进各民族团结，都起着一定的积极作用。然而，南传上座部佛教作为一种封建领主制社会的意识形态，数百年来，已渗透到阿昌族人民的物质生活和精神生活中，形成了一股巨大的支配力量，也阻碍了阿昌族社会的发展。

二、道　教

道教是我国土生土长的宗教。过去有一种说法，认为道教仅是"汉族的宗教"，与少数民族并无多大的关系。其实，道教创建、发展、衍化的历史，与少数民族，尤其是西南少数民族有着密切的关系。东汉张道陵创五斗米道（即天师道）的四川鹤鸣山一带，是氐羌族群居住与活动的地区，最初的道教徒中，有不少是少数民族。阿昌族的先民是氐羌族群中的一个部族，也曾经在上述广阔的区域中"迁徙无常"，极有可能受到道教的早期启蒙。阿昌族在现代居住区又多与汉民族交错杂居，在与各民族接触及融合过程中，或多或少地接受了道教的影响。这种影响，到明洪武二十一年（1388 年），随着明朝名将沐英发兵陇川，阿昌族聚居的户撒地区被划为沐氏私庄，留下其部属驻守屯垦。此时，阿昌族民众信仰道教的情况达到了前所未有的高峰。

道教以名山做自己的"洞天福地"，凡修仙学道，必入名山。

1. 阿昌族的道教来源

户撒皇阁寺是道教在阿昌族地区兴起的重要标志。皇阁寺建在距户撒阿昌族乡政府所在地东北 7 千米处的金凤山上。金凤山地形如金牛，山脉似银线穿珠，皇阁寺内正中的殿堂供奉着为道教祀奉的神尊，居中为玉皇大帝，坐在龙蹲（德宏方言，即椅子或凳子）上，两边原有执兵器的凶神恶煞三十六宿，中间有文武朝臣 4 员大将。皇阁寺左边的下面是报恩寺，地母站在龙凤托着的莲花宝座上。皇阁寺背后青山起伏，森林茂盛；前缓坡接坝子，红坡绿坝；左边从深山中流出一条小河，右边是一条山涧小溪。皇阁寺的建设按道教宫观建筑布局，曾建有三道天门，象征三界，进入三门即为跳出三界，寓意着求道者不惜劳体而诚心爬完三道天门，便通达道教的最高境界。皇阁寺的三道山门布点疏朗，一路山开路阔。步入大殿门，两边是配殿，尽头为城楼，构成一个四合院式的建筑群体，象征道教的木、火、金、水四正，加上中央土，以应五行。皇阁寺内的殿堂及各种装饰物都渗透着浓厚的道教神仙思想。

中华人民共和国成立前，皇阁寺里有两名道士，叫"闷二""闷三"，都是阿昌族。每年农历正月初九朝拜玉皇大帝，当地道教徒或外来汉兵、客商及流民都是虔诚的朝拜者，信奉南传上座部佛教的阿昌族部分信徒也去朝拜。他们用拜佛的方式朝拜玉皇大帝，道士则按道教的规制念《玉皇经》《太上玄门早晚坛功课》《觉世真经》《神仙通鉴》《签书》等经典。设有灵签，道士还画符念咒，祈福禳灾。

户撒皇阁寺兴建于明洪武年间，是由明朝名将沐英为明朝洪武二十年、二十一年（1387～1388 年）一征麓川、明正统四年（1439 年）二征麓川、明正统六年至十三年（1441～1448 年）三征麓川的军队、屯兵及戍军家属提供宗教场所而建盖的。户腊撒地区地处内外交通要塞，且介于干崖宣抚司与陇川宣抚司之间，自古为兵家必争之地，有高屋建瓴之势。这里海拔高、气候凉爽、土地平旷，是德宏境内理想的避暑之地。明初三征麓川有功的勋臣沐英，利用权势将户腊撒的屯田变成了沐氏庄田，并在此建立了大庄园，号称"沐氏勋庄"。今户撒坝头尚有"沐城"遗址。清朝初期，吴三桂镇守云南，又将明代在这里经营的沐庄占为己有，吴三桂灭亡后，清朝于康熙三十一年（1692 年）将此庄园变卖给户腊撒赖、盖两家土司，包括吴三桂勋庄和皇阁寺等屯边建设设施都出售给了赖、盖两家土司。从碑文记载看，该寺曾在乾隆十二年、嘉庆十一年、同治十三年有过 3 次大修葺。可以看出，道教在明清时期的阿昌族地区极为兴盛。

2. 阿昌族的道教特点

阿昌族地区的道教信仰，多集中在户腊撒地区，教徒多数是受汉文化影响人士，其中有些教徒的元祖就是各个时期融合到阿昌族中的汉族。部分信奉南传上座部佛教的阿昌族同时也信仰道教。这个缘由比较复杂，信奉道教一方面是受长期驻守屯边户撒地区汉人兵士影响的结果。自明朝沐英屯兵防守，到清朝又派吴三桂带兵进驻户撒地区，由于长期有汉族驻兵，阿昌族直接受到了汉人的宗教影响。佛教和道教两种教义在主张上有相似或相通点，比如因果报应、生死轮回，通过积善积德或道德修养，修行成"佛"或成"仙"，进入长生不死的"佛国"与"仙国"最高境界。南传上座部佛教主张以自我解脱、自立独善、慈爱众生；道教的诛灭邪恶主张，在当时的社会背景下，更接近民众的思想和为民除害的愿望，比较切合实际。因而，道教在阿昌族地区便发展起来。

在其他地区的阿昌族中，道教没有形成占统治地位的宗教信仰。但是在长期与相邻民族的接触和交往中也受到道教的"渗入"和影响，有的地方建盖有关帝庙、城隍庙、供灶君等，在原始宗教和南传上座部佛教中也有许多道教祭神的影响。创世神话史诗《遮帕麻和遮米麻》中，3 600 只白鹤飞来帮助遮帕麻造天，衔来圣洁的仙水拌泥巴；四边的天设 4 个宝座，派 4 个神管理；

造有天门堵风雨；以及腊訇作乱造成的世界颠倒的情景，都是原始宗教受到道教意识影响的反映。

阿昌族的宗教信仰，在原始宗教的基础上，派生出了南传上座部佛教信仰和道教信仰，呈现出多种复杂的局面。尤其在陇川县户腊撒地区的阿昌族由于普遍信仰南传上座部佛教兼道教，时常把南传上座部佛教和道教混在一起。其他地区的阿昌族却将南传上座部佛教或道教也渗到一些原始宗教当中。比如，家堂既供祖先，又供灶君，还供释迦牟尼；和尚和道士同时念魂赶鬼，与阿昌族原始宗教祭司采用的方法相同。凡有重大宗教祭祀或主持某些仪式，比如丧事，不但活袍可以主持，"庄主"（和尚）也可以主持。祭地方神、寨神时要插的一对小彩旗、一对小彩伞、祭寨心石时石包上插的竹竿则是南传上座部佛教的习俗；反过来，南传上座部佛教也把祭寨神的习俗吸收进去，即在每个"奘房"（佛寺）的东北角处，立有一根石柱或木柱，顶着一块石板或木板，叫"招先"，这原先是祭祀释迦牟尼的标志。原始宗教祖先崇拜中的"鬼城"就是城隍庙。祭太阳神、月亮神时使用的 4 个竹筒的方位指向与布局则是道教的规矩。

阿昌族的宗教信仰，以原始宗教为基本或源流，同时又汇入佛教和道教，并且还不断变异和发展。这 3 种宗教既有斗争，又有相互影响和相互融合，形成了如此复杂的形态。

第四章 风俗习惯

　　阿昌族人民在漫长的生产活动与生活过程中，逐渐形成了民族内部共有的共同特点。这些独特的共同特点，浸透在阿昌族社会的历史发展进程中，相对稳定、相对统一，形成了阿昌族所特有的风俗习惯。阿昌族的风俗习惯是古老的传统习俗和文化遗产在阿昌族漫长的历史进程中的遗存再现。

第一节　饮食习俗

　　饮食习俗，依存在人们赖以生存的饮食习惯中，相伴着人类社会初期从生食过渡到熟食的整个生活进程。阿昌族的先民和其他民族的先民那样，也经历"茹毛饮血""觅食禽兽虫劣皆生噉之"的生活方式。在艰难稚幼的先民时代，阿昌族先民以"好食蛇，赤手握之，置之于器，负而卖之不畏其噉"的勇悍。随着历史的发展和社会的演进，阿昌族的食源得到改善，饮食条件也随着生产力的提高而逐步提高，从果腹充饥的先民时期发展为审美享受，历经了历史与审美的同步演进。因此，阿昌族的饮食习俗是阿昌族人民创造历史的结果，也是古老民族的文化历史和传统审美的结晶。

　　阿昌族从渔猎过渡到农耕的历史已经很久远了，在南诏时期，阿昌族的主要统治地区古云龙一带，就开始"往来商贾，有流落为民者，教夷人开田亩，夷利喇鲁学得其式，此夷有田之始也"①。阿昌族农耕稻作文化的萌芽与兴起，也逐步改变了阿昌族人民的饮食习惯。

阿昌族的饮食，以本民族自耕自产的农作物为主食。阿昌族多聚居在依山傍水的坝区或半山腰地区，悠久的稻作历史和耕种技能，使阿昌族地区盛产稻谷。因此，阿昌族主要以大米为主食。少部分居住在山区地带的阿昌族种植旱稻的同时，还兼种玉米、荞麦、薯类、麦类，也习惯以玉米、荞麦、薯类、麦类为季节性主食，大米为常年主食。阿昌族尤其喜欢吃软米、糯米。

阿昌族饮食的副食品范围较广，有肉类、瓜果、豆类、蔬菜和副食加工类等。

肉类多以猪肉、鸡肉为主。逢年过节，以猪肉为基食烹调，能做各种不同的花样饭菜。陇川县阿昌族的风味名菜"火烧猪"吃法独特，别具风味。对阿昌族食俗，历史文献多以"性嗜犬，祭必用之"记载，现今阿昌族嗜犬习俗仍普遍存在。水牛、黄牛、骡马，一般只当耕作畜力和运输工具，偶尔在农活较忙较重的季节或隆重祭祀中，也杀黄牛做"菜牛肉"。其他肉类还有打猎所获的猎物。

在副食品种中，瓜果、豆类、蔬菜的种类最多。瓜果有南瓜、黄瓜、丝瓜、洋丝瓜、香瓜、葫芦、西红柿、洋酸茄、茄子、辣子、洋芋、芋头、魔芋、山药等；豆类有豇豆、蛇豆、黄豆、黑豆、大红豆、小花豆、绿豆、饭豆、白云豆等；蔬菜有青菜、白菜、包心白菜、菠菜、荠菜、芹菜、芫荽、葱、蒜、生姜、蘁头、菜花、莴笋等。蔬菜以菜园自留地种植为主，还兼采野生菜辅于饭食，比如水香菜、水芹菜、鱼腥草、香椿、蕨菜、

---

① 《云龙记往·阿昌传》，夷人，指阿昌族。

竹笋等，野生菌类也是阿昌族喜食的副食品。阿昌族居住地区可食用的菌类品种繁多，共有50多种。

阿昌族习惯在田坝、河塘摸鱼捉虾、踩泥鳅、捡螺蛳，加以精制繁杂的作料烹煮食用，其味鲜美可口。值得一提的是阿昌族拿鱼捞虾是全民性的，男女老少，无所禁忌，都可以下河捉拿。除男子挖黄鳝、捉泥鳅或"撒鱼"时带"苦过药"（一种藤根茎）、"金冈转"（一种亚热带植物）、"辣柳草"及鱼笼、棱笆等渔具外，其余便两手空空，只背一个鱼篓就下河。阿昌族妇女的渔猎水平也很高。

阿昌族的粮食加工业工艺已达到一定水平。其中，酿酒历史最早。（明）景泰郑额的《云南图经志》卷6记载："峨昌蛮，即寻传蛮也，似蒲而别种。种秫为酒，歌舞而饮，以糟粕为饼，晒之以待乏。"

阿昌族酿酒工艺的发达，促成了阿昌族全民嗜酒的饮食习俗。历史文献中多以"嗜酒"或"嗜酒成性"等词来记载阿昌族的饮酒习俗。酒在阿昌族社会生活中占有重要地位，婚丧嫁娶、庆典祭祀都离不开酒。阿昌族参加婚礼叫"栽肃"，意为"吃酒"。阿昌族男女的酒量惊人，许多地区白酒的销售量居高不下。云龙县仁山一带的阿昌族中，能喝1斤酒的人算是平常的。谈及阿昌族嗜酒，大多自称是"祖上兴下来的规矩"，阿昌族的酒席名目繁多，诸如"满月酒""三朝酒""满岁酒""回门酒"等。这些酒文化也恰巧印证了历史文献中阿昌族"嗜酒"的记载。

阿昌族主要酿制白酒、水酒和甜白酒。米酒用纯硬米精酿，供自己饮用和腌制副食品时做添加剂用；水酒多用糯米精细酿造，在讨亲嫁女或逢年过节时待客；甜白酒以纯糯米酿制，供日常生活中食用。阿昌族还能用山药、玉米、大麦、荞麦类等粗粮酿制白酒。

在副食加工品中，以粮食加工的品种最多。陇川县阿昌族的"过手米线"、饵丝、粉丝、泼水粑粑等；梁河县阿昌族的过年大粑粑、豆腐渣、糍粑、火把节花粑粑、清明节黄花粑粑、端午节粽子、泼撒花馒头、花粑粑等。其他地区，还有米凉粉、豌豆凉粉、玉米粑粑、荞麦粑粑、灰挑粑粑、麦类蒸制的泡糕、挂面等。这些副食品制作方法特别，工艺精细，制成的食品精美别致，花样众多，图画精巧，味道鲜美，让人赞不绝口。

阿昌族喜欢酸味食物。这主要与居住地区河谷炎热的气候有关，还与其较早的"善挚畜佃种，又善商贾"的生产、生活方式有关。在长期与外界的交往过程中，受到汉族、傣族等民族的影响，阿昌族的副食品腌制水平也较高。阿昌族用青菜腌制出酸腌菜、辣腌菜、干腌菜、干板菜、腌萝卜干、腌糟辣子、腌酸笋、腌菫头、腌姜等酸菜食用。这些五花八门的酸菜制品，在蔬菜淡季时期是阿昌族的主要菜肴。同时，阿昌族还腌制其他腌菜，比如豆豉、卤腐等。

阿昌族的饮食习俗与宗教信仰和生活习俗有着密切的相关。比如花粑粑是新嫁娘回娘家坐满月时舂回来的，也称"满月粑粑"。黄花粑粑，多在清明节祭献祖坟亡魂时才舂，故亦叫"清明粑粑"。

在阿昌族饮食礼仪与禁忌中，梁河县盛行农历八月十五吃饭先喂狗的习俗。平素主人喂狗多在家人用完餐后，八月十五则有点特殊。传说，这是为了感激狗给人从天上要来谷种，因而择在八月十五必先喂狗，表示对狗的尊敬。这是原始宗教中提及的犬图腾崇拜遗风。

在日常生活中，阿昌族尊老爱幼，热情好客。就餐时，长者坐餐桌上方位子，客人坐上座，晚辈和女人坐下方位子。一般女主人不上坐。但是有女客时，女主人可陪客人一起进餐。平时妇女伺候完男宾及家人吃好饭后，才能在厨房用餐。

劝饭习俗在阿昌族地区普遍盛行，在红白喜事中，远方客人即将离寨返程的最后一席饭时，青年男女相互逐一劝饭。劝饭时，主人热情待客，客人谦虚避让，你一言我一句，动情之处则唱起"山歌"来，这就是著名的阿昌族"劝饭山歌"。劝饭的真正目的，主要是借此表达主人好客的心意，并借机交流男女间的感情。

在劝饭习俗中，最古老的是家道堂兄弟给外嫁回娘家做客的"老姑太"（族姐辈）劝饭。劝饭用的是饭盆，盆内扣有大碗，饭盖在上面，看似很多，其实是空盆，饭盆顶上放一大把干腌菜，1~2根无肉的猪腿骨及部分菜肴。族弟在"老姑太"快吃饱之际，围住饭席，并劝其饱饱吃，要走远路，不要忙。有的戏说你花钱费米，又背又挑，辛苦了，这些就是款待你的好饭好菜。"老姑太"能说会道的也反讽："拿好饭好菜来，根根藤藤吃不成。"族弟则揶揄"老姑太"能吃，吃得只剩骨头渣渣。有的说"米线"（指酸干腌菜丝）要吃掉，吃了力气大好爬坡，"扇子"（动物髋骨）留着回去爬坡爬热了扇风用，有的则劝其带上形似木棒和吹火筒的腿骨、筒子骨回家，拿去做饭做活计时用。整个劝饭过程充满诙谐和幽默。"老姑太"都会在婚宴中遇到此类的劝饭，但是她们不必吃所劝的食物，这是纯风俗性质的。此俗的原本含义，已十分模糊，可能是阿昌族人类历史中母系氏族被父系氏族替代过程中，亲族间族弟对同族姐妹所怀有的复杂心态。现在则通过兄妹姐弟间相互劝饭追忆往昔的手足情谊，在貌似笑闹中透露出聚散两依依的一往情深。

阿昌族饮食习惯为三餐制。早饭，在上午9点左右；中饭，俗称"晌午"，在下午4点左右；晚饭，俗称"消夜"，在晚间9点左右。休闲时节有时只进两餐。

阿昌族厨房多设在右厢房，无厢房则在正房右方房内，使用双眼灶，木甑子蒸饭，炊具主要有筲箕、笊篱头、篾编饭盒、篾编饭桌或木饭桌、竹筷、锅铲、吹火筒、火通和现代餐具等。

阿昌族饭桌上，禁忌打人骂人，认为打和骂，会将谷魂气走。谷魂离开谷米，无饭食是严重的，故有"雷不打吃饭人"之说。阿昌族有些小孩子二三岁时，需通过要饭认"亲爹"（干爹）。吃饭时，有小虫子飞进嘴，认为将会有好酒好肉等食运；吃饭咬着舌头，也有好食运。在野外吃饭，禁忌吃第一口饭，要先用筷子挑一点敬神。在野外做饭，饭锅内的饭半生半熟或有裂痕、脚印模样的印迹是凶兆。平时吃饭要在正房的正堂吃，饭桌的摆设也有讲究，盛饭的饭盆要摆到长者所坐的方向，认为米饭属五谷之首。

在阿昌族的饮食习俗中，不在乎吃什么，却讲究怎样吃。

第二节　服　饰

服饰，从纯御寒助暖到遮羞盖丑，再到修饰和审美，伴随着人类社会历史的发展进程。服饰像一件古老的活化石，完整形象地记录了人类历史的发展和社会生活的变迁。阿昌族服饰，从原始先民的"以猪牙雉尾为顶饰"，采野葛为衣，妇女"以红藤为腰饰"，发展至现代社会的多姿多彩，其演进的轨迹饱含了阿昌族的社会、历史、民俗及审美等诸多方面的价值。

由于居住地区不同，阿昌族的服饰差别也较大。阿昌族服饰主要可分为 3 种类型：梁河服饰，陇川户撒、芒市、腾冲、龙陵服饰和陇川腊撒服饰。

阿昌族这 3 种类型服饰的差别主要体现在款式、色彩和造型上，尤其妇女服饰最明显，个性最强而且特点最突出。这 3 种服饰的相通之处在于：男子服饰大同小异，小伙子喜白色、浅绿色，裹包头，裹绑腿，老年人着黑色，节日时老少喜佩戴银制纽扣，甚至花朵等饰物。年轻女子一般着裤子，穿白色、蓝色上装或黑上衣，戴手镯、银链等饰品，包头比成年妇女略小。中年以上妇女多喜戴大包头，上穿黑色棉布对襟短衣，下穿筒裙，上衣纽扣由布料制成，为6颗，同时还佩银制纽扣和链等饰品。节日庆典和婚嫁喜事，喜着盛装各种银饰。

一、梁河县阿昌族女性服饰的审美与传说

梁河县阿昌族女性服饰，款式奇特，图纹别致，色彩斑斓。围绕着梁河县阿昌族女性服饰的来龙去脉，传说众多，独具审美价值，是研究阿昌族民族文化的百科全书之一。

1. 头　饰

阿昌语叫"屋摆"，当地俗称"包头"。因为头饰过高，又叫高包头。阿昌族的头饰通常以戴为主，这种包头是缠绕起来的，故谐称包，多以阿昌族妇女纺的线织成，长约丈许，宽约1.5尺，顶端留须最后浸入染缸，染成黑色，晾干即可使用。

阿昌族妇女在包头上，插着戳头花棍、佩着大圆银耳环。此种头饰，质地坚实，做工精细，造型独特，禁忌也较多。包"包头"有庄重的仪式，阿昌语叫"扎尼航"，当地俗称"圆成"。包头，是阿昌族已婚妇女的显著标志，一经包上"包头"便即使离了婚也不能打散改装，因而"圆成"决定着女子的命运转折。包上高包头便向世人宣告，此女子已结束了天真烂漫的姑娘时代，从此要在夫家成家立业，过婚后的家庭生活，承担起各种家庭义务。所以，"圆成"对女子极为重要，需请德高望重、品行为人都受人敬重，且家境好、儿孙满堂的年长妇人来主持。仪式在婚礼的第一天新娘走入男家门的晚上举行。"圆成"者通常由两个老妇、一两个女青年人组成。礼仪前新娘要细心梳洗，大家也要净手，主人要煮荷包鸡蛋汤来让"圆成"者吃。"圆成"

老妇开嫁妆柜时，旧时要念吉利话，柜开后，女方娘家已在柜中放有用红纸、红线包捆好的毛巾、枕巾、花生、葵花子、水果糖及一二元钱小礼包，作为对代劳"圆成"的酬谢小礼。"圆成"老妇，将衣饰清理好，便边念边在新娘的哭声中包裹包头布，婚礼中包头剩余的搭梢不能折搭在头上，而是拖吊在身后，婚后再搭顶在包头顶端。

阿昌族妇女的头饰造型高昂雄伟，足有 1.5 尺高，将其展开则长达 1 丈多。在我国具有包戴头饰习俗的众多少数民族中，其高度可谓名列榜首。

阿昌族妇女为何包这么高的包头呢？传说有两种：

一是根据阿昌族神话创世史诗中的传说演化而来。远古时候，没有天也没有地，世界一片混沌，始祖遮帕麻和遮米麻开天辟地，又共同创造了人类，世间出了一个恶魔腊訇，造了假太阳乱世，遮帕麻通过斗法斗梦战胜了腊訇，便以一张巨大的弓和一支巨大的箭，射落了假太阳，人类重获新生。阿昌族妇女的高包头标志着射落假太阳的那把神箭的箭头①。

二是根据阿昌族民间传说演化而来。在遥远的过去，阿昌人的家园受到外敌入侵。阿昌人与外敌血战，代价惨重，狂敌仍蜂拥而来，男子弹尽粮绝，女人送箭后援受阻。一位聪慧的妇女想出一个绝妙的主意，让前方的男子都用布带包成 1.5 尺的寸包头，后方妇女便向"包头"射箭支援。为此，男人既从包头获得支援，又以包头伪装迷惑敌方，敌方将箭误射向包头。包头挽救了阿昌人的性命，为战争胜利立下了卓越功勋。为纪念阵亡的亲人和那位妇人的智慧，阿昌族妇女一经结婚，头上便包起一支巍巍的"箭翎"②。

①孙宇飞、曹明强：《阿昌族的窝罗节》，载《孔雀》，1987 年第 3 期，第 52 页。
②张承源、孙宇飞：《箭翎歌》，载《山茶》，1984 年第 5 期，第 56 页。

根据前述两则传说，阿昌族妇女的包头均源于战争。一个是"神战"，另一个是"人战"。阿昌族在历史上迁徙无常，征战频繁。在征战中，人们以弓弩、箭棍抵御外敌的侵袭，箭翎被人所熟知，并将其装饰于自身，这是有可能的，加之现实中包头形如箭翎，易于认同。

阿昌族高包头是原始的狩猎时代产生的原始崇拜和狗图腾的产物。阿昌族历史上曾经经历过人狗密切的漫长氏族狩猎时期，从阿昌族村寨的"塞"中供奉土主、山神、猎神的祭祀习俗与云龙县漕涧的本主庙内供塑狗头国王神像的习俗，可看出阿昌族先民的狩猎历史已经非常古远和悠久。

阿昌族先民在狩猎过程中，猎获能力较低，在石块、棍棒等原始工具十分有限的情况下，必须千方百计地提高猎获技能。张福三、傅光宁在其著作《原始人心目中的世界》中说，古代"猎人行猎时，为了接近猎物，将自己伪装成猎物的形象，以便迷惑猎物，从而前去猎得之""最早伪装为猎物的猎手们，为了逼真，除了披上猎物皮毛之外，最显著的标志应是头饰和尾巴……"

为了猎捕猎物，提高猎获质量，把自己打扮成猎狗的模样，去接近、捕获猎物。因为猎狗为人增值，在猎捕过程中帮了人类的大忙，人们便佩服其暴烈、迅猛、聪灵及超常的猎获能力，对其产生了图腾崇拜。阿昌族原始的图腾崇拜意识转移到服饰的审美上，因此阿昌族妇女把高包头作为图腾模仿和图腾装饰。现今包头的包戴仪式神圣庄重，平时包裹替换，长辈、晚辈互相回避，外人不可随意触及，也不能随便谈论，禁忌极为严格。

2. 衣 饰

阿昌语叫"扎默"。"扎默"在汉语概念中仅含上衣之意。阿昌族女性早期多着自纺、自织、自裁、自缝棉质衣饰，尚黑色。现喜爱士林布、织贡尼布、蛮盖布，未婚女子和年轻妇女多选浅色、漂白、水绿、桃红、鹅黄等色泽鲜艳的的确良布料。衣式为对襟，长袖，袖口加不同色块的袖边，小翻领，布疙瘩纽，钉银纽、银链。衣饰前后摆较大，阿昌族称"帚脚"。手佩戴镯头（泡花镯、筷子头镯）、戒指等银饰品。阿昌族妇女的衣饰富有美感，大方合体，极能突出女性身段美的线条，显现出着装者健美的形体风貌。

阿昌族新媳妇，还在衣外加佩一件坎肩或小罩衣，俗称"挂膀"。此饰多为黑料，前后边沿镶钉有圆形银泡，对襟开口，为银排纽扣，纽扣约3指宽，计3~6纽。外挂一串银佩饰，有银链、三须、石灰盒、针筒、一对小鱼、耳勺、小叉及戳头花棍等银制品。此佩饰，制作精细，工艺纤巧，其物象造型惟妙惟肖，栩栩如生，有极高的工艺水平和审美价值，充分反映了能工巧匠的精湛技艺和阿昌族女性爱美的天性。这种佩饰，造型别致，两排对称布局的银泡和中间宽大的排纽，银光闪闪，煞是美丽。

早期的阿昌族妇女，婚礼时和谢世时都穿一件多种色彩布料剪裁拼制的缣花衣。此衣古朴、厚实、宽大，做工烦琐，用料考究，做工精细，常以几人合作完成。此衣实用价值不大，一生中仅穿两次。因而现今除个别村寨年逾古稀的老妪仍保留待用外，很难再找到，已濒临失传。

《缣花衣》的故事（孙广祥口述、阿丁整理）解释了此种衣饰的起源及习俗。故事说，很久以前，半坡住有一户阿昌族人家，日子过得合美，父母养有3男3女。小老妹名叫腊乖，在众兄弟姐妹中聪明出众。后来，腊乖的父亲死了，母亲又病了，腊乖为安慰母亲，让母亲永远有花相伴，嗅到花的芬芳，便费尽心思从山里觅寻红、黄、绿、白汁液的花根，舂碎，熬成水，染成布片，然后一块块地拼缝成衣。这件青色布做底，各种颜色交相错杂，酷似一只色彩斑斓的彩蝶，腊乖为之取名为"缣花衣"。母亲穿上此衣便含笑去世了。腊乖思母情切，也一病不起，在病梦中，她走到阴间寻找母亲，一位守门老者说，阴间鬼魂万千，但凡人俗眼看不见。腊乖很失望，但是终于还是在雕花窗边望见一个穿"缣花衣"的新鬼，此新鬼即是自己母亲。腊乖病愈后，便告诉姐妹，人死后，只要穿上缣花衣，即使到了阴间也能认出。于是，姐妹相约，出嫁时都缝一件缣花衣。这样，阿昌族便有了此俗：姑娘出嫁与新郎拜堂时要穿缣花衣，表示夫妻生死不离；妇人老了去世，又要穿上缣花衣，据说这样到阴司路上就可以与亲人团聚相会。

这个传说故事，感情真挚朴素，表现了阿昌族的美好心灵与真切情感，反映了阿昌族先民在原始的纺织业中就学会了印染技术。

3. 裙 饰

阿昌族妇女裙饰，包含围裙（毡裙）、花带子（独期萨莱）、筒裙（姆支），统称"姆支"。

围裙：俗名"围腰裙"，阿昌语叫"毡裙"，由裙面、裙头、裙带3部分构成。裙面呈黑色，多选织贡尼布、机织胡椒眼布，彩线双锁边。裙头宽约5寸，长度同裙面，双层，为女性装钱币、烟盒及小镜等物。裙带呈黑底，双条，菱形头，顶端边沿部分用各色彩线锁边，称其花纹为狗牙花。中间绣有花卉，外坠彩珠及彩线结成的蚂蚱花。裙带围在腰间系扎后，余部拖吊至膝间，显得飘逸洒脱，故有"毡裙飘带"之称。裙带实为花带，但是又与阿昌族女性花带有所不同。

关于毡裙来历，阿昌族民间故事《毡裙的故事》[1]（梁禾搜集整理）说，一个阿昌男子在路边挖地，一个骑马官人带兵路过，戏弄阿昌族男子愚笨，问男子一天挖地几百锄？男子无言以对，官人得意而去。当晚，媳妇授男子反诘语。次日，官人又

---

[1] 载《民间文学》，1981年第1期。

问，男子按其妻教授的反问："老爷你的马一天走几百步？"官人瞠目结舌，问其此话从何来，男子如实相告。官人不甘心，便吩咐次日要去男子家做客，告诉男子让媳妇做99样菜来，还要有一碗龙爪菜要摆在千只眼的桌子上。

男子大吃一惊，非常沮丧，归家告知妻子官人的吩咐，妻子却不以为然。次日，妻子用9个小碗盛了韭菜，又煮了瓜尖做龙爪菜，摆在满是眼眼的篾桌上。官人骑马而来，非常惊诧，认为阿昌族女人太聪明了，竟能左右男人，便不动声色地对男子的妻子说："菜很好，只是锅边太邋遢，我送一块青布给你做毡裙，系着就干净了。"

从此，阿昌族女性就有了系围裙的习俗。

在少数民族的许多传说中，均以围腰、围裙、腰箍及其他物饰来象征妇女的智慧。阿昌族妇女也一样，在围腰上绣出各种图案，显示自己的聪明。

花带子：阿昌语称"独期萨莱"，有别于毡裙上的花带子，一反阿昌族女性服饰尚黑之习俗。花带子为独根条状，红底，宽4指，长丈许，选黑、白、蓝、黄等各色彩线，在中间抠织两条花纹，其图案有狗牙、鱼骨、瓜籽等10多种图纹，精工细作，其造型布局，纹路色泽，均属服饰工艺之上品。花带还在两端饰有"耍须"，并在中间结花坠珠，艳丽夺目。可惜这一服饰系于筒裙与毡裙之间，除新婚女子于婚礼佩饰成重大庆典偶尔也有人佩饰外，平素妇女都舍不得佩饰，足见其珍贵。

阿昌族女性的花带子，用料考究，造型别致，图案独特，宽窄适中，做工精细，极富民族特色。在1992年第三届中国艺术节开幕式上，阿昌族的花带子受到中外嘉宾的注目。

筒裙：也写作桶裙或统裙，阿昌语为"姆支"。筒裙分两种，无花纹的，俗称"素围腰"；有花纹的是"白娇姆支"。有花纹者又分满花筒裙和半截花筒裙两种。筒裙，无论有无花，均为黑底，用彩线勾勒出幅线，有花纹的则再用各种艳丽的彩色丝线抠织成各形花纹，此花纹称为狗牙花，其形状似狗牙状，也称筒子花（五筒花、七筒花）和节子花。筒裙花纹较为复杂，做工也烦琐，较全面地反映了阿昌族妇女纺织工艺的水平。筒裙是阿昌族女性聪明智慧的结晶，在抠花织纹中，也反映出了阿昌族女性对美的追求。织就一裙，费时逾月，还需要高超的技艺。因此，与筒裙相关的禁忌甚多，年幼女子不能吃鸡爪，怕手患鸡爪疯织裙乱线；不能吃鸡翅膀，怕织布时布线偏斜，难织好花纹。阿昌族妇女的筒裙颇具神秘色彩。

筒裙多为已婚妇女系用，早时也有未婚女子系用。筒裙凝结着阿昌族妇女的极大耐心和热情，以及艰辛的劳动与智慧。从纺纱染线到扯成幅再一刀一棱地织，一线一线地抠成花纹，其精力耗费之大，没有极大的耐心与热情是决不能胜任的。为此，阿昌族少女很小就要开始学习。一个女子如果不会纺织，会被看作像不会生孩子的妇女一样无能，社会地位极低；相反，则受人敬仰，被尊为师长，被请去传授手艺。年高后还是当然的"芒雅"（媒人）和"圆成婆"。

阿昌族女性裙饰的花纹因为造型较复杂，对其认识也形成了多维现象。《阿昌族简史》叙及其狗牙花、五筒花、七筒花、节子花等纹路时说："传说这节子花是当年孔明南征七擒孟获时，为阿昌族妇女衣着上制定的图样。图案造型恰似一个手执兵戈的士卒，这是孔明特意鼓励南夷边民手执兵戈，把守好边关，保卫好自己的疆土。"[①] 这个传说，与阿昌族的图腾崇拜有关，是阿昌族的神人（即英雄）崇拜意识渗透在服饰上的表现。这与傣族、德昂族干栏式建筑的竹楼是孔明按其帽状设计的传说，如出一辙。

①《阿昌族简史》，第85页，云南人民出版社，1986年。

阿昌族裙饰也有多种图腾崇拜遗迹，如同头饰所隐含的内容一样，筒裙中的狗牙状花纹，也是狗图腾崇拜的古老意念在裙饰上的直观折射。

4. 其他佩饰

绞脚：阿昌语称"剋投"，类似绑脚。黑色，织缝成形。有狗牙花纹，单边钉红羊毛绒线，钉狗牙及贝壳类实物。细线搓成带，用于捆系，未婚者、已婚者，均有此饰。阿昌族地区气候偏冷（尤为冬季），此为御寒之佳物。故阿昌族妇女都喜佩饰，但是女性去世后，娘家接死者的"切"（灵魂）回返的草人身上，其他服饰都穿，唯不系绞脚。民间故事《亲妹子和晚妹子》（曹德春口述、杨叶生整理）解释此俗时说，晚妹子良心不好，亲妹子虽家境贫寒，但是当闻兄"死"讯后，悲伤欲绝，捉了一只鸡便抄近路来赴丧。路间行走时，一只绞脚被倒钩刺挂去，她索性将另一只也取下。其兄见亲妹子连绞脚都来不及佩戴，急忙赶来，感动不已，并许愿，你心肠好，待你去世后，一定将你的灵魂接回家超度。于是，阿昌族便有了此俗。此故事传说，以绞脚为线索，故事具有真实感，从而附会于服饰上，并试图做出解释，但是与服饰的关联不大。从绞脚狗牙状花纹及钉狗牙等实物上看，其仍与包头和筒裙一样，皆具有狗图腾崇拜的审美意识。

绡迈：汉语意为围巾，绡迈是阿昌语。黑料，方形，四角绣有花卉，吊有色彩斑斓的蚂蚱花及彩珠，平时可披围，亦可包裹物什用。未婚姑娘多用此饰赠予意中人为信物。

在梁河县阿昌族女性服饰，凝结着阿昌族妇女的聪明与智慧，从中反映出阿昌族的历史、宗教、社会、经济、民俗等传统文化，尤其反映出过去不曾研讨过的图腾崇拜意识。

梁河县阿昌族妇女的高包头，未婚与已婚所有女性的毡裙带，锁绣裙饰上的狗牙纹，花带、筒裙上的狗牙花，纹脚上的狗牙实物，男子包头帕上的边梢和绑腿上的狗牙花纹等等，都反映出了阿昌族特有的文化特色。

普列汉诺夫在论述服饰及装饰品时说："野蛮人在使用虎皮、爪和牙齿或是野牛的皮和角来装饰自己的时候，是在暗示自己的灵巧和有力。因为谁战胜了灵巧的东西，谁自己就是灵巧的人；谁战胜了力大的东西，谁自己就是有力的人"。"这些东西最初只是作为勇敢、灵巧和有力的标记而佩戴的；只是到了后来，也正是由于他们是勇敢、灵巧和有力的标记，所以开始引起审美的感觉，归入装饰品的范围"①。阿昌族服饰的图腾现象，主要是对图腾物的模仿和崇拜。将模仿图腾物的美术造型装饰于服饰上，以敬仰图腾物。同时，希望自己也像图腾物那样聪灵、勇敢、灵巧和有力；将其实物及形象花纹图案装饰于下身及双腿，希望自己也像图腾物那样快捷如飞，获取猎物。这是先民们原始朴素的图腾意识在现代服饰艺术上的反射。

二、陇川县腊撒、户撒及芒市、腾冲、龙陵等县（市）的阿昌族服饰

1. 陇川县腊撒地区服饰

陇川县户撒、腊撒是两个紧密相连的坝子，语言相同，习俗相通，但是腊撒的阿昌族妇女服饰穿着却别具风格，不同于坝尾户撒阿昌族和其他地区的服饰。

腊撒阿昌族女性服饰，崇尚黑色，择棉质布料。打藏青色包头，已婚妇女的包头打成巴掌宽，未婚女子的包头则只打3指宽左右。在包头快打结束时，巧妙地在前额的包头上绕一个圆圈收尾，插戴上银制花朵及鲜花，包头剩余的顶端要"耍须"吊在后，极为洒脱、文雅。包头打起来虽麻烦，但其造型独具风格，故许多平常不打包头的姑娘，在节庆时都要打起包头来展示自己

①普列汉诺夫：《论艺术》，第10页、第11页。

的风采。从包头缠打的造型大小与样式宽窄还可区别出着装者的婚姻状况。大包头或包得较宽厚的是已婚妇女，包头打得相对扁窄的则是未婚姑娘。

腊撒女性衣饰多以对襟前开口，小高领，长袖，衣裳袖口及领口都镶浅色花布边。腊撒地区因银制首饰制作方便，因此在衣饰中，特别注重银饰品做佩饰，在姑娘及妇女的服装上布满了银饰，前胸襟并排 4 个银纽扣，挂吊 4 根并排长约 8 厘米的银链饰，腰间围系银链子 6 根，链头拴饰有银灰盒。在手间则佩戴银泡花手镯、银扁手镯或六方空心银手镯，通常还佩 3~4 圈实心银项圈。

腊撒阿昌族女性服饰，下身系筒裙，裙摆至膝下，小腿裹浅色有纹络的绞脚绑腿。腊撒服饰特点布局在头饰、衣饰和绑腿上，下身的藏青色筒裙无花纹修饰，腰间将裙头反折围裹，系素围腰裙，但无花纹佩饰。

腊撒阿昌族服饰崇尚黑色，全身上下深沉稳重，独具韵味，颇具神秘色彩。

2. 陇川县户撒地区服饰

阿昌族服饰的分布比较有趣，与腊撒毗邻的户撒坝子的服饰风格独树一帜，与坝头的腊撒服饰形成鲜明的对比，其造型和样式都别具风格。

户撒地区阿昌族未婚女子留独一根长发辫，自右至左盘于头上，辫梢系有红发线，并随发辫缠绕于头上。身着浅色对襟衣，小翻领，长袖，艳色布料镶领口，纽条钉成花纹，钉银币扣，有的银扣吊银链，银链分扁链、龙骨链、扣链，链子上装饰有三齿柳叶或尖柳叶，简单的则只别扣针，复杂的则在链饰下端呈小三角形，其上并有美丽的花纹。

穿下长裤，以深色裤居多，系扎梁河毡裙式的黑色小围腰，再扎绣花长飘带。飘带的花纹多以机绣花纹，佩扎时，一头长一头短，长者拖至膝头，走起路来飘逸轻捷，极富美感。

户撒阿昌族已婚妇女挽髻，用黑纱布打圆筒高包头，年轻媳妇往往在包头上罩一块黑方巾，多数结打在前额上，有的将后面的黑方巾一角斜披在脖后。已婚妇女衣饰的色泽，款式及用料都与未婚女子的对襟短衫一样，甚至衣服上的银饰、纽扣都相同，都是银币做成的。户撒阿昌族已婚妇女系黑色筒裙，系与未婚姑娘一样的小围腰，再扎绣花飘带，年长或年老的妇女，身着深色衣服、深色筒裙、围腰。也有些中年妇女为劳作方便或限于纱线纺织印染的条件，购浅色花布来缝制成筒裙，在日常和劳作时穿。

3. 芒市、腾冲、龙陵、云龙等县（市）的服饰

芒市高埂田、腾冲县新华、龙陵县蛮旦一带的阿昌族服饰接近陇川县户撒地区阿昌族的服饰，因为与当地傣族（汉傣）接触多，相互影响，衣装多以蛮盖布和自织的深色布缝制而成，纽扣多用两端曲折成花纹图案的布纽结，银扣以银币为主，兼用空心泡扣，银镯则有泡花镯，也有方镯、戒指为抽丝绕圈，也有镶珠宝的戒指，喜欢镶金牙、银牙做饰，并以此为美。

阿昌族男子服饰，在阿昌族服饰中演化较快，各地都大同小异。一般着对襟衣服，少数对襟右开口，青年喜浅色，中老年爱深黑色。户撒、腊撒的男子打包头时，用布长 2.5 丈。青壮年打白色包头，老年打藏青色或黑色包头。打包头总留一端拖在脑后约 1 尺许，洒脱大方。此外，男青年还在包头上插鲜花，戴 3~6 根项圈。

芒市、腾冲、龙陵、云龙及梁河县（市）的阿昌族男子服饰已基本现代化，但是节庆盛典时，打黑包头，插吊花珠串蚂蚱花，裹绑腿，绑腿多由与姑娘交换手艺做信物得来，与户撒、腊撒男子一样普遍爱将银壳短刀做佩饰，中老年男子则普遍崇尚黑色。

第三节　起居习俗

阿昌族大都居住在半山半坝、依山傍水的地方，湿季雨水较多。住房建筑为砖、石、木结构用瓦铺盖的双斜面屋顶。正房多以5根柱子为一帖而分隔成3格房间，两边以"丁"字形布局配盖两间厢房，正房与两厢房之间形成一个院落式的小天井，多数人家还在正房对面用砖石或土基砌起一面照壁，构成庭院式建筑，有的称"四合院"。阿昌族的住房正房有3间，中间是正堂，也有人称"中堂"。一般神位、佛龛、烛台、长桌、火塘都设在这里，是人们日常议事、宗教祭祀、取暖、吃饭、休闲的场所。火塘一般设在正堂的左靠边，不能在中柱的里边，也不能对着中柱。正房左右两间住人，在没有厢房时，正房右边房间的外间常做厨房。厢房也有的人称"耳房"或"厅房"，分左右两幢，每幢分隔成两间，楼上堆放粮食及杂物，楼下为猪厩、牛栏、牲口槽栅，或放置各种农用工具。宅基地宽敞者则大牲畜另建栏厩，在外面管理。一般有正厢房的人家，右厢房是当然的厨房。这与家庭成员的多寡也有关系，家庭成员多时，楼上由年轻男性居住，女性忌住。

照壁在阿昌族山寨中修建得很普遍，对照壁的功能说法不一。传统的说法是可以避邪，恶鬼到来时，照壁阻挡了邪恶的进入，阻止恶鬼伤及主人及其所饲养的牲畜、家禽，保护家族的兴旺；现实的说法没有特殊的意义，认为照壁只是一般的挡风阻雨屏障而已。阿昌族在河谷盆地的村落中大多面水而居，夜晚河风很大，河水的"哗哗"声也很响，故而人们在造屋时砌一堵照壁来挡风遮雨的噪音。

　　阿昌族盖房是人生中的一件大事。因为造房工程繁杂，仅使用的材料就涉及柱梁檐板条等300多件木料；墙基石脚料各种石方1 500多块；房屋山墙土基料约 2 万个土基坯，房顶所盖瓦片约 1 万匹……可以说造房起屋对人们来说是一件浩大的工程，有的人家靠大家齐心协力一代人只能建盖好一幢住房，有的人家则几代人才能勉强建好一间房。人们造房时，先要备料选料，备木料、石料、土基料，一般都要好几年的时间才能动工动土。因此，人们对起屋盖房充满了神秘感和神圣感。各种禁忌和礼俗相伴而生。盖房起屋动工时需择吉日，起房、竖柱、上梁要择黄道吉日，还要大宴宾客，四方亲朋都携礼前来道贺。在建房活动中，上大梁较重要，多在当日清晨竖柱上梁，上大梁时木匠师傅口出吉利语，大梁中间挂有大红布，鞭炮齐鸣，亲人祝贺连声叫好，将竖新梁仪式推向高潮。大梁架到两根中柱间时，师傅穿主人买给的新鞋踩梁，边念边踩。房主还备有特制的糯米粑粑，内塞硬币，点上色彩，叫师傅从梁柱上撒向四方及前来祝贺围观的人群中，同时泼水以示招四方财宝汇集于此。主人跪在下面正堂梁脚，祭桌前亲戚端蒸糕、火炮，挂红布、钱币，在旁祭献、庆贺，祝愿房主家道中兴。

　　阿昌族盖新房时，喜欢在竖柱、架梁时，在堂屋两侧的 4 根橡柱上，分别贴一张小条幅，长约 15 厘米，宽约 5 厘米，各写着"道好""道有""道富""道贵"的字样。贴法也很别致，不是倒着贴，就是斜着贴。对于这个风俗，有一个传说，相传很久以前，有一个木匠师傅带着徒弟去给人家盖房，开工后新房盖好，主人家杀了猪，招待木匠和前来帮忙的亲戚邻居，木匠师傅样样都吃着了，就是不见猪心、猪肝和猪腰花，心里不乐意，认为主人家小气，舍不得拿出来，便故意错用一根橡柱，使其根尖颠倒（阿昌族盖房历来禁忌树木根尖倒用，认为倒用木料，会不吉利）。房屋盖好了，木匠师徒回程，路上吃晌午，解开主人送的晌午包，里面全是猪心、猪肝、猪腰花，木匠很内疚，左思右想，便写了几张小条幅去禳解，不识字的徒弟以忘了工具为由返回去，慌忙中倒贴、斜贴了那些吉祥字条幅。过后，主人家无灾无疾，家园和顺。后人便仿效炮制，于是阿昌族每盖新房时都要在橡柱上，除贴上用红纸写的如"财源到此""钱财长流水""人才旺达"等吉利联外，还要倒贴或斜贴上"道好""道有""道顺""道富""道贵"的吉祥小条幅。

阿昌族的房屋坐向也很讲究，正屋平分成两份，中心大梁所对准的对面山脉的走向，对房屋的建筑极为重要。房屋的方位，构成了人们极为关心的"向法"。一般风水先生、阴阳地师，对其研究较深，对阿昌族影响较大。阿昌族的建筑意识普遍认为，正房的准心线不能对着山脉的垭口，如果这样，屋主的下代及后人中可能会有哑巴出生；还有正房的准心线和两厢房屋顶的准心线要对在一个山梁上，这样才能令全家团结、和睦相处。阿昌族房屋的这种"向法"，多数对往平缓、丰满、整齐的山脉上，其大门普遍朝东打开，完整地保持了古代阿昌族先民在建房活动中"迎山开门"的古风遗俗。

阿昌族起居习俗中，作为居家成员，兄长忌进弟媳的房间，女性忌坐门槛，日常忌跨越喂猪槽，忌跨火塘，忌跨犁具，忌将生树、绿树叶、犁具直接扛入房屋的正堂，忌借水桶后挑着空桶还给人家，要拎着还人家。

第四节　婚恋习俗

阿昌族的婚恋习俗具有浓郁的地方特点和强烈的民族特色。阿昌族的婚恋习俗繁缛复杂但生动有趣，充满情调。在阿昌族婚姻生活中，有两种婚姻形式显示了其婚恋习俗的与众不同。

一是恋爱自由，却由父母做主的婚姻形式；另一种是"领婚"形式，即男女自由恋爱。领婚是指男女青年自由恋爱，但是父母反对（多指女方父母），这样女方先到男方家成为事实婚姻，然后托媒说服父母，再举行婚礼。

一、自由恋爱的婚恋过程

1. 对　歌

对歌是阿昌族青年男女相识、相恋过程中不可或缺的交际活动。对歌，在家里对或在野外进行，但是都叫唱山歌。外寨的异姓姑娘来本寨串亲戚，到了月明星稀的夜晚，本寨的小伙子便相约到姑娘客住的人家对歌。姑娘闻讯后，便故意躲进屋里，小伙子们围坐在火塘边，由对歌较老练的"稍杆"（歌手）领唱，别的跟着唱，其他人陪着唱。对歌可用阿昌语也可用汉语。对歌的腔调则种类较多，开始时是"稍杆"代表大家唱一些欢迎客人来寨里做客，客人跋山涉水辛苦了，本寨条件不好请尊贵的客人原谅之类的山歌。一阵铺陈后，"稍杆"以山歌的形式邀请对方一起对歌。女客如会对歌便开始一问一答，以歌会友，以歌交谈。你一句我一句对完歌后，小伙子邀请女方到火塘边来坐。有时小姑娘谦虚地假装认"输"，出来给在场的小伙子传烟、见面。阿昌族姑娘虽然自己不吸烟，但是出门做客时要带烟盒备用于交际场合。在传烟过程中小姑娘逐一请教在场小伙子的名字，在交谈过程中姑娘若看上某位小伙子，其谈话将更投机、更热情，充满爱慕之意。别的小伙子见状，会借故告辞，只剩下两人。如果双方都互相倾心便吐露爱慕之情，从此进入恋爱阶段。

当然，不是所有的对歌都能使有情人终成眷属，就像其他形式的恋爱一样，一次谈不成还要谈几次。对歌在阿昌族中非常普遍，如果男方出门到外寨，女方便变成主方，男方则成了客方。

对歌总能使阿昌族青年男女们找到爱的共同话题。

2. 说　婚

当男女双方经过多次乃至多年对歌交往的了解和认识后，男方回家要告诉父母，父母商议后请寨子里能说会道又有一定威望的人去做媒，阿昌语叫"芒袍"。"芒袍"带上糕饼、烟、酒、肉、茶等礼物，到女方家说婚，并向女方父母介绍男方男孩及家庭情况。如果女方父母同意，就会欣然收下礼物；如果不同意，会用得体的借口，婉言谢绝，礼物由媒人带回。如果第一次说婚不顺利的话，再去说第二次，甚至第三次。所谓的"跑断脚杆""磨破嘴皮"就是这一习俗。

媒人说婚成功后，第二次去就要商谈有关女方的彩礼。一般包括钱、棉线、"各道"（给女方家族每户一份的肉、红糖、粑粑等礼）。钱视男方家的经济承受能力及媒人的口才而定，有的数百几千不等。送的棉线主要用来织新娘结婚所穿的筒裙和包头布，婚时要带回男家。"各道"的多少，视女方家族家道的多少而定，对近亲的叔伯及外舅家基本上每家都要送一道，以示家道中的某女儿已经订婚。媒人谈妥这些后，男方家就把彩礼陆续送到女方家，但每次都要由媒人代劳。婚前这段时间恋爱的男女及家人都不直接公开交往。

3. 择吉日

男方家把女方家所要的彩礼分批送完以后，请知晓黄道吉日的历师选算成亲的吉日。选好吉日，再请媒人到女方家征求意见。若女方家同意，就算决定；若女方家不同意，还得再选吉日，直到女方家同意为止。选吉日，有许多讲究，主要是不犯冲煞，不能犯家里人的"本命年"及各种忌日。

4. 婚　礼

阿昌族的婚礼一般要举行三天：第一天，新郎及其随从分两批先后到女方家迎亲，住女方家一夜。新郎要选一位精明能干、年龄比自己小的同辈小伙子陪同，当地称"陪郎"。第一批"芒袍"和一位能说会道的俗称"前总理"的人率领几位男青年用马驮着最后的彩礼——大米 10 升或 1 斗 6 升（约 24 千克）、半只猪肉（约 80 千克）、酒两壶（约 10 升）、熟鸡 2 只、茶 2 包（约 1 千克）、烟丝和烟卷 4 ~ 5 条等。迎亲队伍到达女方家，女方家请来家族家道及亲戚高辈人设堂，评判男方家带来的迎亲彩礼是不是符合时前所定的数目。无论男方家送多少，女方家也不会说够数，男方的"芒袍"（及"前总理"）只得一直赔礼道歉说尽量多带了。这种"讨价还价"只是礼仪性的，为的是增加婚庆的气氛。即使分量不够，也不能过秤。女方家称男方家的彩礼带少了是隐喻出嫁女身份尊贵；男方说带足了，是说我家富有，很知礼，同时也说明姑娘聪明美丽值得很多彩礼。在半真半假貌似争执的热闹与喜气中达成共同的目的，使婚礼如期进行，使两位新人即将开始的婚姻生活充满甜蜜和幸福，是大家的共同愿望。阿昌语称第一批迎亲活动为"袍商"。

在第一批迎亲人员顺利进入女方家里，解决了各道"难题"成为座上宾后，第二批迎亲队伍便跟随其后。第二批迎亲队伍由其中牵马郎、两位扶马郎及一位"后总理"的迎亲队伍组成，"后总理"的才能极为重要。第二批迎亲人员中，新郎到新娘家时，从第一天傍晚入门到次日中午出门，在约 10 个小时的时间中，新娘的伙伴们会给新郎种种考验来"非难"。这些"难关"都需要由"后总理"巧舌化解，替新郎解围，陪郎相帮，顺当过"关"。

新郎要入女方家门时，先在寨外等待。一是待女方款待完亲戚吃点灯饭（也称吃"宵夜"），准备好各种迎新郎进门的仪式；二是等候一个吉利的时辰。新郎风尘仆仆来迎亲却被阻挡在女方寨外，"后总理"要不断派熟人、亲友和女方寨中的人去催促、打探，用红纸包成的小礼，"贿赂"相关人士，让亲善使者为迎亲队伍通风报信。女方家获知新郎来到寨外的消息后，佯装不知，井井有条地做各种准备，但是会派人送来糕饼、饭菜以及干柴，让新郎等迎亲者在寨外边充饥、边取暖，等候通行令。在这个好事多磨的长久等候中，不断有女方寨中好事爱玩者来到新郎倌等人所在的树丛边撒沙子，边撒边问："是好人还是坏人？""后总理"及新郎等迎亲者要大声回答："是好人！"一定要说"是好人"，否则将会招致更多的麻烦。

准许新郎入门的口信捎到村外，寨中男女老少、亲戚朋友都到寨外家门口迎接，灯火通明，鞭炮齐鸣，人声鼎沸，如同过节一样热闹。可是走不多远，新郎一行便被一道"拦门"拦住。

这道"拦门"，是一张木桌，上有红纸拴成道的两对葱、两双筷、几个用相同的碗合盖着的碗、一个大钵头盛满清水放一条小红鱼，旁边放一把菜刀。一群姑娘站在桌后方拦住新郎，故意问："这是哪里来的生意人？扛担子背秤杆的，累了吧，请歇口气，吃碗米凉粉！"新郎放下一对挑箩构成的新郎担。"后总理"开宗明义地说不是做生意的，而是来迎亲的，并掏出烟、酒、红纸包的小礼摆到桌上，说大家辛苦了，请给指指迎亲的路，并叫新郎鞠躬作揖，女方却出了一个个难题，叫新郎切凉粉。清水当米凉粉显然切不成也吃不成，只好由"后总理"替新郎解围。桌上一大排被碗盖住的碗内有梅花、李子花、梨花、桃花、青菜花、白菜花、花菜花和葱花等。新郎猜对了，掌声鼓励；猜错了，便任由姑娘们出题刁难，有的被指名唱歌，回答趣味性问题及疑难问题。在"后总理"及陪郎的参谋和帮助下，新郎有的出奇制胜、有的被友善地戏谑，笑闹够后，才终于有机会把那对葱和筷子的头尾颠倒过来，准予通行。才走几步，新郎又有了下一个麻烦。

这是第二道"拦门"人，由女方家叔伯弟兄及寨中男青年组成，与第一道女青年的"拦门"性质一样，但是摆设不同。

因此，考验新郎和"后总理"的难度也就较高。桌上摆着用二三十双筷子搭成的一座精巧"筷子桥"；"桥"边有一座由一个或几个碗扣叠而成的"荷花碗"；桌子两边放有两双筷子、两根葱，用红纸带拴裹成对。一群守"桥"人站在桌边。新郎一行到此，"后总理"主动和守"桥"人搭话说："老师傅，我带来一个学徒，到本寨攀亲寻戚来学习，请各位师傅、各位大哥方便放行。"守"桥"人推诿着说："你们怕是穿错鞋子走错路了？"男方回答说没有走错，拦路的人又说过桥需要通行证。"后总理"将两瓶（壶）酒（1 升许）、一块肉（1 千克左右）、1 只熟鸡和几包香烟，给守"桥"人算是过"桥"证。此礼俗称"拦门礼"。交完"通行证"，难题便开始，比如要盘祖问宗，"后总理"要知天文晓地理，熟知民族开天辟地的历史及新郎的历代宗亲家谱。这些问答俗称"盘花拉根"，这是阿昌族婚礼中最具教育意义的仪式。男女老少，远亲近戚，都能在这充满喜气、充满诙谐和竞智的婚俗中受到民族历史、家族历史的传承教育。各种难题在巧舌如簧的"后总理"周旋下一一化解。拦门人最后指着"筷子桥"和由梅花碗或荷花碗组成的"花山"说："你们硬要通行也是姻缘，那就请从'桥'上过河，再翻'花山'而过吧。"所谓"过桥"和"翻山"即指拆除桌上摆设，"后总理"不能答应自己拆，拆倒了筷子桥，拆摔碎碗，不吉利，而且会得罪主人；也不会从"桥"上过，最后只好又施小礼"行贿"。将香烟、礼物放到桌上，请各位高抬贵手，让手下通过。于是，新郎把葱和筷子头尾颠倒过来，就算通过。不过拆桥也是可以的，只是新郎动手时要十分小心，因为葱尖、筷子、红纸带都可能压在"筷子桥"、碗"花山"底下。千钧一发，如果新郎不小心、不机智、太鲁莽，会牵扯倒筷子桥和碗叠的"花山"，被认为莽撞、粗鲁是小事，还可能与性急的男主人们发生口舌，乃至被认为砸摔了女方家的碗而发生冲突。拦门的人群却提醒新郎一行

"手续清了，可以通行了，你们赶路心切，但要小心天气不好，可能要下雨啊！……""后总理"赶忙拿香烟及小礼请男主人们多多关照，男主人们边推辞、边让路，新郎又面临着下一道新的难关。

新郎过了"拦门"关，又遇"泼水"关。此时，新郎扛起新郎担，撑开雨伞，继续往前。这道难关，陪郎不能陪伴，"后总理"不能解围，其他随员也不能替代。女方的女伴们前后左右手端水盆、水瓢、水桶等各种能装水泼水的器物，上上下下，楼前楼后，向新郎泼水。新郎像一只落汤鸡，水珠从头上、脸上身上"滴滴答答"地流下来。除机灵的新郎因躲闪有术，被泼淋得较少外，大多数新郎都会被泼淋得浑身湿透。这是阿昌族每个男子在婚礼时都要经历的一关。据说，这水是给新郎洗尘的，可以冲去身上的晦气，使新郎吉祥如意、永不得病，也表达了人们对新人的美好祝福。

新郎通过重重关卡走进正堂时，堂屋中女方父母及家道长老正威严地设筵等着，新郎将货担摆在席前，鞠躬跪拜之后退出更衣。"后总理"及其他随员步入门来，从新郎的货担中取出熟鸡、肉、酒、茶、香烟、糖等彩礼摆到席上。诸位设堂的老者不断连声说好，并接受新郎。"后总理"敬了烟、敬了酒后离席，让历经艰辛才进门的第二批迎亲人员在正堂中进晚餐。当夜，各种礼仪后，新郎、陪郎及随员铺地铺睡在女方家正堂，这一风俗习惯过程叫"压堂"。

第二天清晨，前后"后总理"指挥迎亲的新郎、陪郎及前后两批随员，就要帮厨房挑水、洗菜、拣菜、切菜、洗碗、洗筷，甚至抬桌、扛凳，尽快帮女方家把饭菜做好，争取早点吃饭出门将新娘子接回去。迎亲者出谋划策，女方送亲的也想尽快办好婚席，好让新娘早点出门，但表面上却不动声色，而且以新娘的女伴为主的姑娘们又出种种难题为难新郎，阻止新娘出门。第一天阻拦新郎入门，第二天却又阻拦新郎出门。这种带有娱乐色彩的婚俗奇妙无比，做法也多种多样，男方接亲者要早有防范。比如牵马倌，你不小心，会找不到你的坐骑；"后总理"会少了酒壶、挎包；新郎、陪郎等人会少了担子、雨伞、马鞍、马铃等。但是你放心，这些东西都不会丢失，连"失踪"的马也会有人替你喂饱草料和水。所有的目的只有一个：尽量让新郎一方说好话，以祝福新人。

新郎是婚礼的主角。第二天新郎遇到的难题远比第一天多得多。姑娘们叫新郎帮这帮那，挑水、洗碗，还往新郎的脸上抹锅黑，恶作剧不断。等所有客人离席后，新郎才能吃饭。虽然，同席有"后总理"和女方家的人陪客，但是新郎却要"扛花竹筷子""坐竹篮凳"吃饭。这席饭，对婚礼来讲也是饶有情趣的。

新郎被抹了黑脸，身上被披挂上了算盘、马铃铛等杂物，肩上打着带有新竹叶、绿竹梢的特大荆竹筷，竹筷末梢上挂了许多鲜花、瓜果。此筷花花绿绿，既大又沉，恐怕是世界上最奇特的大花筷了。新郎身后是花花绿绿的一只大竹篾花篮，称作新郎的凳子。姑娘们摆设的丰盛酒席，也很特别，菜肴摆满桌子，但都被碗扣盖着，即"有肉藏在饭碗底"。要吃饭菜，新郎要猜菜肴名称，猜对，则开；猜错，不但不开，还要罚新郎，叫新郎洋相出尽。"后总理"赶路心切，用巧话，说好话，送小礼，为新郎解围。菜开了，饭却仍盖着，要开封，又要"赔礼"说动听的话。终于可以吃饭了，可是再看看桌上的菜尽是米线、凉粉、油炸花生米、豌豆串成的菜、内藏干辣椒的菜心等，这些菜用这么一双筷子夹谈何容易，好不容易夹起来，聪明的姑娘们佯装事故又将其抖落。新郎在饭桌上又出尽了洋相，观礼的人喝倒彩笑声不断，游戏玩尽玩绝，趣事闹够笑够，好话说够听够，姑娘们主动换来可食的饭菜让新郎进餐。

施完各种烦琐奇特的礼节后，新郎迎亲队伍将新娘接回男家。

新娘家重新在正堂设堂请家族家道长老及母舅叔伯压堂。女方家将所有的陪嫁物品及亲友赠送的礼物，还有一两件农用工具做嫁妆，当众过目，当堂交给"芒袍""后总理"接收，并一一嘱咐男家要善待新娘之类的话语。第一批去迎亲的人员，人扛马驮，将新娘的全部嫁妆驮回男家。第二批人员则陪新郎向女方压堂的各方长老们跪拜别礼，长老们赠送礼物给新郎，多数礼品为银镯、布料和衣裤等。岳父、岳母还要挂一道红布给新郎。之后，新郎便挑着新郎担子，由小内弟送出门，担子内放一只吃剩的猪脚，叫"回脚"。最后一批离开新娘寨子的是新娘和男方"后总理"及扶马随员等。新娘告别父母之前，一直不露面，临出发了才哭哭啼啼地出来，这是这出喜剧中唯一的一幕"悲剧"场面。新娘系上了花筒裙，穿上了大红的新衣裳，胸前挂一面圆镜，但是头饰依然保持未婚姑娘的样式，长辫盘头，顶一块大红布。此时，新娘要哭别父母，母亲、叔婶、兄嫂也哭送新娘，哭声如诉如泣，难舍难分，这就是阿昌族著名的哭嫁风俗。新娘哭嫁的内容大多是感谢父母的养育之恩，同时请求父母原谅，女儿从今以后再也不能在父母身边早晚侍候和孝敬了，再也不能像小鸟一样自由自在地唱歌了等等，小伙伴也来伴哭，母亲与叔婶、兄嫂也哭送女儿、姊妹，内容多以教诲女儿到男家后如何为人处世及尊老爱幼。哭嫁场面极为动情，其依依难舍之情，让许多人动情泪下。在哭嫁高潮中，所有房间连厨房都点亮灯烛，新娘由舅舅或男性长辈背出闺房，让其骑上马，由本寨一个小姑娘牵着相送出寨。

新娘进新郎家较顺利，鞭炮一响，便进了家门，在"圆成婆"老妇人的指使下，朝正堂跪磕一个头，再和新郎绕3圈火塘，便进了新房。晚上，新娘要将姑娘装改换成新婚妇女装，其间要找多子多福的妇女做指导。这一仪式，叫"圆成"。属同辈的兄弟伙子们还要来闹新房、吃鸡汤饭等。

第三天，婚礼在男方家进行。这天的中午饭，宾客云集，酒席最丰盛，俗称待"正客"。席间，新娘在"圆成婆"的引导下到每张饭桌"敬茶"，实际是敬一种糖酒，以此来认识男方的亲戚、客人及家庭主要成员。被传茶者要说些吉利话，恭祝新郎、新娘新婚幸福，同时在茶盘上放上礼物或"红包"。还礼的多少视身份而定，正亲正戚还礼较重。饭后，男家设堂，请家族家道及叔伯、母舅压堂，新郎、新娘要拜天地、拜祖宗神灵、拜识堂中压堂的各位长老，跪着听每位长老的嘱咐与祝贺，嘱咐者还送银手镯、布料、衣物及"红包"给新娘；主要亲戚还要送"红"给新郎、新娘"挂红"，挂红时念吉利词。压堂之后，同辈弟兄们要像在新娘家里姑娘们捉弄新郎一样来捉弄新娘。给新娘抹黑脸，游戏"挑水""背柴""喊妈""背娃娃""翻箱"各种名目繁多的仪式，令人眼花缭乱，风趣诙谐，使整个婚礼充满了欢乐、充满了欢笑。婚礼正式结束，但是男女青年之间的对歌才正式开始。

3 天后，新娘、新郎要回娘家做"满月"，带去活鸡、满月粑粑、糖包等礼。活鸡回娘家祭祀祖灵用，粑粑及糖包则分发给吃"各道"的家道们一户一份。四五天后新婚夫妇再双双回到新郎家久居。

二、领婚形式的"扎尼拐"

领婚，阿昌语称"扎尼拐"。扎尼，阿昌语，姑娘之意；拐，阿昌语，有领或暗示之意。

阿昌族的领婚有别于其他民族的"抢婚"习惯。阿昌族领婚习俗，一般是指女方父母不同意这桩婚事，或父母违背女儿意愿，包办婚姻，另许他人，女方不从，另有情人，这对情人又是山盟海誓，互许终身，在这种情形下，就会出现"领婚"——从女方来说是"逃婚"的习俗。这种领婚习俗是建立在男女两厢情愿的基础上的一种恋爱婚姻，是对封建包办婚姻的一种挑战与反抗。

领婚初始的前提是一对男女相知相识，双方经深思熟虑后愿结为白发夫妻，女方背着父母来到事先同男方商定的地点赴约，男方邀约四五个伙伴前来将姑娘领接到男家，入门放鞭炮，并举行一个简单的仪式，拜祖宗天地、拜父母后就可以称作夫妻。从道义上讲，这对青年男女已经是公开或合法的夫妇了，在舆论上，他们将不受任何非议。按传统的婚姻习惯，只要过了3天，一切都将成为事实而合法化，女方父母也无权干涉。不过姑娘偷偷离家出走时，一定要从家里正式出走，不能从荒郊野外离开。走时还要用红纸包些钱币作为谢礼，放在正堂的香烛台上、父母的枕头下，或瓢子里面。父母及家人一旦发现这些小红包，就知道女儿已经被小伙子领走了。

领婚3天以后，男方家就会请两个能说会道的"芒袍"（媒人）到女方家求亲说婚。女方家父母会对媒人很不友好，乃至大发雷霆。媒人尽量忍气吞声让气头上的女方家父母发发满腹牢骚，不能争强好胜，只能说好话软语，等女方父母消怒后再请家道来商谈婚姻大事。领婚由于具有特殊的性质，媒人前去一般就商议彩礼等事宜。这种婚姻形式的彩礼通常都带有惩罚性，因而都较重，并且要一次付清。对于积累了钱财，决意领婚的人家来说，省了许多长久的等待与繁缛礼节的麻烦，两者相得益彰，各有千秋。媒人在女方家谈好彩礼，再相约好婚礼吉日，程序与前种婚姻形式相同，只是"讨亲""迎亲"变成了"认亲"。

在领婚习俗中，也有女方父母铁石心肠，不听媒妁之言，不认女儿或故意索要彩礼很多，让男方家支付不起，使婚事谈僵，婚礼无法举行。按阿昌族习惯，领婚人家没有举行婚礼，两亲间不能往来。这样姑娘不能回去，父母想姑娘也不能来看，日久天长，双方降低了要求，消除了隔阂，便可择吉日举行婚礼。领婚婚姻中，有的新娘子被"领回"了两三年，都已有了孩子，因此在举行婚礼时，便有了领着小孩举行婚礼的奇特风情。

领婚婚姻形式，在阿昌族地区较为普遍，这种婚姻形式组建的家庭，社会对他们不存在任何偏见，同样受到人们的承认与尊重，在阿昌族的观念中是合理合法的。

目前，领婚习俗因男女双方有感情基础，婚前无烦琐婚俗礼节，且负担很少，成婚快捷便当，因而很受人们的欢迎。领婚在阿昌族婚姻习俗中占有一席之地。

阿昌族婚姻习俗中，严禁同姓通婚。

第五节　娱乐习俗

阿昌族的娱乐习俗很多，有纯娱乐形式的，也有比赛性质的。

一、歌舞娱乐

1. 唱山歌

阿昌族人民在日常的生产劳动和生活中，处处有歌声和舞蹈。唱山歌，对男女老少来讲是不可缺少的娱乐方式之一。人们将唱山歌当成一种习惯，喜怒哀乐都能编织到歌里。因此，山歌除特定的情况外，主要是起到"吹箫弹弦解焦愁"的娱乐作用。在阿昌族村寨，田间地头劳作的人边唱山歌、边劳动，以此抒发劳作的辛苦；赶马的人边赶路、边唱赶马调；放牛的人一边放牛、一边唱悠闲的山歌。唱歌的人无须领唱、伴唱，也不求有人对答，十足的是自娱自乐，以歌代言，以歌传情。阿昌族有一句俗语说："阿昌生得犟，不哭就要唱。"

2. 跳　舞

阿昌族地区不仅盛行唱山歌的习俗，而且跳舞娱乐的习俗也较明显。在阿昌族村寨，每逢年过节，起房盖屋，婚丧嫁娶，访亲探友，乃至田间地头，都有跳窝罗舞、跳象脚鼓舞的休闲娱乐习惯。尤其是农闲与节庆时节，全村全寨，男女老少，欢歌狂舞，通宵达旦，景象蔚然壮观。

二、游戏娱乐

1. 打得螺

此游戏在阿昌族男子青少年中比较盛行。首先，选择香果树或榨桑树等坚硬的木头，制成陀螺状玩具，叫"得螺"，分平头、尖头和圆头 3 种形状。顶部抹上蜡脂，底部视得螺的大小，钉一根相应粗细的铁钉做脚，用一根线缠绕起来，手握线头猛力将得螺放到地上，让其旋转。玩耍时，参加者同时将得螺放在地上旋转，转的时间最长者当霸王，有权惩砸旋在地上的其他得螺。被惩砸的得螺往往被霸王得螺砸得伤痕累累、坑坑洼洼，甚至被砸得一剖两半，被淘汰遗弃。得螺旋转的时间长短，往往体现出男孩子们的手艺程度，刻得匀称平滑的得螺旋转得长，失衡粗糙的得螺转得速度慢、时间短。

2. 抓　子

此娱乐形式在阿昌族少女中颇为盛行。玩耍时可以两人对玩或多人合伙分甲乙两方对玩。以右手或左手持 5 个或 10 个小石子，抛向空中，迅速用手背将石子接住，再迅速将手背的石子接回手心，接得几个就是"吃到"几个子。然后，再从 1 盘玩到 5 盘或 10 盘。玩盘时，把石子撒在地上，从中选一个石子做母子，将母子抛向空中空隙间将地上的石子捡起，再迅速接住落下的母子。玩 1 盘时抛一次母子捡一个子，捡完为止；玩 2 盘时抛一次母子捡 2 个子，捡完为止；玩 3 盘时抛一次母子捡 3 个子，捡完为止；以此类推，一直玩到5盘或10盘。玩5盘或10盘时是簸子，接到几个子就吃几个子并将吃到的子攒起来，和对方比总数。玩盘时接不住母子为败，又轮到同伙的下一个人或对方玩。同伙下一个人将从前一个人失败的盘数接着玩。一方全部轮败便输给对方，对方照此方法一直玩下去。这种游戏是锻炼女孩的灵巧程度，灵巧的女孩簸子、捡子都得得多，拙笨的女孩往往接不到母子。

阿昌族的娱乐游戏很多，其他的还有"端岗""偏山车""扭棍""摔跤""浮水"等。

阿昌族的娱乐活动丰富多彩，其娱乐习俗也千姿百态。除以上介绍的歌舞娱乐习俗、竞技娱乐习俗外，还有颇具宗教色彩的一系列文体活动。

第六节　丧葬习俗

阿昌族盛行土棺葬，葬礼的轻重视死者的年龄而定，死者年寿越长，其葬礼越隆重，礼仪越繁缛。若是死于非命，比如夭折、跌死、坠死、野兽咬死、雷电击死及其他恶病凶死，葬礼较简单，且不能葬于老祖坟地里。

一、停尸与报丧

1. 停　尸

阿昌族人死后，停棺3天，请活袍或"庄主"念经超度死者亡魂。老人临死时，子女要守护在老人的床前，这叫"接气"。如果年迈父母有迹象即将寿终正寝，子女劳作去了，都要派人前去叫回来"接气"。绝气后，先用7粒大米，7粒碎银，加少许清水，放入死者口中，并将其眼睛、嘴巴合上。云龙县阿昌族人死后，死者亲生子或侄子便抬着竹子砍成的水槽，端着纸火去水井边跪着取水来为死者洗面。其他地区的阿昌族则采来青蒿枝和大风草，蘸温水给死者洗尸。洗尸完毕，便给死者穿上丧服，丧服是白布做的。如果死者是女性，还要穿上专门的丧服——"缏花衣"。然后，在正堂上铺一块竹笆，再垫上草席、白布，将死者平躺在正堂上，等待没接上气从远处赶来的子女看一眼，这叫"停尸"。停尸时间长短不一，停尸时，按死者年龄有多少岁，便用白线捆绕死者双脚多少圈，盖上一块白布，并将死者的脸盖住，之后便准备入殓安棺。阿昌族的棺材选材讲究，质地坚硬，一般使用杉木、松木等老树古树，将棺材油漆成黑色，头尾口则以红漆为主，绘有花卉鸟兽，有的则以大红漆底上镶刻一个烫金的"寿"字。收殓入棺时，棺内放些锯木、草纸、打裹烧过的稻草灰包等防潮粉末垫底，放入一张剪去四角的草席垫上。把绕在脚上的白线解除，白线拿给孝男、孝女捆扎包头或做成耳环饰戴。将死者仰面放好，四肢放直，揭去盖脸白布，有时挖几块带草皮的"土垡砖"（土坯）镶垫尸首。让死者手握锡纸折的"黄钱""小锞"等祭物，盖上象征性的抽除了红线的布纹红白底阴阳被，丧服用香烛烧通许多小孔，以便能让死者穿向阴间。死者可按生前心愿带走心爱之物，比如烟锅杆、手镯等物做殉葬品，但是身上不能有金、银、玉器。如果牙齿上镶金牙都会影响其转世，故要拔掉。诸事齐备，让家人子女最后看一眼，若死者是女性还要等其"外家"（娘家）主亲赶来看一眼遗容，同意封棺才盖棺。妇女死者入殓时，家人常用竹子做一套简单的纺线和织布工具殉葬入棺。盖棺时，亲人哭嚎，生拉活扯，情深意切者，哭得昏死过去。同时，火枪、鞭炮齐鸣，主持入殓的活袍口念祭词，安棺者"乒乒乓乓"钉好木枢机关，其场面悲壮肃穆。但是老弱幼童应回避，以免其灵魂被盖入棺内带走。

安棺入殓后，将灵柩置于正堂，头朝正门，然后在其两头点上长明灯，旁边放一碗饭，饭上放一个熟鸡蛋，当地人称"倒头蛋""倒头碗"。此碗一直带往坟山，置供在坟墓的碑心石前，在阿昌族丧葬习俗中，敢用"倒头碗"吃饭的人是最有胆量、最勇敢的人，因而常有人家找"倒头碗"来给胆小怕事的小孩使用。

2. 报　丧

阿昌族丧葬活动中，报丧是极其重要的内容。人死后，要向左邻右舍及远方亲戚报丧。过去在寨中报丧采用火枪或猎枪向天鸣放来向亲戚朋友报信。如今除采用鞭炮报信外，以死者的孝子、孝孙和邻居青年去报丧是主要方式。报丧活动，如果亲戚距离较远，尤其若死者是妇女，前往其"外家"报丧时，必须在人死后就要马上出发，风雨无阻，日夜兼程。其他亲戚稍近的分几组报丧人员，分别在第一二天内报丧。到女性死者的"外家"报丧非常讲究礼仪，报丧者必须是死者的亲生儿子（无儿者由最亲的侄儿顶替），连同一位年长的具有丰富社交阅历的人陪同前往。去时，各背一把长刀，到了死者"外家"大门外，报丧的儿子要跪在门外，陪同者进屋告知主人，但是不能说有人在门外下跪，只能说门外有一个人，请主人出去看看。主人通常见背着长刀匆匆忙忙赶来的客人进屋来就略知一二。然后出门将死者的儿子扶起，接过长刀，带进屋里，细问丧事。若遇主人不在家，要一直跪到别人把主人找来。其他给亲戚和寨中人家报丧的，由孝子、孝孙乃至侄儿男孙组成，每到一家，要到其正堂前跪磕一个头，陪同去的人说明某老人某天某时不在了。对寨人要说，某人（丧主）请前去相帮；对亲戚则说，某人说来告诉你们一声。村中人接到报丧，便准备纸火祭奠品，纷纷前来参加丧葬祭祀，俗称"烧纸"（奔丧）。阿昌人说"去烧某某老人的纸"，即为去参加某某老人的葬礼。

二、守灵与葬礼

1. 守 灵

阿昌族丧葬习俗中，从人死入殓到抬棺出殡，一般要在家里停棺祭祀3天。停棺期间，每晚都要守灵。第一天晚上，通常由死者亲属及主要亲戚守，守灵的亲属及主要亲戚都要戴白布孝，其中长子要全身挂白，主亲子孙要戴5尺白布孝，叫"重孝"；次亲子孙戴3尺白布孝，称"平孝"。守灵的孝男、孝女手执一炷香，孝男默坐哀思，孝女哭泣悲伤。孝女不能戴银耳环，只在耳坠上佩戴用从死者脚上解下来的白线绕成一个白线。同时，开始由左邻右舍来"打孝歌"。第二天，主要准备第三天的出殡事宜及请活袍选择墓地，指点风水，寻找墓地的"向法"，即坟地墓穴的中轴线所指向的山脉势态。阿昌族的观念中祖先墓地的风水"向法"和建房时的"向法"一样，向法的好坏，对后人及家业的兴盛有着极大的关系。这天晚上的守灵活动中，不仅亲属守灵，左邻右舍及附近的亲戚也要来守灵。死者的孝男、孝女们头顶白孝，按辈分年龄及亲疏关系顺序分男左女右跪立在灵柩两旁哭丧。左邻右舍则在打击乐队的伴奏下，继续唱哭灵短歌，当地称"打孝歌"。孝歌采用七字句短诗，内容大多是赞扬死者功德及后人对死者的哀悼和祈求，唱哭孝歌时有锣钗打击出哀乐。孝歌哀婉凄凉，感人肺腑，哀乐悲天恸地，音调郁沉。孝歌开始时，一人独唱，偶尔由村人与亲戚相约成主宾对唱，一唱一和，有哀悼，也有劝慰，此起彼伏，直唱到半夜。然后，厨倌和主人做消夜给大家吃。接着再轮番做领唱、对唱，将孝歌唱到天明。按阿昌族的习俗，当晚的孝歌唱得越热闹、人越多越好，这对死者到祖先居住地报到及后人的生产、生活都有好处。因此，凡遇寨中人死亡，左邻右舍都会自觉地聚拢来，参加唱孝歌、听孝歌，甚至来看唱孝歌。场景悲壮热烈，高寿死者的打孝歌场面更宏大壮观。

阿昌族在丧葬活动中，喜欢使用打击乐器。陇川县的阿昌族在丧葬活动中盛行象脚鼓、镲、锣及钗。梁河县的阿昌族在丧葬活动中喜欢使用大钹、大钗、小钗、镲、锣、"丢子"（比锣小），但是忌用鼓。丧礼中，打乐是有讲究的，自人死后，便可打哀乐，从早到晚，尤其要出殡的第三天，哀乐打得最密最勤，许多人轮流操钹敲镲，如痴如狂，一直打到灵柩被抬到坟地下葬为止。灵柩入土后，便不能再打。因此，乐手出殡回来要特别小心，不能再弄响乐器。否则，很快还会有人死去。

2. 葬　礼

第三天举行隆重葬礼时，远亲近戚，左邻右舍，都带着祭品来灵柩前祭奠。一般亲戚的祭礼多为 1 升米、1 只鸡，寨中与死者生前相交很深的人家还带来死者生前爱吃的糕饼、鲜果等祭品；特别亲的亲戚，尤其是丧主家派人去报丧的人家，祭礼较重，通常要带数升米、1 只羊（来不及宰杀时可牵活羊）。死者"外家"要举一块白布幡旗，幡旗布面右书款"全维"或"维"大字；正文书死者生平、经历、功德和祭者悼词；左下款落全部前来祭奠者的姓名或主祭者姓名。一般亲戚扛举的幡旗，以色彩艳丽的绸缎被面、花被单做底，祭文和悼词则写在白宣纸上再钉到幡旗上。幡旗，当地称"稟嶂"。从清晨开始，祭者纷纷来到死者灵柩前祭奠，祭前下跪磕头，祭毕收礼也磕头。抬猪、羊、扛幡旗来的祭者入寨或入丧主家门时要放鞭炮，祭奠时全部祭者或主祭者跪磕灵柩前，请祭司主持祭奠，厨房摆上一桌汤饭，将祭者带来的猪、羊及祭品摆在灵柩前。同时，鞭炮齐鸣、哀乐齐奏，并由祭司助手高声宣读祭者扛来靠在灵柩旁的幡旗祭文、悼词。祭毕，丧主家施白色孝布给丧葬者。

出殡前的祭奠很讲究次序，死者的近亲先来先祭，其他亲戚后来后祭。"外家"到来时还要奏乐孝跪迎接。每次有前来祭奠的人家，丧家专门安排人收好祭品、幡旗等祭物，并按顺序摆放好，不得混乱。陇川县的阿昌族出殡祭灵时，亲戚送的祭品多为1只鸡、1升米和几元钱，不送方幛，只在棺前放一碗汤饭，即算祭灵。但是祭奠时丧家要做一面幡旗挂在旁边，幡旗上画有各种可怖的神鬼图像，祭后便随死者灵柩送上坟山。阿昌族认为人死后也和活着时一样，还要吃穿住行。所以，出殡前，要给死者做些纸钱，让死者带往神灵世界去花销。这些纸钱，大多用蓝、紫、红、白、黄等各色绵纸剪镂成古钱币形状，然后贴到直径约2尺的竹环上，沾满花花绿绿的纸钱币的这些竹环，又层层相套，捆吊到一根1丈多高的竹竿上，撑立在丧家门外，迎风招展，称其"飘钱"。飘钱，在出殡时，同禀幛、幡旗等一并送往坟山，在灵柩下葬时烧给死者。

阿昌族的出殡仪式很有特点。起棺前要放筛子筛过的灶灰撒在棺材下面的地上，以便出殡回来，请活袍凭灶灰上的印迹，辨别死者转世托生到何方去了。接着捆扎棺材，因有竹子砍成的专用抬丧棒，捆扎极为方便牢靠。用油灯或灯烛点亮死者家中所有的房间，包括厨房和库房。起棺时，鞭炮齐鸣，大家齐喊："起！"棺材由4人抬，每个人的脸都要朝正堂天地神位，以免死者的阴魂把活人的魂带走。活袍用长刀砍去棺前念经、"发送"时立的金竹架，抬棺人蜂拥着棺材疾行出门。出门后，在捆棺活套上插入竹棒，抬棺人增加为8个青壮年（有的则开始就是8人抬棺）。阿昌族把抬棺者叫作抬丧者或抬重者。请抬丧者，丧主要行跪拜礼，并给一双草鞋。男性青年都以能成为抬丧者而自豪。第一次抬丧叫"开肩"。开肩时，禁忌抬非正常死亡者。要挑选寿终正寝，而且年寿高，辈分高，儿孙满堂，德高望重，又自然死亡的老者开肩。出门后，活袍点着从丧家火塘中取火种点燃的火把，口念送魂调，在前面给死者引路，举幡旗、禀幛、飘钱的送丧者随其后，打哀乐的乐手们次之，戴全白孝的孝子、孝女、孝孙，手执一炷香，按辈分、年轮在家门口或寨门口跪成前后相接的队列，抬丧队伍抬举着灵柩从孝子跪哭成一片的长长的队列上方抬过，这种仪式叫"顶孝"。陇川县户撒地区的"顶孝"要反复进行几次，走一程顶一次，一直要顶到坟地。梁河县的阿昌族把出殡，叫"出山"。"出山"时"顶孝"一次后，除亲儿男孝外，其余不能顶到坟地。因此，多数孝子生拉活扯，追扑棺材，以表生离死别之情。此时，抬棺者风风火火，跟着活袍、幡旗、禀幛、飘钱、乐手，一溜烟小跑着摆脱追扯的送丧者，将死者灵柩送往坟地。其他三亲六戚和寨中送丧者送丧一段路后便依依舍别，折回丧家。阿昌族出殡时，忌讳出丧路上有人从迎面走来；若有人碰上，要在远处就得避开或绕行。否则，认为死者会将其灵魂带走。

阿昌族的坟地，一般以家族划分，集中葬埋，称"老祖坟地"，老人谢世后都要归葬于此。凶死或未老重病而死，不得葬在祖坟地里。墓穴在出殡前挖好，挖墓穴时，有的测风水，有的不测，但是都要用三牲祭过土地神后，才能动土挖掘。抬棺到坟山，活袍还要祭祀一次土地神，烧化纸钱，以示买坟地，才能下葬。下葬时，墓穴内不能留下挖墓穴者及任何人的脚印。墓穴要用活袍从家里火塘中取火种点燃的火把熏烤，把活人的魂熏出来，在鞭炮声和哀乐声中把灵柩放入墓穴。盖土时，活袍高喊："死人进，活人出。"死者的亲生儿子（无儿者请亲侄儿代替）背朝墓穴用衣裳角兜土3次，背着往墓穴盖土。人们认为，这样能把活人和死人分开，又避免了活人的魂被死人带走，之后其他人纷纷盖土，并用水泼一圈，意为给死者打围墙，并告知死者，给你盖好了家，打好了围墙，一处也别乱去。灵柩入土后第二天或第三天，由死者的亲属再把坟砌起来，称"扶山"。砌坟时，还在坟后2丈多远处，垒起一个土包，立一块无字碑心石，称"后土"。有人解释，后土是死人们的寨神位。阿昌族祖先崇拜的观念驱使人们很注重祖坟的修砌雕琢，一般到次年清明节祭新坟时，会大兴土木，请石匠打碑塑墓并刻上悼词、家谱、历史迁徙、辈分沿革之类的碑文。

三、"背切"

背切，阿昌语叫"切特"、"切泡"。在梁河县，阿昌族妇女的葬礼与男子葬礼相同，但是祭亡灵仪式与男子殊异。妇女丧后，阿昌族有接其灵魂归外家祭奠的习俗，这种仪式很古老，也很奇特。妇女丧葬出殡后，由娘家兄弟（无兄可由同辈亲戚）到丧家去接"姊妹"的灵。做法是扎一个草人，将死者生前穿用的衣物穿戴在草人的身上，唯独不系"绞脚"，请活袍念经"发送"，祈祷亡灵回娘家。哥哥用背箩背着附有姊妹灵魂的草人，边走边叫姊妹的名字往回走。每到河边、沟边，都要向河水、沟溪叩头祷告，祈求河神、沟神不要阻挡姊妹的灵魂回家。到家后，娘家把姊妹灵魂安供在神堂上，杀鸡滴血进行祭奠。之后则每天饭前祭祀，祭供7日后，男方家属又用背箩将死者的灵魂接回，并把草人在路上烧掉，仅背回衣物。这一习俗，称"背切""接切"。阿昌语称"切特""切泡"。阿昌族民间故事《亲妹子和晚妹了》解释了这一奇特的风俗。

阿昌族也有火葬的习惯。一般生怪病而死或妇女难产而死都不能土葬，要实行火葬。火葬时用干柴将停放于野外的棺材围得严严实实，再浇油点火烧掉。次日，取骸灰再进行土葬。火葬者，视死者情况，举行规模不等的葬礼。

阿昌族认为，人有3个灵魂。为使死者的3个灵魂各有所归，人一死就要请活袍前来为死者举行各种祭奠、诵经、"发送"、安魂活动。阿昌族"发送"亡者灵魂的"送魂调""分水饭调""安魂调"是一篇篇优美的辞赋。其祭祀诵词，将在"文学艺术"内容中作进一步论述。

第七节　节日习俗

一、传统节日

阿昌族在悠久漫长的社会发展过程中，以自己的宗教信仰、风俗习惯为轴心，创造了丰富多彩的民族传统节日。

阿昌族被国家承认的传统节日是"阿露窝罗节"。

德宏傣族景颇族自治州第九届人民代表大会常务委员会，于1993年5月20日在德宏傣族景颇族自治州第九届人民代表大会常务委员会第三十一次会议上通过了《关于统一阿昌族节日名称和时间的决定》。文件全文如下：

> 1983年4月9日，德宏傣族景颇族自治州第八届人民代表大会第一次会议通过的《关于恢复和建立民族节日的决定》规定，阿昌族节日的名称和时间是："'窝罗节'（梁河县）和'会街节'（陇川县），分别于每年农历正月和农历九月举行，节日时间为两天。"现根据阿昌族人民的意愿和要求，决定将节日名称统一为"阿露窝罗节"，于每年公历3月20日举行，节日时间为两天，节日标志为青龙、白象和弓箭。

阿昌族的传统节日"阿露窝罗节"，是全民族性的节日。从德宏傣族景颇族自治州人民代表大会有关阿昌族节日名称和举行时间的两次决定中，明显地可以看出，"阿露窝罗节"是由德宏傣族景颇族自治州陇川县户撒、腊撒一带阿昌族盛行的会街（阿露）节和梁河县等其他地区的阿昌族窝罗节合并统一而来。把原先用汉语称叫的"会街"改为阿昌语"阿露",并将阿露节和窝罗节合并统一成为"阿露窝罗节"。这名称符合国家有关部门对民族法定传统节日要求"名称统一、时间统一和标志统一"的精神。"阿露窝罗节"的统一,标志着散居于德宏傣族景颇族自治州陇川县、梁河县、芒市,大理白族自治州云龙县,保山市腾冲县、龙陵县等地区的阿昌族联系纽带的加强;体现了各地区阿昌族密切联系,共同振兴本民族经济、文化的共同心愿。这是阿昌族政治生活和文化建设中非常重要的意义深远的一件大事。

1. 窝罗节

窝罗节是阿昌族的传统节日之一,盛行于梁河、芒市、腾冲、龙陵和云龙县的广大阿昌族地区,每年农历的正月初三、初四举行。窝罗节主要是为祭祀传说中的创世始祖遮帕麻和遮米麻的丰功伟绩,歌颂幸福美满的生活,祝贺生产大丰收而举行的大型迎春祭祀娱乐活动。因为节日中要搭窝罗台(节日标志),唱"窝罗调",跳"窝罗舞",故名"窝罗节"。

窝罗节期间,阿昌族地区村村寨寨,男女老少,穿着节日盛装,搭起始祖弯弓射日的神箭标志,设起香烟缭绕的祭祀神台,台上供献有五谷及各类鲜果,点燃香烛。节日开始,请寨中德高望重的活袍主持祭祀仪式。活袍身穿黑衣长袍,腰系大红腰带,一手拿雉尾羽毛、一手摇黑色大号扇子,以酒水、茶水祭祀始祖,还用公鸡冠子的血进行血祭。之后,便操着洪亮的嗓音歌唱祝赞始祖遮帕麻和遮米麻功绩与英灵的神话史诗《遮帕麻和遮米麻》。唱完祝赞辞,人们跟着活袍,围绕窝罗神台跳古朴原始的窝罗舞。舞者高歌古老的"窝罗调",唱祖先、唱后人,载歌载舞,通宵达旦。

窝罗舞是具有阿昌族浓郁特色的古老民间传统歌舞,以太阳、月亮等大自然景观和神奇景象为舞蹈造型。有"日头打伞""月亮戴帽""双凤朝阳""双龙行路""金龙转身""的的吊鸟不落树""麻雀不走叉叉路""猛虎出山探路行"等固定的舞蹈套路。整个舞蹈以"竹鸡下树拍翅鸣"为开头，用"竹鸡双双归巢林"为结尾。舞姿生动形象，表达了阿昌族人民对始祖的崇敬之情和追求幸福吉祥的美好愿望。窝罗舞实际是原始时期的宗教祭祀舞蹈和狩猎舞蹈残遗，因而结构严谨，节奏明朗，动作古朴，内容朴素，风格欢快，充分体现了阿昌族勤劳勇敢，质朴豪爽，团结互助的民族性格和优良传统。

窝罗节期间，除跳窝罗舞外，还进行武术、对歌、秋千、春灯等丰富多彩的文化娱乐活动。现代的窝罗节，实际上是一种大型的新春文娱活动。

国家正式确定窝罗节为阿昌族法定传统节日后，节日活动更是盛况空前。梁河县集中全县阿昌族群众，先后在湾中阿昌族乡、丙界阿昌族乡、关章阿昌族乡、猛来阿昌族德昂族乡、永和村、遮岛镇等地组织了大规模的阿昌族窝罗节庆祝活动。节日期间，大理白族自治州云龙县、保山市腾冲县和龙陵县、芒市以及陇川县的阿昌族代表纷纷前来共度窝罗节，把古老而年轻的"阿露窝罗节"的美名传向四方。

2. 阿露节

阿露节也是阿昌族传统的重要节日之一。在以窝罗节合并统一前，主要盛行于陇川县户腊撒一带。每年农历十月二十六日举行。阿露节，也叫"会街节"。最早的阿露节源于宗教信仰，是由宗教节日演化而来的民族节日。陇川县户腊撒地区的阿昌族普遍信奉南传上座部佛教，阿昌族供奉的释迦牟尼，叫个打马。佛教故事中传说，个打马幼年丧母，长大修行成佛后，不忘母亲育儿之恩，每到农历五月母亲的祭日，总要到天上念经3日。天上3日，人间3个月。此间，人间疾病肆虐。终于，个打马又回到人间，佛光将四方天空照得金光四射，万物复苏，人间疾病减少了。为此，人们为报答个打马佛祖的恩德，每年在他返回人世间的那天，总要扎上青龙、白象，载歌载舞，迎接佛祖的到来。这就是阿昌族"会街节"（阿露节）的来源。

　　阿露节源于佛教，因而宗教色彩较浓。往昔的阿露节期间，小伙子、小姑娘在晚上到各家收斋饭，然后净手煮斋饭吃。凌晨天明时，起来出去供斋。当菩萨灵魂回到人间时，男女老少要向佛祖请求赎罪，祈求降福。中华人民共和国成立后，阿露节有了较大发展，阿昌族群众自觉将庆祝丰收、歌颂生活的内容纳入其中，经济贸易、文化交流活动也随之掺杂进来。每到节日期间，各村各寨的人群抬着纸扎的青龙和白象，敲锣打鼓，彩旗飘扬，集聚在规定的场地上，男女老少手执青枝绿叶及鲜花跳象脚鼓舞、民族舞蹈，呈现出一派欢乐景象。阿昌族人民视青龙、白象为吉祥、幸福的象征，节日的一系列舞蹈大多围着青龙、白象起舞。

　　1983年4月9日，德宏傣族景颇族自治州第八届人民代表大会第一次会议通过的《关于恢复和建立民族节日的决定》中，也将"会街节"确定为阿昌族的传统节日之一。从此，梁河县、腾冲县、云龙县一带的阿昌族每年都派出代表去户腊撒参加会街节（阿露节）盛会。

　　从1994年3月20日起，"阿露窝罗节"的节日名称和时间得到了统一，定于每年公历的3月20日定期举行。

二、其他主要节日

　　阿昌族地区，还有一些内容和欢庆范围各异的其他民间节日。

　　1. 春　节

　　春节，也称"过年"，阿昌语叫"师涅"。阿昌族的春节时间与汉族的春节时间相同，但是分大年和小年。大年从腊月二十四日便开始庆祝。每逢大年主妇忙着办年货，家人打扫室内外环境卫生，俗语叫"掸尘"，挑白泥来粉刷墙内壁外，采艾蒿洗净炊具、衣物，蒸酿米酒，舂过年大粑粑和饵块（阿昌语叫"伽爹"），酿甜白酒，做米凉粉和豌豆粉，腌辣腌菜、豆豉、豆腐等各种风味独特的副食，还要杀年猪。三十晚上吃年饭，饭前用竹筛抬佳肴到寨头祭祀寨神，再回家祭祀家祖神位。祭祀时，户主率领全家轮流磕拜并放鞭炮祭奠。三十晚上要守岁，凌晨始，寨中孩童三五成群，逐家逐户来"开财门"，户主要招财童子念诵"开财门调"并向堂前磕头，然后取花生、葵花子、糕饼及红纸包好的礼钱，施谢孩童。

初一清晨，一年到头围着锅台劳累的女性休息，由男性到水井抢第一担水，平时男子挑水会犯忌被人讥笑。抢水时，男子手执纸火、香烛、大米一把及硬币数枚，置放井边以谢井神。挑水回来由男子做斋饭，供斋给天神于天井中，供斋时放鞭炮祭奠，谁家最早供成，心最诚。初一全日禁忌扫地，早饭后，剪红纸条，裹贴到竹蓬和各种果树主杆上，还系贴到牛角、马鬃马尾、狗尾、猪尾及牛、马、猪厩栏杆上，也贴于各种犁耙农具。放牛马时，户主要将纸火、香烛、粑粑及肉、糖等礼一份给牧牛马者，让其去祭谢山神。男青年在"秋头"的聘请下，带香烛、纸火祭品去深山扛秋杆。初二，村寨合村欢集于秋场，鼓锣鞭炮中，挑标直的"头秋"，也叫"头门"，在祭司活袍及寨中长老主持下，竖起4根"头秋"，其余百多棵围"头秋"而立，待用。然后访亲探友、拜年。有孩儿认过"亲爹"的人家带上礼物，领着孩儿去"亲爹"家拜年，当天回返，连拜3年。亲爹亲妈家在第三年的拜年中，缝送一套衣服，还包一包饭菜给认亲的孩儿，意为穿了吉祥平安，吃了无病无疾。出嫁的女儿，携女婿及伴郎、伴娘回娘家拜年，俗称"吃各道""吃春客"。初二至十五内，阿昌族有玩春灯习俗。正月十五以前属虎日、属龙日，有扛犁到自家田块或寨边空地上空犁几趟的习俗。正月十五，全寨齐集秋场，祭谢秋神，并拆秋杆，春节即告结束。

2. 清明节

时间与公历清明日相同，清明节这天清晨，先到坟山修坟，铲土坯添土于坟墓上，再折柳枝置于坟前及后土前。家中则备办一些酒菜，前往坟墓祭祀祖灵，最后全家在坟墓旁野餐。坟地较近的，祭祀后回家，再献供家堂祖灵后进餐。有家族祭祖规模较大的，要杀猪宰羊。上坟祭祀时还要采田野中的黄花来舂清明黄花粑粑，用来祭祀和饮食。

3. 撒种节

时间为每年农历三月中旬，主要流行于梁河、腾冲、芒市等县市的阿昌族地区，与每年八月十五的尝新节一样，都与农事祭祀活动有关。

4. 端午节

每年农历五月初五，主要盛行于梁河、腾冲、芒市、云龙、龙陵、陇川等县市阿昌族地区。所包粽子花样繁多，有小三角粽、双粽、枕头粽、圆粽和大肉粽。小孩要带香包，成人泡黄酒喝。

5. 火把节

每年的农历六月二十四日、二十五日，从云龙县漕涧到腾冲县大蒲川、小蒲川一直到梁河县以及陇川县户腊撒地区，凡是有阿昌族的地方，都有火把节。云龙县漕涧阿昌族的火把节在农历六月二十五日举行。内容主要是祭祀五谷神，祈求丰收，晚饭后举行赛马射箭游戏，入夜后全村点火把撒木火粉，男女老少互撒木火粉在脚下，意为驱除灾害疾病。陇川县户腊撒地区阿昌族的火把节在六月二十四日举行。这一天，家家户户做火烧猪、过手米线吃。入夜点火把，在村中游戏，以示驱除疫病。又在夜间挖取河沙，撒在牛马厩周围，表示保佑牛马平安。梁河县阿昌族的火把节亦定在六月二十四日举行，内容与户腊撒相同。新婚妇女一定要舂好火把粑粑，在这天带回娘家过。

阿昌族的节日大多与宗教信仰有密切关系。

第八节　生产习俗

阿昌族社会很早就进入农耕时期，具有悠久的稻作文明历史。

一、悠久的稻作历史

阿昌族的农业生产，以种植水稻作物为主，水稻在粮食作物的生产中占95%。阿昌族民间传说中，水稻的谷种是一位瞎眼的老妇人从河滩采集而来的，这位盲妇被尊称为"老姑太"。梁河县阿昌族与农耕生产有关的原始宗教中，将"老姑太"当谷神供奉在祖神旁或谷囤边。

人类获得谷种的过程中，同时还得到了狗的大力帮助。因而梁河县的阿昌族有八月十五尝新节（中秋节）时先喂饱狗后主人再吃饭的习俗。

阿昌族从事农耕生产的历史，载入清朝董善庆的《云龙记往》中。据《云龙记往》的阿昌传篇记载，约公元六七世纪时，"商贾有不归者，教夷人开田，有喇鲁者习其法，于是始有田耕。"文中，夷人指阿昌族，喇鲁则应该是阿昌族最先从原始简单的采集、渔猎生产步入开田引渠灌溉农耕的鼻祖，也是阿昌族稻作田耕的先驱。

阿昌族的古代农业生产囿于自然条件的限制，常常将农事的丰收与原始信仰联系起来，借助原始宗教的超自然力量，为农事服务。至今，阿昌族的生产习俗仍然以原始崇拜习俗相关联。最明显的是崇拜谷魂习俗，认为稻谷有灵魂，若灵魂离开了稻谷，秧苗长不好，易得病虫害，稻粒不饱满，所以特别重视祭谷魂。开秧田，一般挑属虎日或属龙日，认为属虎日开秧田不会遭牛马牲畜糟蹋，龙日开秧田，风调雨顺，秧苗不会干旱枯死。撒种则挑属马日，认为马日育秧，移栽后谷穗会长得像马尾巴一样长。"开秧门"时，清晨要到田里供斋，并把李子树枝和花枝插栽到先要栽的田丘中，边栽边念"长得像花一样好、像李子一样饱满"，然后用左手先插 3 撮秧，此仪式后方可栽秧。"关秧门"时，在大面积的水田中，先将一大束秧苗栽到田中心，称作"秧王"，然后再围绕着成簸箕圆形栽插，叫栽"簸箕秧"。栽"簸箕秧"时，口中念念有词，内容大多是祈求上天让田间谷天米地等等。"谷魂"主要附于"秧王"。"关秧门"时，还要用剩余的一把秧苗蘸水洗牛脚和自己的手脚，表示人畜都干干净净回家，不要把谷魂带走，让其留在田间陪伴秧禾。稻秧抽穗期间，田主杀鸡并以鸡血、鸡毛涂于竹篱笆上，然后再插到稻田中，此俗叫"祭土主"，与生产习俗很密切。秋收时，选饱满金黄的长谷穗挂到堂屋神台前或"谷期榜争"（谷神）上，祭祖灵同时也祭谷魂。打完稻谷，早晨杀一只小公鸡或用鸡蛋，供献于谷堆上，磕头，祭谢谷魂。阿昌族认为，对收回的谷子不恭，还会"舍"（不知不觉地减少）。因此，当晚还要再煮鸡蛋到谷堆前叫谷魂回家，并拔一荐稻根，捡几粒散落于田中的谷粒粘到稻根泥土上拿回家，放进谷仓，和"谷期"神一起祀供。

二、先进的农耕技术

阿昌族的农耕生产，精耕细作，生产工序繁杂，耕作技能先进，因而产量较高，在生产实践中积累了许多耕种经验。为农业生产更加丰收，经常变换品种，重视育种育苗。阿昌族培育的著名水稻良种"毫安公"，亦称"毫母累"，曾被称为"水稻之王"。阿昌族喜欢用绿色枝叶沤田施底肥，改良土壤肥力结构。稻田耕作 3 犁 3 耙，第一次犁板田，暴晒田垄。然后，打"腊水"（泡板田水）做田。耕田用水牛，耕作工具有犁、脚耙、手耙、锄、平秧田的"躺耙"等。通常在打"腊水"后铲埂，犁耙两道田后"上埂"（锄取稀泥包埂防渗），最后再犁耙一道后开始插秧。插秧后二月许开始薅秧，通常薅 3 道，将所除的杂草踩入秧田使其腐沤成肥，然后割埂草一两道，提防虫鼠害。"薅谷花秧"在稻花打穗时期进行，属中耕管理。薅秧可使泥土松软，有利于刺激稻株吸肥吸氧，还有利于稻花受粉，促进丰产。凡此种种习俗，都是阿昌族作为农耕民族在丰富的生产过程中所获得的宝贵生产经验。

第九节　生育习俗

在阿昌族社会生活中新生命的诞生是一件大喜事，阿昌族妇女怀孕生育会受到家人及社会的加倍关怀，这些关怀中渗透着阿昌族的各种传统观念，形成了阿昌族别具一格的生育习俗。

一、生育礼仪

阿昌族妇女在怀孕期间，一般只在前期参加一些较轻的体力劳动，不做重活和脏活；后期则完全脱离生产劳动，不爬高下低，不东走西逛；怀孕期间夫妇分房睡觉；产期临近时，有的地方保留请活袍占卜的方式预测产期的古俗。占卜时，把一种称作"石花"的植物放入清水盆中，视石花开放的情况而获知产期后，家人、亲戚要为迎接新生婴儿置办许多备用物品，并为孕妇临产做好各种准备。

阿昌族的接生是生育礼俗中至关重要的一项内容，户主要严肃慎重地选择接生人。一般选择身体健康，没曾患过大病或怪病，家风好，有子嗣，又有一定接生经验的妇人。阿昌族认为，接生者的健康状况及性格、作风等都会直接影响新生儿将来的成长。接生很多，所接新生儿没有夭折过的德高望重的接生婆，受人尊敬，哪家生育都要请她，并以厚礼相待。阿昌族称产妇生新生婴儿为"坐月子"。

1. 坐月子

阿昌族妇女在坐月子期间，不做任何事情。主要食物为鸡蛋、鸡肉、米饭，猪肉很少吃。禁忌吃酸、冷、辣和过咸的腌制食物。产妇坐月子的期限，以百日计。陇川县户撒地区的阿昌族，孩子满月后，要由娘家派一位产妇的妹妹和其他未婚姑娘来，接产妇回娘家住一段时间，大约一个月。除此以外，产期不满100天，产妇不能到别人家里去，不能随便外出，也不做重体力劳动。那些正值吃斋期或准备祭祀祖先、祭祀鬼神的人家，也不能到刚生产的人家串门，以防带恶鬼、邪气给产妇和婴孩。产期满百日后，解除对产妇的一切禁忌，产妇可以自由行动，也可以开始参加日常劳动。一般人手多的家庭产妇满100多天后才开始做些日常家务。

2. 送祝米

产妇"坐月子"期间，亲戚们都要带上诸如虎头帽、猫头兜肚、虎头鞋等婴儿所需的物品和用具，以及产妇所需的红糖、软米、面条、鸡蛋等营养补品，前来道喜，看望产妇及婴儿，产妇家则备席款待。亲戚有零星来的，也有相约而来的，一般住一夜返回，婴儿的外婆等较亲者则留住多日。这一风俗叫"送祝米"，阿昌语称"祝米沙勒"或"祝米袍勒"。

3. 踩　生

阿昌族妇女产后3天（有的地方7天）以内，若有外人闯进产妇家，谁先闯进来，谁就被拜为孩子的干爹和干妈，当地称"亲爹""亲妈"，并为婴儿取一个小名。所取小名的字音，忌与家族中任何一个前辈的名字相同。产妇家则用米酒、红糖、茶及小宴款待"亲爹"或"亲妈"，正式让婴儿"领名"，并确立亲戚关系，孩子的父母与其"亲爹"或"亲妈"，便开始互称"亲家"。往后，每年正月初二，父母将连续 3 年领着孩子携带糖包礼品到"亲爹""亲妈"家拜年。第三年"亲爹""亲妈"要缝送衣服一套给小孩。这个以误入产家而攀亲的习俗叫"踩生"或"闯生"。

4. 闯　名

如果婴儿降生 3 天或 7 天之内，还无人闯入产妇家，那么父母就要在婴孩稍大些的时候，为婴儿举行"闯名"的仪式，以便能为孩子找到"亲爹"或"亲妈"，并取一个小名。举行"闯名"仪式前，先请活袍占卜择定吉日、方式和地点。从即日算起每天攒一把米，攒米 7 天后，谁闯进家来，就请谁抬米碗绕小孩头，并烧化米碗边的香烛、纸火，给小孩子取名。另一种是采用搭桥方式闯名。在预先卜定的方向、方位和路线上的小河或沟溪上，搭一座双根圆木小桥，将三牲一副（熟猪肉 1 块、熟鸡 1 只、元饭 3 碗），放于沟边或桥上，接着在桥两头四角插上五色小纸旗，旗旁放 3 张黄纸钱、3 炷香、1 对锡箔纸"元宝"，最后把求亲（找"亲爹"或"亲妈"）的礼品置于桥中央，便躲到路旁等待过往的人来"闯"。

当等到第一个人从这里路过时，便赶快跑出来捉住他（她），说明情况，令其做孩子的"亲爹"或"亲妈"。如果"闯"来的是本族本村人，那么主人和客人都会很高兴，皆视为喜事；如果"闯"来的是外乡外族人，也得尽力说服，请他入乡随俗。阿昌族村寨与其他民族相邻交往甚多，多数外族外乡人都知道阿昌族的此俗，也都很愿意领受。"闯"桥者愿意接受此亲后便把放在桥上的全部纸钱烧掉，抱起小孩从桥上走过，再在桥中央、桥两头四角各点洒3滴酒、3滴茶，以示祭桥，然后由主人带回家，以酒肉款待。随后便正式成为孩子的"亲爹"或"亲妈"，这样便为孩子"闯"来了小名。

阿昌族另外一种奇特的为孩子拜"亲爹""亲妈"取小名的方式是在孩子出生3天或7天后，若无人闯进家里"踩生"，也没有去搭桥"闯名"，经常哭闹或体弱多病时，就去请活袍及八字先生卜算其性格、生辰八字，按其旨意及特征去找石匠、木匠、教师、干部或其他手工艺人家，讨要一碗饭菜来吃，医治孩子的毛病（一般讨到饭后就算医治好了）。然后把舍饭人拜为"亲爹"或"亲妈"，并讨要一个吉利的小名。根据占卜情况，阿昌族甚至有拜大树、拜大石头为"亲爹""亲妈"的。拜祭时，把饭菜和祭品摆献到大树下或大石头前，申明占卜旨意及来意。祭毕，拿饭菜少许给孩儿吃，并申言是你"亲爹"给的。然后，自家取名。拜大树为亲爹可取树名，比如树德、树留、树英等，拜大石头为"亲爹"的取石名，比如石德、石留、石英等。中华人民共和国成立之前，按占卜旨意要拜吃百家饭的人为"亲爹"，甚至也有人拜乞丐为"亲爹"的。现世遇此种情况则找姓白的人家做"亲爹"，并讨要小名。阿昌族小孩所拜的"亲爹""亲妈"对拜认孩子的生活和成长，甚至成人后的婚姻等，都负有如同亲生父母相差不多的义务。

5. 开　口

阿昌族给新生儿吃第一次荤食的习俗，叫"开口"，也称"开荤"。传统的习惯是将早已收藏的豹子肉和猴子肉干巴，烧熟或蒸熟后，捣碎给孩子吃。阿昌族认为，孩子吃了豹子肉，就会勇敢坚强，不怕任何困难；吃了猴子肉，就会聪明机灵。最忌用猪肉给孩子"开口"，因为猪最蠢笨。过去，阿昌族青年结婚后，有猎豹猎猴之俗。现在豹猴已难猎获，但是麂子、野兔及野鸡等野物还常被善猎的阿昌族所猎获。因此，多用此类野味为孩子"开口"。"开口"早的在孩子半岁左右，设酒席，请寨中老者参加，"开口"晚的则在"满岁酒"中进行。

阿昌族生育习俗中，孩子满周岁时，要设酒席宴客一次，当地叫吃"满岁酒"。吃"满岁酒"就是祝福孩子的周岁生日，要宴请亲戚、朋友和孩子的"亲爹""亲妈"等。来客往往送些漂亮的衣服给孩子，也有送钱的。孩子的"亲爹""亲妈"及外公、外婆不仅要送衣服，还要打制银器饰物相送。陇川县的阿昌族多送男孩小长刀，送女孩小银饰。梁河县的阿昌族则送有"长命百岁"字样的银制百家锁。这天，家里要做"八大碗"款待客人。一般人家杀几只鸡，买些肉、鱼之类菜品，做足8样菜来祭献和宴客。开宴前，孩子穿上周岁服，由母亲抱领孩子到祭祀祖宗的祭桌前磕头，活袍边烧纸火、边念祈福经，祈求祖宗神灵降福给孩子，保佑孩子健康幸福。祭祀给祖宗的香烛。祭祀完毕，便为孩子举行"抓阄"仪式。

6. 抓　阄

抓阄是阿昌族卜算孩子将来爱好、性格和前程的一种习俗。抓阄前，在正堂摆一张席子，在中央或四周放上刀、秤、算盘、书、笔、葱、松明子（用红纸裹好）、剪子、针线物品、钱等数件东西，有的放实物、有的用纸剪成样子放好，然后请主持人抱着孩子，让其抓阄，客人和家人们在一旁围观，等孩子抓到某物时，主持人便预言孩子的性格和特长。无论先拿到什么东西，都要用夸张的语言夸奖和赞扬孩子。如果孩子抓到刀，就说将来能做将军，率兵百万，百战百胜；如果抓到算盘或秤，就说孩子将来能通晓算数，会做生意买卖，家财万贯；如果抓到书笔，就说孩子将来知书达理，光宗耀祖，名扬四海；如果抓到葱或松明子，就说孩子将来聪明过人，前途无量；如果抓到针线物品，即说孩子将来心灵手巧，会抠花绣朵，无事不晓。

二、生育禁忌

阿昌族的原始宗教观念明显渗透到了生育习俗中。阿昌族原始宗教中因崇拜自然、神仙及各种鬼魂和神灵，因此在阿昌族妇女生育过程中禁忌特别多。阿昌族妇女妊娠期间，不得随意进出别人家。人们认为，妇女怀孕期间，最容易附上各种恶鬼、邪气。若有犯忌，则被认为给人家带来了晦气，会倒霉，人家会很不高兴。有的会直言相劝，有的甚至会公开咒骂，以冲晦气。严禁孕妇进入或触及土主庙门。若犯忌，认为庙神、猎神等会降灾祸给村人。严禁孕妇到果树下行走或休闲，认为这样会使果实腐烂和不熟而落。禁忌孕妇跨过犁耙锄担等工具。若犯忌，认为做活计时工具会越用越钝木、沉重。阿昌族还认为孕妇跨了小便或剃丢的头发会得膀胱疾病或中邪。所以，人们禁止在路上小便和乱丢头发。认为孕妇偷了别人家生姜会生6个指头的小孩。妻子怀孕后，丈夫不能去参加丧礼中的抬重（丧）出殡。

阿昌族严禁婚前有性行为，对非婚生子者往往由家族家道以重重罚处，未婚有孕一定要在未生育前及早举行婚礼，方能得到族人及社会的原谅。

第十节　占卜、祭司、巫术

一、占　卜

梁河县和芒市阿昌族地区还存在不少原始宗教的残余，这些地方的阿昌族认为之所以有吉凶祸福和疾病死亡，全是鬼神所致。鬼神之所以降灾祸于人，是由于人们得罪了它，惩罚人们对它的不敬，要人们祭祀它。但是具体到某种祸害，某人的疾病是某个鬼魂或神灵所为，就得靠占卜来决定。近代，梁河县阿昌族占卜的方法有以下几种：

1. 大　卦

用10余厘米长有8条节线（含八卦之意）的竹根，削成牛角尖状，或切割10余厘米长的牛角尖，一剖为二，磨光滑后即可。

占卜时，占卜者得请占卜师。请什么师傅又取决于占卜者的占卜方法由什么人传授，如果是本民族活袍传授的，并尊崇遮帕麻、遮米麻为师的，占卜时就请占卜师站到求卜者的头顶或肩上来进行。其他来自道士的占卜师，则请开卦童子、驳卦郎君、千里眼、顺风耳，有的占卜师还要加上狗头国、女儿国祖师。请师之后，即向祖师报告：某人有多大年纪，因身体某个地方不适，或遇灾祸，请遮帕麻、遮米麻（或开卦童子）查明是哪方鬼魂或神灵危害。占卜者口中说是否被祖先鬼危害，若是请出3次顺卦（两卦一正一反称"顺卦"），并将卦竹往地下抛3次，出现的卦与占卜者所问相符，即是此鬼魂所咬。如果卦与问不符，则另提出一种鬼神占卜，直至问与卦相合。阿昌族的占卜除顺卦外，还有阳卦（卦竹两心朝天）和阴卦（卦竹两心扑地）。占卜时希望出现阳卦、阴卦或顺卦，由占卜者选择。

2. 刀　卦

刀卦时，将问卜者带来的一碗米摆起，一炷香点燃，在一架专供刀卦用的支架上挂一把农家常用的一市尺许的长刀，占卜者用一手指与刀架接触，称为"接阳气"（实是起摇动作用）。有的刀卦用线吊刀，刀口朝上，置于米碗上面，双手摇卦。占卜者同样请师提问，因为刀的摆动是向前向后、向左向右或柄朝前叶朝后（抑或相反）3种形式。向前后摆，称为"横闯卦"；向左右摆，称为"拖枪卦"；刀叶、刀柄异向，称为"分清卦"。在通常情况下问卜是否有鬼魂缠身时多用"横闯卦"，询问用什么祭品多用"拖枪卦"，献鬼神台占卜鬼神是否愿意离去则多用分清卦。占卜时询问方法基本上与大卦相同。提出如果是什么鬼，请出3个"横闯卦"，如果问的与卦上出现的相吻合即是。

3. 照心神

其方法是用病人穿过的衣服、鞋、帽或生产生活过程中使用过的任何一件物品，甚至病人摸过的南瓜进行占卜。占卜者仍是将问卜者带来的米摆好，点燃香，请师，然后判断病人年龄，判断不准时问卜者可以补正。然后观察问卜者提供的实物，判断是何方鬼神，用什么牺牲祭祀等。

4. 问香火

问香火时问卜者备谷子、大米各一碗，三牲（肉一块），元鸡（蛋）和一些法马纸（虔纸），卦师占卜时先烧去法马纸，请师，并呈现睡状，然后猛然醒来，便对问卜者询问，叫我来有什么事？问卜者说明来意后，占卜者便道出是什么鬼危害，用什么牺牲祭祀等。

5. 吹油碗

吹油碗时占卜者用一只吃饭碗盛大半碗菜油（或水），将问卜者带来的米摆起，点燃香，请师，说明问卜目的等，然后用口向碗里吹气，油碗即出现气泡（水泡），根据气泡的位置确定是什么鬼神。占卜时以卦师所处方向定左右前后，如果气泡出在内圈左边，代表家族内的鬼，外层（靠碗边）则为本村里的鬼，右外圈为外寨鬼，中心为大寨神等。献鬼时用水酒，不用烈性白酒，酒碗为竹篾编成，但是不会漏。

6. 竹签卦

据《云龙记往》载，10世纪左右，阿昌族部落酋长早概"又能揲占，法用蓍三十三茎，九揲以通其变，以卜吉凶"。范承勋（康熙）《云南通志》卷27载："峨昌……祭以犬，占用竹33根，略如筮。"（乾隆）《腾越州志》载："阿昌一名峨昌……

性嗜犬，祭必用之，占用竹三十三根，略如筮法。"史书记载古代阿昌族的 33 根竹签占卜法，在现今的阿昌族中已经看不到了，但这种方法在现今景颇族载瓦支系中还保留着。景颇族载瓦支系在元明时是阿昌族的一部分，因此他们现在使用的竹签占卜法即是古代阿昌族的竹签占卜法。这一史实证明，景颇族载瓦支与阿昌族都是古代寻传人的后裔。

占卜之前依照惯例，请祖师站到占卜者的头顶或肩上指导，将问卜目的告知祖师，请祖师通过卦如实告知。占卜者将 33 根竹签（坚硬草秆、筷子均可，但是筷子要从别人家零星取得且不让人知道，否则不灵）在手中转动，然后左右手各持一半（略多略少均可），在距地面 5 市寸至 1 尺处撒下，并按落在地上的位置，相距远近归并成左、中、右 3 组，最少一组不少于 3 根，最多的不超过 6 根。

竹签卦通常占卜主敌双方力量对比。

占卜主敌双方力量对比

左（主方）	中	右（敌方）	译　　释
3 根	5 根	6 根	主方力量为3，中间路5条，敌方力量为6。敌强我弱，不宜去冒险。
5 根	4 根	6 根	主方力量为5，中间路4条，敌方力量为6（此卦中代表3）。主方力量强，有路4条，可以走，敌方不敢动作。
4 根	3 根	5 根	主方力量为4，中间路3条，敌方力量为5。4个人走3条路，路窄，敌方力强，主动进攻不利，要流血。

左 （主方）	中	右 （敌方）	译　释
5 根	5 根	3 根	主方力量为 5，有路 5 条，敌方力量为 3，弱。大路畅通无阻，不会出事。要的东西可以拿得到。敌方内部出现分歧，会受伤死亡。
5 根	6 根	5 根	主方力量为 5，有路 6 条，敌方力量为 5，强，路会受阻，主方内部分歧等。
5 根	5 根	5 根	敌我双方旗鼓相当，势均力敌，道路艰难，主方伤不了敌方，敌方也伤不了主方。
3 根	4 根	4 根	主方势弱，力量不足，路虽然通，但是敌方强，战斗会失利，谈判也说不过敌方，不吉。
4 根	3 根	4 根	主方有力有理，敌方也有力，但是中间路不顺，主方的路不通畅，遇事要少说为佳，乱强干则后果不佳。
6 根	3 根	3 根	主方有力量，但是有分歧，仅有 3 条路，不够顺畅。敌方力量虽小，但是团结一致，主方力量虽大，仍敌不过对方，真是让人生气。

二、祭　司

阿昌族原始宗教祭司，本民族语称为"活袍"。因为阿昌族没有文字，因此又把祭司活袍称为"无字经师""口头经师"或"念经老人"。

活袍的产生有两种形式：一是师传，也称"阳传"；另一是"阴传"，也称"真传"。所谓阳传活袍是由前辈活袍培养、教导、传授而成的活袍。当老活袍在帮人送魂、念鬼时，他们常是老活袍的助手，师傅看上后收其为徒弟，在他们获得必要的献鬼知识后，师傅帮助其立起祖师坛，便可以独立为人们看卦、念鬼。"阴传"活袍则由神在梦中或患病时传授巫术的活袍，比如某人遇到某种危险后化险为夷，或长期生病发生休克后又复苏，死里逃生，然后立起祖师坛从而成为活袍。当今有一位 61 岁（1961 年）的阿昌族活袍，中年时久病乃至休克，死而复生，他认为生病是祖师磨炼自己，还说疾病缠身期间，一睡觉即全身大汗，但是头脑清醒，有祖师玉皇大帝传给他经法，病愈便设师坛成为活袍。另一位现年 56 岁（1961 年）的活袍，其祖父是活袍，其父未继承，他本人曾有一段时间胡言乱语，后设立祖师坛。20 世纪 40 年代，曩宋弄丘村有一位女活袍，原系曹姓妇女，叔伯中有人是活袍。据说这名曹姓妇女曾口出胡言，把两脚踩在直立的门枋上却不会下滑，并要求丈夫从自己胯下穿过，还跳到中堂上坐起，中堂是供祖先的，男子不能坐，妇女更不能坐。这些行为是常人所没有的，人们便认为是祖师缠着曹姓妇女，曹姓妇女痊愈后设起祖师坛，成为人们记忆中唯一的女活袍。在人们的观念中，这类活袍是得到祖师真传的，地位高于阳传活袍。人们常说："没有师傅真传授，识得天书也枉然。"因此，"真传活袍"受到更多的信赖和崇敬。阿昌族社会生活中具有重要意义的创世神话史诗《遮帕麻和遮米麻》的演唱者赵安贤，就是一位有名的"阴传活袍"。

赵安贤活袍系梁河县九保阿昌族乡曹家寨生产队人。赵安贤成为阿昌族著名的活袍，并没有得到某个生活中具体师傅的传授。据说，赵安贤是在 21 岁的时候，突然患了一场大病，骤冷骤热，每天下午便昏迷不醒，冥冥之中，飞到了天上，与各种妖魔鬼怪进行过艰苦的搏斗，最后见到了创世的大神、人类的祖先遮帕麻和遮米麻，遮帕麻和遮米麻传授给他巫术，教他诵经，告诉他创天织地的故事。10 多天后，赵安贤不治而愈，从此就能诵经主持祭祀，用巫术驱鬼治病，并能够完整地演唱创世史诗、讲述神话故事。村里和赵安贤同辈的老人，以及赵安贤家属也证实，确有此事。还说，赵安贤在患病昏迷时，口中不停地喃喃哝哝，其声音与他后来诵经唱诗的腔调完全一样。

这种"阴传活袍"，在云南不仅阿昌族有，哈尼族、景颇族、纳西族等民族都有实例。或许这种现象不仅仅只是一种"宗教的骗术"，而是一种极其复杂的神秘现象，是一种值得探讨的特殊的原始宗教功能现象。

可以肯定的是无论是"阳传活袍"还是"阴传活袍"，他们都精通阿昌族的传统历史文化，通天文晓地理，是阿昌族社会生活中的智者或各种社会知识的集大成者。他们为继承和传播阿昌族传统文化遗产，做出了突出的贡献。但是，两种类型的活袍的功能与重要价值，又不尽完全相同。

如果说，"阳传活袍"是忠实地继承前辈的宗教知识，并加以传播的话；那么"阴传活袍"则是拥有超常的记忆和出众的传播才能者，他们系统地、完善地保存和传承阿昌族原始传统文化，他们是阿昌族文化传统的传播者和集大成者。由于"阴传活袍"比"阳传活袍"具有更丰富的知识和才能，因而受到更多人的信赖和崇敬。

近代，阿昌族对活袍的称呼有些变化，有的被称为"活"，有的被称为"撒"。阿昌族把供遮帕麻、遮米麻为祖师的，保存本民族原始宗教特征较多的称为"活"。"活"的口传经以阿昌语为主，其中夹杂一些古阿昌语，从事与一般的活袍一样的祭司活动，比如"俎司袍"（送魂）、"切袍"（接送姑太魂，"谷期""刊咱""刊玛"）等。把接受了道教、佛教思想，供奉的祖师为桃花小哥、白鹤仙娘、黑神总兵、上坛兵马下坛将的活袍称为"撒"。"撒"为群众看香火，搞开门送鬼等，有时还搞巫术。阿昌族中的一些人把"活"比作和尚、道士，"撒"比作巫师。在现实生活中，有的活袍一身兼二任，在自己家中就设有两个祖师坛，当他帮人送魂、念大小家鬼时就请遮帕麻、遮米麻这个祖师，若帮群众看香火、占卜就请桃花小哥、白鹤仙娘这些祖师。

活袍的祖师坛很简单，一般设在房屋中堂的左上角，有的设上一张小桌（钉一块木板），摆上金竹筒、长刀、清水、酒、谷子、大米各一碗。更简单的仅钉一根钉子，挂上金竹筒和长刀即可。金竹筒长约 1 米，选用直径七八厘米的一截金竹，剖成两半，除去中隔，放入雄鸡尾再合起来。对活袍们来说，这截金竹是一件法器，是不能缺少的。因为这截金竹顶替着半部"无字真经"。阿昌族无文字，念经全凭活袍记忆，难免有遗忘和疏漏，有了这截雄鸡尾竹筒，活袍念不到的地方，忘记的部分这截金竹会帮助补上。有如佛教徒敲木鱼一样的道理。

活袍与一般人有什么区别呢？人们都说做活袍的人都有三根"香骨棒"，有香骨棒的人祖师才会相中他当活袍。至于香骨棒是什么样，谁也没见过，是一种秘密，是活袍的护身符。

三、巫　术

阿昌族的活袍中有一些使用巫术，比如化水碗，他们能将烧红的铁犁头，用手去擦一擦，用牙咬一咬，再赤着脚往上踩一踩，然后将犁铧尖放入水碗或油碗，又用被犁头灼涨的水或油给病人喝。也有用纸人、纸马驱鬼的活袍，但是更多的是祈求遮帕麻和遮米麻，利用遮帕麻和遮米麻战胜恶魔的无比威力，将恶魔制服，给人类以幸福安宁。

有的活袍用巫术与草药合二为一为病者驱邪除病，又成了巫医。阿昌族的许多活袍，是本民族善用中草药治病的土医，治人病也会治畜病，多数擅长接骨。在活袍治病时，先施巫术，然后把法力注入草药，或吃或敷，许多病症的驱除多是神奇的草药，但是在阿昌族原始巫术观念中，却完全归功于巫术的功能。

与巫术相伴而行的是咒语。阿昌族咒语的存在条件，就在于相信通过"咒"，可以选相应的结果。咒语，多祈借高大的神力来帮助自己去实现惩治被咒者，使自己不战而胜。日常生活中残存的咒语多借雷打、火烧、生死、"老哇啄"（乌鸦啄）等，都源于巫术时代咒语的通天法力之原始观念。为了使咒语具有巫术的法力，有些施咒者还要烧香、烧纸火，磕头作揖，边咒、边烧香烛纸火。

第十一节　禁忌习俗

一、日常生活中的禁忌

阿昌族的居住房屋多为土木结构，一正两厢。正房中堂设火塘，会客、议事、日常生活多在正房中堂展开。中堂正墙上设家堂摆神龛，设"天地国亲君师位"，用于祭祖；有活袍之家，旁边另设祭祀处，供奉木马、雉尾扇等神物。家堂上忌乱放杂物、忌放刀放枪。正堂内为起居、围桌吃饭的地方，长者多坐上方，妇女、儿童坐下方。火塘极受重视，逢年过节要烧香烧纸祭拜火塘，春过年粑粑首先献给火塘。火塘上的锅脚石、三脚架或木柴头，忌用脚踏踩或垫坐；犯忌，认为进山会有野兽跟踪、袭击。忌向火塘吐口水，也不能从火塘上跨过；犯忌，认为口角和裆（阴部）会烂。阿昌族人家的门槛多为方形木料，忌站、忌坐、忌用刀砍，其观念中门槛代表门风好坏和家道人丁的兴盛。

阿昌族的卧房分布在正堂两边，老者居左边，其他居右边。如果人口众多，居室一分为二，老者居上半间，其余依兄弟排行分居各间。男性、长者忌进已婚晚辈的卧室。未婚男子可住厢房或厢房楼上。女性忌住楼上。男子在楼下，妇女忌上楼。妇女忌跨踩生产工具；犯忌，农用工具会沾上晦气，挑担、拉犁、扯耙会越做越沉重，甚至害及耕种的庄稼。妇女尤其少女忌吃鸡翅膀、鸡脚爪；犯忌，认为所织的布会偏斜不齐。小孩忌手指鲜瓜嫩果；犯忌，认为瓜果会烂。小孩忌手指雨后彩虹；犯忌，认为手指会烂。

阿昌族热情好客，尊老爱幼，有许多优良的传统礼仪。有客来家小憩，主人要好酒好茶招待，吃饭礼让上座；如果客人年轻辈分小，推辞坐上座，要坐边座或下方座；遇敬酒倒茶，忌不礼让就接受。阿昌族待客有劝饭习俗，无论劝酒还是劝饭，忌不接受，无论已饱否，都应伸双手捧碗相接；双手接递或起身行礼，视为恭敬。通常劝饭是象征性的，通过劝饭讲情说意，乃至唱劝饭山歌抒情表意，才是真正的缘由。

二、节日与祭祀活动中的禁忌

阿昌族的民族节日很多，节日禁忌也很多。

阿昌族过春节时，要从腊月二十四日起准备过年。主妇置办年货，打扫室内外环境卫生，挑白泥来粉刷墙壁，采艾蒿洗净炊具，换穿新衣，蒸酿米酒，舂过年粑粑，舂饵块。初一至十五忌舂碓；犯忌，认为牛马不吉，会招引虎豹入寨咬死牛羊。酿甜白酒、做米凉粉、点豌豆粉，罐腌辣腌菜、豆豉、豆腐等各种风味副食，主妇操持，妇女要净手、净身（忌房事）、忌串门；犯忌，认为腌制副食品，味不好甚至会腐烂。杀年猪，请家族中人集中吃一顿。大年三十晚上吃年饭，饭前先择佳肴到寨头神树下祭献寨神，再回家祭家祖神灵。忌未祭先食。

阿昌族有腊月种瓜点豆会多结果实的观念，故有大年三十晚挑灯种瓜点豆的习俗，初一忌进园地。大年三十晚要守岁忌串门。凌晨始，寨中孩童三五成群口念"开财门调"，挨家挨户"开财门"。忌不开"财门"就有人来敲门。初一全日忌扫地；犯忌，扫地会将财运扫走。初一忌走亲访客。正月初一，男子去扎秋杆，初二全村欢聚于秋场祭秋神，竖秋杆。忌妇女参加，忌外寨人进秋场。首次使秋，请寨中长老主持祭祀并择一男童荡秋后，众人才可上秋娱乐。

三、婚丧嫁娶中的禁忌

阿昌族婚俗仪式繁杂，礼节烦琐，禁忌众多。

阿昌族婚礼分明媒正娶和"抢婚"两种。前者是自由恋爱，父母做主，媒妁订婚的婚姻；后者男女双方相恋，但是父母（多系女方）反对，女方先到男方家结成事实婚姻，然后托媒说服父母，再举办婚礼。阿昌族婚恋，从对歌开始，反复几次对歌，青年男女便成为恋人。恋人互换"手艺"，叫"腊沙"。男送金银首饰，女送亲手缝制的衣服、绑腿和绣花的头帕、披巾。有时也互送照片及头发（主要是女孩），阿昌族解除婚约时，需退回盟誓的照片及头发，忌烧毁，否则认为被烧毁照片及头发的人会大病乃至发疯。

阿昌族同姓忌婚配。有招婿入门习俗，"上门"男子需改名随女方姓，权利义务及地位与通常男子相同。

阿昌族实行土葬俗。少数患恶病或妇女难产而亡者，需先行火葬，再殓棺木土葬。死于寨外者，需招魂、安魂，停尸至寨外，忌抬尸入寨。人死后殓棺前，净身、穿寿衣，取米粒、碎银7粒放入口中，停放于堂屋。尸体忌人、猫、狗等动物跨越；犯忌，会认为影响转世，甚至尸体会站立起来。死者可带生前喜爱之物陪葬，但是忌戴金属物，死者生前镶牙，要敲掉；犯忌，会影响转世。出殡后，禁忌敲铓锣、抬丧棒等；犯忌，认为寨中又会死人。

阿昌族生育观念中多子多福意识严重，生男生女则皆受人敬重。孕妇忌偷拿别人家生姜；犯忌，会生六指头的小孩。孕妇忌上楼，忌上果树，忌串门，忌夫妇同房；犯忌，会给对方带来晦气而生病。孕期丈夫在正堂铺地铺睡。妻子怀孕，丈夫不能去参加丧礼抬重（丧）出殡；犯忌，影响孕妇生育，死者转生。孕妇忌跨越农具，忌跨越剃去的头发和小便；犯忌，会殃及小便者的膀胱生疾病，会使人头昏脑涨而中邪，故阿昌族禁忌在路中小便或乱丢头发。

阿昌族接生请多子女妇人相助，忌请无子嗣之人接生。产妇多食红糖煮鸡蛋，忌吃酸冷辛辣和咸腌制食物。产期百日，称"坐月子"。"月子"内忌产妇串门，忌外人闯入，百日后解忌。期间闯入者，户主抱出小孩，让首闯者抱一下，叫其取一个乳名，此种习俗叫"踩生""闯生"或"闯名"。之后，婴儿便拜"闯名"者为"亲爹"或"亲妈"。

第五章　伦理道德

第一节　家庭伦理

一、家庭产生的方式、构成及其特点

家庭，是人类发展到一定阶段的产物，是由夫妻关系和亲子女关系组成的最小的社会生产和生活的共同体，与婚姻关系、生产力发展密切相关联。阿昌族的家庭产生，同其他任何一个民族一样有其演变发展的过程，到近代基本上以一夫一妻制的家庭形式固定下来。一夫一妻制的家庭成为了阿昌族社会的基本单元。

阿昌族的家庭构成，一般包括父、子两代或父、子、孙三代。在阿昌族家庭中"四代同堂"或"五代同堂"的很少。已嫁出去的姑娘若遇夫死，可以回到娘家居住，这样可以在家庭中作为一名特殊的成员存在。阿昌族家庭中每个人都有生活和劳作的义务。

阿昌族这种一夫一妻制的家庭，婚姻关系比较稳固，很少受到婚变的威胁。

二、亲属关系与称谓

阿昌族家庭成员的关系中，父为家长，具有父系血统延续和发展的迹象。子女从父姓，世袭按父系计称。但是夫妻在家庭中

的地位是平等的，有关家庭中的事务要共同商量处理。在社会上妇女的地位低于男子，不能担任社会公职，比如不能主持宗教祭祀活动，也不能参与公共事务的处理。但是，随着社会的发展，这一现象已逐渐消失。

父母在抚养、教育子女上具有同等的义务。子女有继承父母财产的权利，但是已嫁出去的女子没有娘家的继承权。子女对父母有养老送终的义务。儿子长大娶亲后，一般要分家，另立门户，可以从父母那里分得一分田产、地产和家产。有女无子者，可招婿上门，女婿有继承权，但是子女要从母姓。无子女的人，也可以收养子女。养子女和亲生子女一样，有赡养父母的义务，也有继承财产的权利。多子女家庭实行幼子继承制，此俗世袭自古代社会。

阿昌族的家族组织还残存着古代部落氏族制的遗风。阿昌族一夫一妻制的个体家庭，受到家族组织的约束，在人们的意识中对家族组织的依赖感也较强。比如日常生产、生活中或家庭中遇到无法解决的纠纷时，就会去找家族组织裁决。家族组织的特点是以族系宗亲关系为纽带组织起来的。有的是直系宗亲，有的是旁系宗亲，有的是二者相结合，形成大的家族。在家庭中，又划分出各个家族支系。这种以宗亲关系的亲疏关系划分的支系，各支系内部的联系，往往比家族内部的联系还紧密。家族中实行的家规族规形成了阿昌族社会中的习惯法。

阿昌族的家会组织打破一般的宗亲关系，以大家族姓氏为联结纽带组成。比如梁河县赵姓家族的家会，总家会设在腾冲县，这个家会包括阿昌族和汉族的赵姓。其下在梁河县的赵姓又在梁河县组成一个分会，在这个分会下面按居住区域又组成小家会。

在阿昌族家会组织中，有的组织比较严密，比如梁河县丙界家会，设有正副会长、总务、管事、纠察、财务、监察、文书等，有成文的家会会章（汉文），会章共 10 章 43 条，其中包括定名、宗旨、会员、职员、会员大会的职权，以及职员职权及各股职务、会员的权利和义务、会议、家规、改造、信条等；有的家会组织不很严密，比如芒展、横路等寨的阿昌族家会，只设少许人管理日常会内事务。一般都由族内有威望的年长者管理事务，虽不是选举产生，但是族中成员一般都认可，对他的指令不可不服从。这些家会中虽没有成文的会章，但是家规比较严。

阿昌族的这些家会、家族组织，对维护社会秩序，保持社会稳定方面，起到了一定程度的积极作用。随着社会生产力的发展，家族家会的长老、族长、会长，把家会、家族组织变为自己谋求私利的工具。家族、家会规定的宗旨、章程，只用来对付广大的会员，而对自己则失去约束力，有的甚至演变成为统治阶级的基层统治工具，并没有起到维护全族利益的作用。

阿昌族的称谓，在阿昌族中称谓关系非常严格，要用辈分来定称谓。每辈人的辈分在取名（学名）时都有一个字来表示。这些字派都由大家参加的家会上通过商议定下来。比如在阿昌族中曹姓的字派辈分就是通过家族过家会的方式定出的。阿昌族曹姓70代的字派班辈具体为：

> 宾洪顺广华，国启大自春，连先明根深，叶茂家兴旺，永富长流青，仁意恩宽在，万代重坤有，文贵武全才，寿如存祖远，印时道德光，旭日照吉祥，子孝义繁昌，显耀四海洋。

曹姓氏族取名时，若排在"春"字辈取名应是曹春×，在"连"字辈取名应是曹连×，"先"字辈为曹先×，……以此类推，循环进行。先字辈称春字辈男性为爷爷、女性为姑太；称"连"字辈男性为伯伯、叔叔，女性为姑妈、姑姑。在具体的称呼方式上与当地汉族基本相同，即在民俗学上所说的"叙述式"

称谓。所以，在阿昌族社会中，年龄大的不一定辈分就大，年龄小的辈分不一定小，有的长满胡子、儿孙满堂的老人称小孩为"叔叔""爷爷"是很正常的事。阿昌族的所有称谓都有与汉语相对应的阿昌语，但是习惯上使用阿昌语称谓。

第二节　道德与伦理

一、家庭道德与伦理

阿昌族是具有优良传统道德的民族。男子在家庭的某些方面虽然起着主导作用，但是夫妻间和睦相处，相互尊重，共同拥有财产、共同抚育孩子，在阿昌族社会中很少有离婚的案例。老年父母一般不参加农业生产劳动，重活累活都由青年男女承担，老年父母主要照看孩子或守家。但是家庭中的日常事务的处理和农事的安排上还是要听父母的安排。逢年过节、喜庆吉日，要先敬老人，如果青年人与老年人同桌吃饭，要把老年人让到上座，敬烟、敬酒先敬老人。路遇老人要打招呼，先让老人经过。老人死后要哭丧、唱孝歌。阿昌族认为不尊重老人是一种不道德的行为，会受到公众舆论的谴责，有的受到家规的处置并且认为这种人十有八九是要短命的。阿昌族认为每不尊重老人一次就折减一次寿，直到寿命折尽而死。

阿昌族也非常关心和注重孩子的健康成长。如果有父母死了而成为孤儿的孩子，他们的生活就由叔伯兄弟照顾，没有叔伯兄弟的，由家族中最亲的某一家来照顾。阿昌族这种尊老爱幼的良好伦理道德，在今天社会主义两个文明建设方面具有积极的意义，是值得推广和发扬的优良民族传统和品德。

二、社会道德与伦理

互助是阿昌族社会中一种良好的道德传统习俗。在村子里，每当某家的人生了重病，亲戚和邻居都会来照顾守候，知道医术的会积极帮助治疗，不寻求任何报酬。若哪家人死了，全寨人也会主动来帮助料理丧事，所误工时，从不向主人索价。人们都认为生老病死是人之常情，是哪一家也避免不了的事，大家互相帮助是应该的，若向主人要价那是可耻的行为。如果村子里哪家不幸失火遭火灾，附近的人家就会行动起来，自觉地捐粮、捐衣、捐物（捐木）、捐锅碗瓢盆桶等，还出力帮助失火人家尽快重建家园，恢复生产。

阿昌族在农业生产上的互助精神体现得尤为突出。农忙季节，劳动力多的人家，会主动帮助劳动力少的人家，有耕牛的人家也会主动帮助没有耕牛的人家犁田耙地，从不计较。只要抢到了节令，来年生产获得丰收，大家都会无比地高兴。亲戚之间的互助更广泛，杀猪宴客、买卖牲畜、建房、抢种抢收等都相帮。

阿昌族还有"路不拾遗"的良好社会风气。无论是在路上遗忘的东西，田地里长的庄稼，或家里面的财产，都不会有人来拿。很少有偷盗行为，故阿昌族人家没有上锁的习惯，白天全家人一下地劳动，即使家门敞开也不会有东西丢失。

修桥补路，开沟引渠，在路边挖水井，置凉棚让人乘凉休息，村寨公众物的建盖、修理，人们都会主动参加。牲畜吃庄稼要自觉主动地撵开，路遇老者，年轻人主动帮挑担、背重物。阿昌族认为做这些事是积德行善，所以大家都会争相去做。有的人家给小孩认"亲爹"或"亲妈"，也要用搭桥的形式去认，认为搭桥、挖水井、修路、立指路碑受益者众，积德多。凡此种种，这些都反映出阿昌族古朴纯真的自然民风和良好的道德风尚。

三、伦理道德教育

阿昌族的伦理道德教育分社会教育、家族教育和家庭教育。

1. 社会教育

阿昌族日常社会交往过程中形成了一些大家都必须遵守的公共道德标准，人们的行为不能超越这些伦理道德规范。超出这一伦理道德规范外的行为，会受到社会公众的舆论和谴责。这就是社会教育的主要内容，使人们的行为都在这一既定的伦理道德范围内活动。

2. 家族教育

主要是家会、家族组织的教育，这种教育比较严格、系统。有的家会、家族组织在会章上明文规定：尊老爱幼、团结互助等内容条款；有的家族、家会组织虽没有成文的会章，但是有严密的家规，对家族内成员的行为都有明确规定该做或不该做的范围。对违反家规的家族成员，家族组织有权给予各种处置。

3. 家庭教育

主要是对孩子进行有关伦理道德、为人处世的启蒙教育。父母的所作所为、思想观念对孩子影响较大。父母的行为是家族教育的基础。

阿昌族伦理道理教育渗透在家族与社会约定俗成的古老规范中，如果家庭教育无效，就由家族来教育。对父母不孝者、纠纷争执者评判后惩处；对淫盗及严重违俗抗规者，罚跪、捆绑、吊打，甚至让其"洗寨子"，为村寨祭寨神，挑沙铺石、清扫寨子四周；再重者驱逐出寨让其单另独居。

第六章　文学艺术

阿昌族是具有悠久历史文化传统和富于创造精神的民族。勤劳善良、聪明智慧的阿昌族人民在世代繁衍生息的过程中，不仅创造了丰富的物质财富，也创造了瑰丽多姿的文学艺术。随着民族民间文学的挖掘、搜集、整理工作的深入和加强，以及当代作家群体的崛起，阿昌族新老文化工作者团结携手，通力合作，阿昌族文学艺术迎来了繁盛时期。

阿昌族由于历史和地理的原因，社会结构的发展很不平稳，生产方式、宗教信仰及语言都存在明显的地域性差别。这些历史和社会因素都十分生动形象地体现在阿昌族的文学艺术中，可以从阿昌族文学艺术中窥见阿昌族强烈的民族精神、民族性格、民族心理，以及民族审美和民族特色。

阿昌族的文学分民间文学和作家文学两大类。由于阿昌族只有民族语言而没有代表本民族语言的文字，民间文学只局限在口头承传，作家文学用汉文创作。但是借助汉文字进行文学创作活动的很多阿昌族作家，所具备的文学修养和汉语文水平都比较高。因而，阿昌族的作家文学虽起步较晚，仍然有很多作家曾获得过很多国家级文学奖。

第一节　民间文学

阿昌族民间文学十分丰富多彩，在阿昌族民间世代流传。阿昌族民间文学历经千锤百炼，许多作品和文学样式，颇具民族特色和民族风格，脍炙人口，深受大众的喜爱，经久不衰。

阿昌族的民间文学，世代流传在民间口头上，故有"口头文学"之称。传承阿昌族民族民间文学的载体除阿昌族民众以外，还有阿昌族的活袍。活袍在继承、发展和丰富阿昌族的民间文学方面，具有不可忽视的作用。许多民间传说、神话故事，都通过活袍在祭祀活动中，用诵经的方式流传下来。活袍祭祀中的某些祭词，其实也有文学价值，那些祭词就是一首首优美的抒情诗。由于活袍祭祀都完全使用纯正的阿昌族母语主持祭祀活动，与之相关的民间传说、神话、风俗故事及宗教祭词，都较为完整地保存了原始的风貌。

阿昌族的民间文学，涉及历史、宗教、哲学、美学、生产、生活及风土人情等整个社会领域的方方面面，植根于生活的丰厚沃土及广大人民群众之中。阿昌族人民大众是阿昌族民间的文学的主要创作者和传播者。阿昌族民间文学反映的是全体阿昌族人民所共同的生活经历和人生经验，阿昌族历史文化的积淀和概括，是文学审美的总结与升华。

一、民间歌谣

阿昌族口头文学中民间歌谣占很大比例。俗话说：阿昌生得犟，不哭就要唱。阿昌族以唱的形式创造歌谣的活动渗透到阿昌族社会生活的各个领域之中。讲述祖先的丰功伟业，要唱歌；谈情说爱，要对歌；劳作竞赛，要吼歌；兴业庆典，要欢歌；节庆婚礼，自然是满堂高歌；给死者送葬，也要唱孝歌等等。丰富多彩的阿昌族民间歌谣，表现出阿昌族人民充满活力的生命、超群的智慧和出众的创造力。

阿昌族民间歌谣，从语言形式上划分，有阿昌语歌和汉语歌；从体裁上划分，有叙事歌和抒情歌；从形式上划分，有活袍调、即兴歌、对唱等。阿昌族民间歌谣可以从题材的角度划得更准确、更细致。诸如叙事歌、祭祀歌、习俗歌、情歌、孝歌、劳动歌（采茶调、赶马调、栽秧调、舂米歌）等。阿昌族习惯把情歌及劳动歌这类民歌统称为"山歌"。

1. 叙事歌

以叙述事件为主导的民间歌谣，在阿昌族民间文学中产生较早，是史诗时代的产物。叙事歌中，以活袍调为主要内容。活袍是阿昌族原始宗教的祭司，他们平时参与农业生产，属普通劳动者，但是在族际中有较高的威望，村寨中凡进行祭祀、驱鬼、安神等法事，都由他们主持。活袍具有超凡脱俗的记忆力和惊人的想象力，阿昌族的许多神话传说，就是靠活袍以唱的形式"诵经"的活动中，得以流传。句式整齐工整，不仅词汇排列具有诗歌特点，而且音节的组合结构严谨，富有韵律。活袍把这些民间歌谣（俗称"经文""念词"）背诵得滚瓜烂熟，直传为主，丰富补充为辅。实际上，一则则经文、念词，就是一则则神话传说、民间故事。阿昌族把活袍的念词，统称为活袍调。活袍调多为叙事歌、古诗歌，是阿昌族民间歌谣中最重要的传统传承方式。

阿昌族民间歌谣以叙事诗为主，以活袍调形式保存下来，内容较为丰富。阿昌族的活袍调以神话史诗《遮帕麻和遮米麻》最为突出、最为辉煌、最具有代表性，在阿昌族文学史上占有最重要的地位。阿昌族民间歌谣千百年来一直流传于阿昌族民间，许多活袍都能流利吟诵。梁河县九保阿昌族乡曹家寨赵安贤活袍的唱本，最丰富、最完整，经翻译整理成汉文诗歌体后长达5章，1 000多行。结构整齐，讲究音韵格律，频繁使用的衬词在其中起押韵作用，叙唱时音调铿锵，朗朗上口，完整地用活袍调（俗称"活直腔"）叙述了阿昌族始祖遮帕麻和遮米麻开天辟地、创造人类、征服恶魔、重整天地的创世故事。整部长诗叙事意境神奇美丽，情节曲折离奇，故事委婉生动，具有独特的民族特色。阿昌族创世诗史遮帕麻和遮帕米是研究阿昌族历史、文化、宗教、哲学、美学及古代社会的重要文献资料，在阿昌族文学史上占有极重要的地位。

在叙事歌中，还有叙唱阿昌族风俗由来的《老姑太》《亲妹子和晚妹子》，追求自由生活的神话叙事长诗《曹扎和龙女》和歌唱动物故事的《老熊抓人脸皮》等等。从阿昌族现有的许多叙事歌看，阿昌族的民间文学具有内容丰富、特点浓郁、曲调古朴、音乐性突出等特点。阿昌族的叙事歌虽然由活袍在祭祀中吟诵而传承下来，但是宗教色彩已不如文学色彩明显。

2. 祭祀歌

祭祀歌是宗教祭祀活动的派生物。因为阿昌族不同地区的宗教信仰有着明显的差别，因此意识形态的文学艺术也存在着地域性差异。祭祀歌主要流行于梁河、芒市等县市的阿昌族地区。

祭祀歌有两种类型：一种是在发送死者的祭奠仪式上，由活袍演唱的"活直腔"。根据不同的程序和内容，有"发送调""分水饭调""安家神调"及各种祭祀场合中的祈祷词、祭祀歌等。这类祭祀歌的曲调、格式，相对固定和统一，除内容有所不同外，其他方面与前面所述的叙事歌有很多的共同特点。比如都以活袍祭唱为主，完全用阿昌语，形式完整、句式整齐、韵律严整、唱念结合。祭祀歌是宗教祭祀活动的主要祭词，是用来吟诵、吟唱的诗文，宗教意义与文学意义并存。一则完整的祭祀歌，就是一首优美的诗词、一段优美的故事。

另一种类型的祭祀歌称作"撒杂调"。"撒杂"是另一种地位稍低的活袍（"撒"）的称呼，"撒杂"词是活袍在驱邪撵魔、请神送鬼时演唱或吟诵的祭文。当中一部分与传统活袍的"活直腔"相同，有的来源混杂，掺杂了道教、佛教的内容。每个"撒杂"几乎各有一套唱法，即兴性很突出。从中可看出此类祭祀歌的传承者们的创造能力与文学智慧。

阿昌族的原始宗教观念认为，每个人都有躯体和灵魂两个实体，二者可以结合，也可以分离。人死是气断了，断了的气是无法接起来的，人死是不能复活的，这是遮帕麻、遮米麻在造天、织地时就规定了的。人断气是因为死者在人世间的食禄、衣禄、寿缘已尽的结果。尸体不能复活，但是灵魂是不灭的，阴曹地府是灵魂生存的世界。因此，人死后一定要请活袍把亡魂送到该去的地方。在活袍用祭词发送死者亡灵的过程中，使用的祭祀歌便是送魂调。送魂调，语句质朴亲切，极富文学色彩。活袍为死者送魂是结合埋葬死者进行的。在死者入棺后，活袍就开始进行祭祀活动，通常在灵柩左上方屋角设一临时祖师坛，将带来的法器比如长刀、木马、锦鸡尾羽毛等摆在一张八仙桌上，再将灯烛点燃，与米、三牲（一块肉）、元鸡（蛋）、元饭和一碗清水（俗称"压堂水"或"宝堂水"）一起摆上，桌下拴一只活鸡。

活袍问："请我来做什么？"

死者家属答："请活袍将过世老人的魂送往阴曹地府。"

活袍开始请师，活袍的请师词是这样唱的：

今天的日子像水一样清，要请出造天造地的遮帕麻、遮米麻，还要请出跟随遮帕麻、遮米麻的一些大官和兵将。请××（亡人）家公、家祖听着，你们要逢山过山，遇水过水，走到这个地方来。××家的公、祖，早上请你们，早上就要来到；晚上请你们，晚上就要来到。是上谈兵马下谈将的活袍找你们，你们一定要来。

树木（来）传给（授）经咒的×姓活袍在着（此）了，现在要（来）讲棺木关着的尸体的事，是讲给身死魂不死的人听的。今天（来）讲经的活袍是有名望的，他是走过大地方，逢山过山，逢海过海的活袍，是一个路过村寨狗不敢咬，人（更）不敢笑的活袍。

我是×姓活袍，今天（来）讲远古时代就发生的事，是（来）讲棺木关着的死者的事，是讲给死者听的。世间本来就有生死，有生必有死，无生才无死。你死了，这是你年纪已×十岁了，在世间的衣禄、食禄已尽，寿缘已满的缘故，吃清水也只能吃到这一步，本是要走西方的路了，不要怪罪你生养和背抱过的子女儿孙。世上本无千丈高的树，也没有几百岁的人，身子老了，头发白了，嘴皮红了（阿昌族上了年纪的人喜嚼沙叭，由沙叭、芦子、石灰、烟丝同时相拌含入口中，其汁鲜红，染遍嘴唇，史书称"赤口"），你的尸骨来到世上已年深日久，应当更换了。人在世上本来是要死的，这是遮帕麻、遮米麻造天织地、创造人类时就规定了的。你若不信，想想你的"袍领涨苟"（祖宗祖辈），也是在堂屋中横躺过的。本是你的食禄已尽，到了百年归宗的时候了，千万不要责怪你背过、抱过的子女儿孙。

我活袍是×姓（生者与死者）的大官，来给你指路（了）。夜间的明月照白了路，路像一幅白布那样摆着（了），曾经抱过你、抚养过你的爹妈已在山上了，

你去（坟山）找他们，你的魂离家上长岭岗一定会找
到你的先辈。你从太阳、月亮落下去的地方去，要过许
多河，要走许多路，你穿好衣服、整好行装，放心地去
得（好）了。

有的活袍的送魂调法、送亡魂的指向更为清晰，他们在念词
中指引死者：

有海的路是傈僳族的路，有文章纸墨的路是汉人的
路，有红口水的路是傣族的路，有弩的路是景颇族的
路，……这些路都不能走，要走直往阿昌族祖先那里的
路，才能到达祖宗灵魂所在的地方。

阿昌族的送魂调在进行丧葬祭祀的3天中，按程度深浅分不
同的内容，由活袍在丧堂中吟诵。

与"送魂调"相差无几的是"分水饭调"。当为死者宰杀的
猪、牛牵到堂院前时，活袍开始对亡魂祭念《分水饭调》：

这是你的子孙们奉献给你的活祭品，你想吃生的猪
血（或牛血），现在就要开血仓了。你要把猪捉住，好
好看着。活袍给你说的话要听在耳朵里，记在心上，献
给你的祭品，眼睛要盯住，手要接好，这是多少年来就
兴（定）下的了。

当猪、牛牺牲宰杀脱毛将皮洗净、剖开肚腹、取出内脏后，
将牺牲置于棺木前，再摆些饭、酒、菜、纸钱、点燃香烛。活袍
接着念：

现在（来）讲这里的事，刮白了的猪已摆着，杯里装满了酒，元宝、黄纸钱也摆着（了）。你的后代子孙希望永久清洁平安，你要保佑他们。你的耳朵要听清楚、眼睛要看清楚、心要牢记清楚，这些物品都是你的子孙供献给你的。现在点火烧纸钱了，你看在子孙的脸面上，把东西拿走。

献毕牲猪、牲牛后，将牲猪、牲牛送入厨房。当厨师将牲猪、牲牛与其他饭菜烹煮后，首先备一桌酒、茶、饭菜俱全的饭桌祭祀于棺前。活袍继续念《分水饭调》祭词：

××家的亡魂到桌边来，历代的祖先灵魂也围拢桌边来，这次给你们供献熟食，是最后一次献你们了。你们的儿子、儿媳、女儿都出来了，他们用甑子蒸熟了饭，用锅煮熟了肉菜，样样都摆在桌上了，请×姓的三代祖父、四代祖母及所有亡故祖先的魂，围拢桌子一起来，领受子孙后代给你们的食物，大伙美美地享受吧！这些食物是专门供献给你们的，不是给三邻八舍的魂享受的，也不是给孤魂野鬼享受的，你们享受完了就没有了。

你的身体死了，在世间的气数已脱（尽），你的气断了，断了的气是无法接起来的。你世上的田产地业，对你没有什么用处了，家里的金银财宝要归你的子孙享受。你亲手抱过的儿女背着背箩来了，将你生前吃不完的饭分给他们，将你生前喝不完的水、未饮完的酒、没喝完的茶、没吃完的肉——分给他们，要清清楚楚地分配、明明白白地分配。

唱完《分水饭调》，做发丧准备，将棺木抬出中堂时，活袍又转而念诵《送魂调》：

我要念的是，今天太阳出来照在山坡上的时候，要将棺木送出家门了。今天是你断气的第三天了。没有几十天、几个月把棺木摆在家里的道理，必须把你的尸体送上山藏起来，你在世时吃过这个地方的饭、喝过这个地方的水，想一想这个地方的道理（事）。你把衣着穿整齐，提起脚步，让魂跟着你的尸体到山上去。

发丧事务准备好了，活袍又念：

我今天要说藏尸的事，死者的魂必须耳听心记。人死了，尸骨不能长久地摆着，不能放在家里发臭，阿昌人从来没有把尸体放在家中几十天的道理，长期摆着人们会笑话，必须藏起来，而且要永远藏下去。要用竹子做抬丧棒，抬着棺木到红泥土地去藏起来，要垒起坟堆，多少代都不会变。

活袍还告诫：

活人的魂一个也不要跟着死人魂去，要是有的跟着去，亡魂也要躲开，要拉下脸来骂他们，把他们撵回来。寨子里活人的魂，活着的亲友的魂，一个也不能领走。活人与死人不同，各过各的河，各上各的山。

阿昌族的"三个灵魂"观念，驱使活袍将亡者的灵魂，一个送往祖先遥远的原居地，一个送往坟山与尸体同在，另一个则安顿在家堂的祖宗灵位上。前者比较玄虚，容易被人们忽略，后两者因有坟墓和家堂做标志，比较实在，易于人们认同。活袍在念完《送魂调·藏尸经》，棺木送往坟山后，还要为死者家属进行安家魂仪式，即发丧后，家中再备两套祭品，一套祭祀天地灶君，另一套摆在祖宗灵位前，烧香烛纸火，活袍念《安魂调》：

> 我（来）讲今天这个好日子，今天我要找死者的父母，要他们坐到桌子周围，祖公、祖奶也要找，老祖、老祖太也要找，更远的祖先也要找，要大伙围拢桌边，要他们来享受水和饭的气。公鸡、母鸡的肉摆起（好）了，肥猪的肉摆起（好）了，醇香的酒摆着（好）了，你（死者）问问公祖，自己的座位在哪里？和他们一道上家堂，（从）今天起你就几十年、几百年在家堂上了。现将纸钱烧化给你们大伙用，要好好保佑子孙儿女，不要惹是生非。

阿昌族丧葬祭祀活动中产生的祭祀歌，调式多样，在祭祀中活袍用大黑扇子和长锦鸡尾羽毛，一摇一扇，一唱一吟，气质庄重肃穆，许多祭文祭词开篇习惯用衬词"拉嘎"开头，故民间也习惯把丧葬祭祀歌统称为"拉嘎调"。把诵唱祭祀歌，称作"拉嘎念"。

上述介绍的几种祭祀歌，只是按祭祀程序顺序节选的几个段落，是根据阿昌族古语演唱翻译成汉语的。阿昌族古语译成汉语翻译起来比较困难，很多人甚至不知晓这类祭祀歌的所讲所说。为了让读者大体了解阿昌族丧葬中的祭祀歌内容，特意收集和翻译了以上几段具有散文体韵味的阿昌族祭祀歌，以飨读者。

在阿昌族完整的丧葬习俗中，送魂前活袍还要念很多经文，主要内容包括两大部分：先念天公遮帕麻和地母遮米麻开天辟地，创造万物，繁衍人类的经过，即创世神话史诗《遮帕麻和遮米麻》；接着念祖先迁徙的历史。前一部分是告诉亡魂和听众，自己是怎样产生的，祖先是谁；第二部分是向亡魂讲述祖灵在什么地方，要沿着什么路线走才能到达祖先那里。

一个群体或者一个家庭中的成员死了，对于家属来说，无疑是一个沉重的打击。在丧礼上演唱史诗、吟诵祭词祭文，进行繁缛的送魂活动就是给死者的灵魂指明去向，让活人明白，所谓死只是离开他们去神祖统领的另一块地方生活。通过念诵充满诗意祭词和或富含人情味的告别形式，使死者和活人各有所安，并在其间架起一座桥梁。祭词和仪式不仅维系了阿昌族观念中的阴阳两界，也紧紧地维系着阿昌族古老的文化传统。

阿昌族原始宗教中信奉多神崇拜。因此，宗教祭祀活动较多，随之而产生的祭祀歌也很多。除丧葬祭祀歌外，其余还有祭祀"阿靠玛""阿靠咱"及"困刊"和"谷期"等活动中使用的祭祀歌。

阿昌族李、赵、张姓供奉"刊玛"；曹、孙、们、杨、马等姓供奉"刊咱"。通常对其并不祭祀，但是某个家庭因人畜多病、死亡或家境发生巨变，户主怀疑是家鬼作祟所致，去请祭司占卜，占卜结果认定是大小家鬼危害，就得隆重祭祀。祭品已约定俗成，先辈用什么祭，后辈就得用什么祭。一般都要杀一头牛、一头猪，黑鸡、黑鸭各一只。将准备好的祭品牺牲牵至台阶下，活袍便开始念祭词：

> 我（来）说今天这个好日子，××家的"困刊"（又称腊旬大恶魔，阿昌族的"刊玛""刊咱"就是他诱惑而危害家人的某个祖灵变的）听着，我们家是从遥远的内地来到这里建立寨子的。今天要祖父、祖母也清楚地听着，家里面出现了灰猪和灰鸡，还出现了老母

猪生双猪（阿昌族禁忌生双仔，有谚语"双猪独狗，不死也要搬着走"），×年来出现了一些鬼怪和不详之物。请主人家的祖母也看看，公鸡飞进卧室踩着床铺，一只母鸡一天却生三个蛋，母鸡孵出了既不像鸡也不像凤凰的怪物。牛厩里公牛下小儿的怪事也出现了。今天晚上家里要捉灰色的猪、绿色的猪，要三代祖、四代公听着，今天是××"沼"（活袍自言官称）来找公、奶，要所有的老辈亡魂来，你们从手掌心上瞧瞧，从脚板心上瞧瞧，是不是顺着这一家的路走来。要是你们过着山，山路上有人问，过着河，河边有人查，就说是×姓的活袍找我们的。到家后，看看子孙酬献给你们的祭品，敬仰公、祖的儿孙们盼望你们回来。你们想吃牛血、猪血，现在就用尖刀放牛（猪）血了，请你们享受香香的气味，这是专门献给你们的，邻舍三家、三邻八舍的祖先们是享受不到的，这是专门供献给主人家的公、奶的。希望祖先亡魂好好地将牛牵去，将猪、鸡、鸭捉去，好好看管。不要跟孤魂野鬼，不要多言多语犯口舌。看好你们的祖宗后代，保佑你们的祖宗后代。喜喜欢欢是你们的职责。

当牺牲宰杀清洗完毕后又献一次，祭词内容与前次大同小异。等厨师将祭品煮熟，做成各种可以食用了的菜肴时，每种菜肴先取一碗供奉在祭桌上，又献第三次。这时活袍念道：

"困刊"快拢来，×姓的公、祖快拢来，这次是"回熟"（阿昌族牺牲献祭三次：一是"领生"；二是"献白"；三是"回熟"），也是你们最后一次享受祭品。你们的儿子、儿媳、儿女、孙子、孙女都出来了，甑子里的饭、锅里的菜都熟了，请××家的三代祖父、四代祖母到桌边就座，所有祖上的亡魂到桌边就座（指在远方的魂、坟山的魂和家堂上的魂），你们一个不漏的到桌边就座。你们的子孙已献给你们满桌菜饭，供大家共享，大家可以香香的甜甜的领受。××家的儿女找公、奶，公、奶也在，献着的食品，不给孤魂野鬼，不给三邻八舍的亡魂，只献给××姓的公、祖。

"困刊"也来享受，你吃了这些就没有了，元饭、茶酒、纸火、香烛都摆给"困刊"了。×姓的活袍把祭品分给"困刊"，阳间献的"三牲"，你们带回阴间去，黄金、白银、灰猪、灰鸡都献给"困刊"了。这个家是××的家，不是"困刊"在的地方，水沟边也不是"困刊"饮水的地方。你要自己找地方住，不要进这个家，不要来打扰××家。你有位归位，无位归城隍庙去。如果有桥神、路鬼阻拦要献他们。你们现在先饱饱地吃，吃饱了活袍要一一发送你们。

现在先送祖灵。请历代亡魂记住，你们回阴曹地府，经过高山或到十字路口，遇到盘查，就说是子女找了回家来。走到大河边过桥时被查问，要回答是回阴曹地府。我是×姓活袍，把你们接回来祭祀后，现在要送你们回地府。没有归宿的亡魂到城隍庙去。没有住地的亡魂朝前走，不要回头看，也不要再回来。×姓的活袍送你们一程之后要折头了。我回家路经十字路口，有阴魂问时，我要回答："送你们转回阴曹地府。"

活袍神送祖宗亡魂要爬山路、涉水沟、过寨子，又进家来送"困刊"。这种神游是伤精费神的，活袍尽管身在堂前，神却游万里，往往大汗淋漓，脸庞红润，青筋粗暴，声音沙哑，疲惫不堪。

送"困刊"祭祀词为：

请来×家的"困刊"听着，现在猪头已经献给你了，鸡献给你了，好好拿着，是由活袍分给你的。××的家，××的水沟，不是"困刊"安身立足之地。因为某姓活袍帮×姓家看卦看着"困刊"进了家。既然来了，就请围拢供桌，洗耳恭听，我是用"活直腔"（活袍念献词的唱腔之一）来给"困刊"讲的。

"困刊"，所有的"困刊"，既然你们在××家出现了，你们就好好地听着。给你们的祭品，现在供着了，你们就挑起担子把祭品挑走、背走。此地不是你们的常在之地，回你们住的地方去。把××家献给的牛、猪、鸡、鸭挑上走得了。大江大河的水也如路一样摆给你们了。水里的鲤鱼欢迎你们回去，山上的马鹿愿意你们回去，太阳、月亮照着你们回去，遮帕麻、遮米麻叫你们回去。所有的东西都给你们了，而且是由×姓的活袍分发给的，还要给你们一对灰雀、山狗，这是遮帕麻、遮米麻送给你们的。现在遮帕麻、遮米麻已带着他们的30个大兵将、30个小兵将来送你们了，"困刊"快上"茅盘"去（"茅盘"，是用竹编而成的篾笆，四周围茅草，摆祭品）！×所有的"困刊"要默（想）着要走的路，来折磨（约走）××家的"困刊"快找地方，有住处去住处，无住处快去找住处，遮帕麻、遮米麻要来了。"困刊"，你应到离我们很远很远的地方去，今天是×姓的活袍来送的。××家主人，×姓活袍是有心有意送的，"困刊"听了后应该走才合（理）。在离这里很远的地方，龙王造宫殿了，是青瓷白瓦建成的，要住你去住龙王宝殿金子盖的房子去，那个地方是平阳

（原）大地，茅草很瘦，谷物丰收，是很不错的地方。你们去很远的平阳（原）地去，那里有一条大江，"困刊"，你只有看着（到）马鹿、獐子走进大江又出来时才能回来；大江倒流你才可以回来，顺流着你就不能回来；等到家里公牛下儿或生骆驼时你才能回来，不见到这些你不能回来；你看看大江边的石头，只有石头开花你才能来，石头不开花不能来；瞧瞧江边的黄鳝出毛，马鹿出八叉角（通常马鹿只出七叉角）时才能回来；马鹿进大江洗澡折回来时你才能回来，马鹿不进大江洗澡你不能来。看看大山，树根朝天长，你才能回来。所有的"困刊"去吧！这些是×姓活袍念过的，你们一定要照着去做。

活袍念完祭祀词，到屋外僻静处将茅盘烧掉。

一句句生动的祭词，完完全全是一首首抒情味极浓的诗歌。在以往阿昌族民间文学调查收集工作中，由于受"左倾"思潮影响，屡次把阿昌族宗教祭词当作封建迷信的产物，致使对其整理不够，重视不足。许多阿昌族活袍已去世，所以许多精彩的阿昌族祭词已失传，这是一个缺憾。

这些祭词因伴随宗教祭祀活动而产生，摆脱不了浓重的宗教色彩，但是宗教色彩与文学色彩是互通的。阿昌族祭祀歌的文学性远不止其语句辞藻的古朴和华丽，反映的古老观念和古朴意识，阿昌族祭祀歌描绘出来的意境绚丽多彩，生动活泼，排列规整，用韵讲究。古阿昌语诗歌，译时衬词和重复韵脚已删去，以意译为主，文中列举的是散文化了的祭文。

所有的阿昌族宗教祭祀活动，都要请活袍演唱祭祀歌，活袍念诵祭祀歌其实是传播阿昌族传统文化的过程。

3. 习俗歌

在阿昌族的风俗习惯中，不论是逢年过节、起房盖屋、结婚庆典、守丧祭灵等，都有相应内容的祭词演唱和歌舞表演，其歌唱内容与习俗密切相关，故称"习俗歌"。

在阿昌族民间歌谣中，习俗歌的种类繁多，保留"古本"内容的较多，最富于民族特色的有"窝罗"，其余的还有"四句"（也称"念吉利"）、"麻朗调"、孝歌、哭嫁歌等。从广义上讲，情歌、劳动歌和其他民歌都属于习俗歌。

窝罗调，是阿昌族古老的集诗、歌、舞三位一体的综合艺术形式，也是阿昌族社会中最富于群众性的传统娱乐活动。"窝罗"是衬词，每进行歌舞，都有"窝罗"的呐喊呼应，并且唱词中不断有"窝罗"做衬词出现，故而得名"窝罗调"。阿昌族进行歌舞活动时，群众都称"蹬窝罗"。

"窝罗调"有别于叙事歌中的"活直腔"和祭祀歌中的"拉嘎调"。"活直腔""拉嘎调"都与祭祀活动的祭司活袍有关，主唱者是活袍，其他受益的多是参与祭祀的族人，"窝罗调"却可以由活袍采用来唱天唱地，也可以由才华出众的"稍干"（歌舞领头人）领唱，大伙跟随伴唱，歌词一波三折，此起彼伏，具有广泛的群众性。

"窝罗调"的唱词，灵活多变，按其格式即兴创作，调子轻松活泼，热情欢快。与"活袍调"比，"窝罗调"完全是另一种格调的诗歌。"窝罗"词是用阿昌语吟唱的抒情诗，容量颇大，"稍干"领唱时唱词不会重复。过去，有些老歌手和部分活袍能用"窝罗调"形式唱天地的产生和阿昌族的历史渊源。

"窝罗调"还称为"则勒摩"，也可以称为"大切"。"则勒摩"意为用大嗓（真嗓）演唱的歌。这是整个窝罗活动的正式形式和主要内容。在这之前，即"窝罗调"正式开始前，"稍杆"通常领着大伙先唱一段"则勒咱"，意为小声演唱的歌，又叫"小切"。

如果"则勒摩"是主题正曲，那么"则勒咱"则是"窝罗调"的序曲。"则勒咱"分为"拔套昆"（惊动调）和"拔松昆"（候承调）两种形式。"则勒咱"作为序曲，开宗明义，一般都唱得不长，三句五句也可以，十句八句也行。"则勒咱"曲调较为舒畅和欢快，好像一场戏的序幕。"拔套昆"的曲调是固定的，用"沙得扎讲嘿"做引子，但唱词却有很大的灵活性，可以根据情况，由"稍干"触景生情编句填词演唱。如果是候客场合，"拔套昆"主要用来说明一下本寨里来了客人，并邀约客人一起唱一唱本民族的古本，跳一跳自己民族的传统舞蹈。

"拔套昆"唱词大意如下：

> 攀枝花开寨子红，喜鹊欢叫贵客到；男女老少喜开怀，远方的亲戚进了寨；土墙洞里（偷）听一听，篱笆缝里（偷）瞧一瞧；来自远方的客人穿着新衣裳，满脸笑容坐在堂屋里；我们寨头走三遍，寨脚转三转，约动族人候贵客，一个一句好讲谈……

唱完一折"拔套昆"，主人便在天井摆好桌子和食物，客人也梳理完毕，"稍杆"便将表达因打扰而歉意的"拔套昆"内容改为以赞美和邀约为主的"拔松昆"。"拔松昆"用"额！撒福赛啊"做引子，每句结尾用"撒福芒啊"做衬词。"拔套昆"还属"窝罗调"的准备曲和前奏，所以唱句也不长。候客句子如下（意译）：

> 远方的贵客啊！你背来了多少箩山歌？挑来了多少担调子？客人的"留言白话"（指情意语）用马驮。
> 远方的亲人啊！你爬坡上坎奔了来，好似鸽都（斑鸠）落在红泥上，要踩下脚迹（印）留下名。

在"则勒咱"的"拔套昆"和"拔松昆"之后，"窝罗调"便切入正题。窝罗开始后，唱腔雄壮深厚，舞姿也刚健有力。"窝罗调"全部用阿昌语表达，其中一部分诗句词语是古阿昌语。如果客人对"则勒摩"很熟练，那就一问一答，并用以下几个方式进行：一是表示欢迎客人的到来。因客人走路辛苦，所以需要约动本寨的族人表示欢迎客人，大家一起边歌边舞，抒发情怀，解除愁闷疲劳。二是对客人表示敬重。调子很多，希望客人不要保留，请做耐心的交流和介绍。三是"当勋迷"。汉语称问地名，俗称"盘花拉根"，其含义是询问客人的住址。"盘花拉根"盘古问今，需从开天辟地盘起，要有广博的天文地理知识和历史常识才能对答如流，还问因何事而来，主要答攀亲结戚即可。四是互相叙述本民族的风土人情和风俗习惯。

"窝罗调"是诗、歌、舞并存的综合艺术形式。唱"窝罗调"时要跳，即心想口吟形动，边答、边唱、边舞蹈。舞蹈时通常双手叉腰，由一个唱词熟练舞姿周正的人充当"稍干"，以一张桌子为中心围成圆圈不停地跳转。现在的"窝罗"已形成大型娱乐活动，可以几百上千人参加，多以击鼓赴节，在广场围圆圈起舞。

"窝罗调"在阿昌族传统文化中占有独特的地位，是一部由全民参与编纂的大百科全书，包罗万象，充分体现了文学的功能，反映了阿昌族社会生活的方方面面，体现了广泛的群众性和创造性。"窝罗调"的歌词诗句讲究声韵对仗，词句对偶。演唱传播时有领有合、有问有答。随声相和的群众先重复领唱者的最后一个词，然后又从头至尾，完整重复全句唱词。通常"窝罗调"的歌词句式为：

领：（嗯！哦啰）春天风吹了，
合：吹了，春天风吹了。

领：（嗯！哦啰）几百花朵开了，
合：开了，几百花朵开了。

伴唱的旋律除了衬词部分外，严格重复领唱者的旋律。窝罗调属于风俗范畴内的习俗歌，不是一般的迎客调，不仅仅迎亲候客时使用，在逢年过节、起屋盖房、婚丧礼仪、兴业庆典、村寨联欢等公众场合，都可以根据不同场景进行不同的演唱或歌舞。

下面是一般欢庆活动中较流行、风格较古朴的一段窝罗唱词，译文衬词"嗯！窝罗"已略。

领：竹鸡三只，叫声满凹子热闹，
合：热闹，竹鸡三只，叫声满凹子热闹。
领：喜鹊三只，叫声满树梢，
合：满树梢，喜鹊三只，叫声满树梢。
领：知了三个，叫声满山凹，
合：满山凹，知了三个，叫声满山凹。
领：乌鸦三只，叫声满山坡，
合：满山坡，乌鸦三只，叫声满山坡。
领：阿昌（人）三个，唱得满寨子热闹，
合：热闹，阿昌（人）三个，唱得满寨子热闹。
领：几条路，合成一条路走过，
合：走过，几条路，合成一条路走过。
领：几张嘴，合成一张嘴唱歌，
合：唱歌，几张嘴，合成一张嘴唱歌。
领：几颗心，合成一颗心做活，
合：做活，几颗心，合成一颗心做活。

这段歌词，文学味浓郁，表达了团结合作的愿望，强调了齐心协力，步调一致，团结力量的主题思想和民族精神；体现了一人领唱，众人合唱，反复重叠，节奏与韵律并存的诗歌特色，完美地保存了口传文学的固定格律程序；便于记忆、演唱、流传。演唱时领合之间的配合与句子的配搭等诗句结构，具有鲜明的民族特色。

"窝罗调"的结构组合形式是相对固定的，但是其内容（唱词）却灵活性较大，即兴性突出，随时间、地点及特定环境的影响，发展、演化及组合很快，这也反映了"窝罗调"的丰富性及强大的生命活力。

在前文所列举的"窝罗调""则勒咱""拔套昆"中的唱词，被另外一个"稍干"编删整理后，在一次政府主办的窝罗节上演唱道：

> 喜讯被春风送来，喜讯随清泉流到。今天的太阳高高升起，今天的日子多么美好。共产党呀，实在是好领导，毛主席啊，好似那太阳高高照，把温暖送到家里。富民的政策欢喜了一寨老小，一心一意约伙伴，我们要尽情欢唱。欢乐的晚上，我们要快快相邀，把邻居的大门都叫开，家家户户瞧一瞧，邻邻舍舍听一听。寨头转三转，火红的攀枝花把手招；寨尾转三转，愉快的知了叫得多热闹。大家一起来呀，不分男女老少，在这个好日子里，我们唱个够，跳个饱。

在这段唱词中，突出了迎客候亲的主题，歌颂了党的领导，洋溢着对新生活的挚爱和对幸福生活的追求与向往，充满了真挚的激情和喜庆的气氛，抒情味较浓，文学性较强，并趋向创造文学的语言与风格。这是民间文学中口传文学逐步发展和丰富的成熟标志。

　　"窝罗调"这种诗、歌、舞三位一体的艺术形式，在阿昌族文化艺术的发展过程中具有重要的价值。尤其从文学角度看待这样的诗歌形式，更具有充足的容量和严谨的内部结构。窝罗调像一串长链条似的环环紧扣，可以任意延伸，形成一长串的诗句系列。兴编词与组合，使演唱者的创造得到了最大限度的发挥。智慧出众才华超群的"稍干"，可以不断地按照这一格律演唱创作下去，可以通宵达旦，唱词却绝不重复。这对于一个没有文字的民族的文学创作活动来说，是必要的也是必需的。因为窝罗调显著的特点和突出的民族特色，使窝罗调在阿昌族社会生活中具有旺盛的生命力，形成了阿昌族民间歌谣中的一个神奇瑰丽的成分，对研究阿昌族文学史具有巨大的意义。

　　哭嫁调，阿昌族女子出嫁有哭嫁习俗。哭嫁调，旋律悲伤，内容丰富，有对父母养育的感谢、有对弟兄姊妹的嘱咐、有对伙伴及家园的依依恋情等，母亲及叔婶姑姨都哭送嘱咐，安抚外嫁新娘。哭嫁调的意境和内容情真意切、言简意赅。阿昌族女性去世时在接魂习俗中，送魂（"切泡"）时也哭唱，属哭唱习俗中的哭嫁歌。

　　说"四句"，也称"念吉利"。"四句"是一种风俗味极浓的诗歌形式的贺词、诗赋和祈祷诵词。多用于喜庆、热烈的场合，比如讨亲嫁女"挂红"、建房竖柱上梁、兴业庆典、开张揭匾、节庆欢会时等都兴请活袍来"念吉利"和说"四句"。

　　这种诗歌形式的贺词，多以五言、七言为主，也有八言句的，长短不等，工整、押韵、朗朗上口。内容符合"吉利"喜庆这一要求即可。一般满四句为一韵节，故叫"说四句"。才智丰厚的祭词说唱者，在字句工整、韵脚严谨、内容生动贴切的基础上，创作出充满喜庆吉祥的超过四句的一长串"四句"或"吉利"来。

　　在男女婚礼上，阿昌族习俗要设堂，请祖辈长者就座，让新婚男女拜堂，跪拜祖宗、家族长老、父母及后亲。过程中还要请活袍当堂给新郎和新娘挂后亲（娘家亲属，如舅父等）及主要亲戚家带来的"红"（一条宽1尺许，约长5尺的红布），"挂红"与"念吉利"同时举行。婚典挂红"四句"词如下：

> 一道红来五尺长，×家亲戚送来挂新郎；自从今日挂红后，发财长旺，尊老爱幼，合家欢笑，儿孙满堂；金榜题名美名扬，美满日子万年长。

在场听众呼应，有重复其中某一内容的，比如"发财长旺""金榜题名美名扬"等；也有的只附说"好啰"。在婚礼中，一对新人即将结合并开始新的生活，用这种习俗方式来恭贺、祝赞，这本身就充满了诗意及美好的遐想与真挚的情愫。因此，在阿昌族社会生活中挂红说吉利习俗很普遍，所采用的吉利词也越来越丰富，其内容包揽了阿昌族人民对美好生活的追求及向往，其辞赋充满了理想主义和浪漫色彩。

以下是1990年梁河县欢庆阿昌族传统节日阿露窝罗节时的一段乡俗"吉利"贺词：

> 一年一度窝罗节，全县人民喜洋洋，民族团结大发展，党恩党德永不忘。今日窝罗盛会朝贺，五谷丰登，六畜兴旺，经济发展，富民兴边，政通人和，国泰民安，党群团结，民族和睦，幸福生活万年长。

在官方主持的欢庆会上，能有如此精美的祝贺辞令，说明"四句""吉利"具有深厚的群众基础与强大的生命力。"四句""吉利"除赞贺外，说唱者还视场合内容不同，大量即兴编词，有的把家境、被贺方的人品、道德都巧妙地编在其中，起到了用道德、礼仪感化人的积极作用，体现了阿昌族人民热爱幸福生活，追求真、善、美的美好理想。"吉利"的文学功用性较强，习俗性超强于艺术性。

麻朗调，"麻朗"是曲调开始的衬词，有悲哀痛楚伤感之意，亦称即"哭丧歌"或"哀悼歌"，俗称"孝歌"。阿昌族凡亲人死后，祭奠时都采用"麻朗调"来打孝歌（因唱孝歌时还敲打锣钗乐器伴唱，故称"打孝歌"）。内容多为对死者表示怀念和哀悼，对死者生前的功绩的叙述，劝导死者的灵魂安心地去阴间等。由于曲调委婉悲切，富于旋律性，因此人们在田间野外时，也往往用此曲调叙唱其他内容，以寄托自己的不幸遭遇、凄苦命运等伤感情绪。"麻朗调"介于祭祀歌与习俗歌之间，人们除了用"麻朗调"丧葬祭祀外，还可用来抒发悲伤情怀。因此，这里将"麻朗调"归入习俗歌。

与"麻朗调""孝歌"（哀歌）相对应的是在丧礼上孝女们吟唱的哭丧歌，哭丧歌歌词内容与麻朗调所表达的大同小异，其区别在于前者唱，后者哭。

财门调，阿昌族在每年春节期间盛行的"开财门"习俗中，也有开财门调，内容与"四句"和"吉利"基本一致，都是恭喜发财之类的祝贺词，以下是大年初一拜年男童挨家挨户拜年时吟诵的财门调：

> 财门（财门）大大开，金银财宝请进来；
> 招财童子拦门站，利市仙官送宝来；
> 摇钱树聚宝盆，早落黄金晚落银；
> 我到你家磕（石阶）脚，你家银子用箩锄（装）；
> 我到你家磕腰，你家银子用箩挑；
> 我到你家磕头，你家银子堆满楼。

主户开门，童子进门时又念：

> 一进堂前二进厢，三进堂前瓦屋深；
> 高房大楼出贵子，出贵子，养麒麟；
> 左边盖起读书房，右边盖起串角楼；
> 头上盖起琉璃瓦，地下嵌起八宝砖；
> 这头到那头，水出花园楼；
> 这边到那边，说过红火二神仙。

主户谢毕，童子出门又念：

> 前门进金珠，后门进玛瑙；
> 金珠玛瑙一起到，财源茂盛方到老；
> 老的高官做，小的得中举。

4. 情　歌

阿昌族民间歌谣中，情歌的数量最丰富，也最富于生活情趣，是青年男女结交情意、缔结姻缘的桥梁。阿昌族情歌分古老情歌、新情歌两种。古情歌完全使用阿昌语，调式古朴，用"则勒吉""上相格""相勒摩""上相作""则勒咱""则勒摩"（此指按其格式唱的情歌）等调式。"相勒吉""上相格"是男女青年在野外高声对唱的山歌，触景生情，即兴作词；"相勒摩""相作""则勒咱""则勒摩"则是在寂静的夜晚，青年男女面对面在屋内火塘边对唱的情歌。

"相勒摩"：调子悠扬亲切，表达的情感细腻含蓄、真实深刻。古老情歌注重古本、人情、"花梢"（相互夸赞）内容、形式上每句字数不等，比喻生动贴切，在阿昌族情歌中占有一定比例。

以下这段"相勒摩"表现了恋人不能实现爱情的苦闷及急切心情，其描绘惟妙惟肖。

> 你好像春天的一条鱼，活跃在清清的池塘里，只能看到你窈窕的身影，就是没法子捉到你。我张开鱼笼守着，你就是不愿进去。美丽的姑娘啊，这只能怪我手短，不能捉到你。
> 你好像一只漂亮的竹鸡，欢跳在绿茵茵的竹林里，我听见你迷人的歌声，就是没法子捉到你。我张开鸟网扣子等着，你却不愿进去。骄傲的姑娘啊！只怪我嘴笨心木，不能降服你。

另一段"则勒摩"以矛盾、喜悦的心情和机智风趣的语言，淋漓尽致地表现了姑娘微妙的心理状态。

> 黄鹂入园吃生姜，喜鹊进坡吃黄姜；你交出的心和说出的话，早已随着别人飞到了远方；今天的甜言蜜语，不过是用来暖暖我的心房。

显然，这个恋人没有听到对方的表白，急于知道对方的心意；一旦知晓了对方表白，又不敢相信。这种既矛盾又喜悦的心情，通过打趣性的语言，得到了充分的表现。

阿昌族情歌，多从现实生活出发，使用纯朴的语言，表达的也是纯朴的感情。

> 小哥哥啊小哥哥，你的心儿送给我，就是吃萝卜叶子酸腌菜，心里也快活；酸腌菜里无盐巴，照样乐呵呵。一颗米分三顿吃，嘴里甜，心里乐；一只泥鳅分三

顿吃，我也满足了。小哥哥啊小哥哥，跟着你去当叫花子，讨得米来煮一锅，口不饱心不怨，与你相好一辈子，永远把你放心窝。

这种从现实生活的土壤中培育出来的爱情，不赌咒发誓，不矫揉造作，忠诚坚贞，用酸菜萝卜之类的语言，表达了纯真质朴的情感，其表达上的坦率大胆与绝少矫饰，形成了阿昌族古老情歌独特的风貌。

"上相格"是在陇川县户腊撒地区流行的阿昌族较古朴的情歌形式。"上相"是歌唱之意；"格"是大声之意。直译即大声演唱的歌，当地汉语称"大山歌"。一般在山间野外互相对歌时歌唱，表达内容很广泛，有对家乡的赞美，对歌双方互相间的称颂，对劳动、丰收、节日等生活的歌唱。歌词中充满了形象的比喻、生动的描述，其中往往曲折隐晦地流露出爱情方面的内容。"上相格"不能当着父母及上辈人的面唱，唱时都用阿昌语，因此被人误认为艳情歌。

一则"上相格"的歌词大意如下：

　　像宝石一样的姑娘啊！请来对歌吧。
　　来自东方寨子的少女啊，让我们在一起高兴地唱起来。

"上相作"：是流传于陇川县户腊撒一代的阿昌族情歌。"作"是小声的意思，直译即小声演唱的歌，当地汉语称"小山歌"。"相作"是青年男女恋爱时互相对唱的情歌调。根据阿昌族传统风俗规矩，在陇川县阿昌族地区，过去阿昌族恋爱只准到姑娘家中唱歌，故演唱声调轻声细语、委婉缠绵、娓娓动听。青年男女的整个恋爱过程都是在歌声中进行的，这是古老民族文明的一种标志和象征。

阿昌族在结婚宴请宾客时，新郎、新娘出来给客人们敬酒添饭，也要唱这种轻声细语、情意深长的小山歌调，互相间表示感谢和祝贺。这时，因内容变更而称作"敬酒歌"和"劝饭歌"。

古老情歌：古朴、优雅，具有鲜明的民族特色，是阿昌族情歌海洋中的一枝奇葩，具有其特殊的艺术价值和美感。由于古老情歌是使用生僻、晦涩的古阿昌语演唱的，对现代青年男女来说，难懂、难记、难对答，一定程度上形成了交流的障碍。因此，现在这种古歌只有中老年人才会吟唱了。无论如何，古老情歌从一个侧面伴随着阿昌族社会历史的进程，反映了阿昌族的民族心理、民族性格、民族精神、民族风貌和民族审美情趣，表达了阿昌族人民的真挚情感和鲜明爱憎。古老情歌作为折光反射现实生活的一面镜子，在一定程度上揭示了社会生活的本质，具有无可争辩的历史价值、认识价值和教育价值。

现世新情歌：多用汉语吟唱，因夹杂有半方言、半民族语言的衬词衬调，同样具有独特的本民族特色。调子轻快流畅、娓娓动听，形式上比古老情歌活泼欢快。歌调除衬词外多为七言短诗，用韵自由，二句一节，四句一首，回环往复；采用比兴手法，表情达意，托物寄情；运用双关、俚语、谐音组句造词，形象生动，简洁朴实，独具特色。

对歌：也叫"山歌喀"，其参加范围很广，中老年也可以对歌。山歌多为浑厚古朴的老情歌，内容以盘"古本"、讲"人情"、摆"花梢"为主，也有吟叹昔日恋情离意，抒发今日深藏思念和打情骂俏的。形式延续了"则勒摩""则勒咱"的风范，"稍干"领唱，众人伴随。中老年对歌的参与者，多是爱开玩笑、多才智的昔日的"稍干"，他们对歌时，人人都是"稍干"，都能轮流当领唱，对方也是慕名而来的老对手。尽管有的年龄已大，儿女绕膝，甚至对唱时也有带着儿孙的，但是大家都率真风趣、水平极高，旗鼓相当、棋逢对手时，往往唱得通宵达旦，旭日东升，才依依作结。

试看一段短小精悍的男女对歌对唱译词（衬词已略）：

男：认得贤惠（指女性）行路来，约动朋友来候承。
　　堂前烧起霸王火，惊动妹家（细）知音。
女：细鱼烧汤莫嫌苦，砂糖拌饭莫嫌生。
　　相会不图茶和饭，只图玩笑过光阴。
男：郎有情来妹有意，有情难舍有意人。
　　结交要学长流水，莫学露水一早晨。
女：石头打墙石抵石，口含沙子讲（石）实话。
　　铁打锅铲铁上铁，贴心贴意贴在你。
男：甜荞撒进苦荞地，苦荞要串甜荞根。
　　铁打钩担双钩挂，挂心挂肝挂妹身。
女：火烧糍粑先熟皮，甑子蒸饭熟透心。
　　讲得成来说得就，玩笑路上多带维（帮助之意）。

在这一组省略衬词，仅剩词意的对歌中，"人情"中掺杂有"花梢"，大胆热烈，粗犷执着，不乏含沙射影的朦胧情爱。尽管演唱者口口声声暗示是"玩笑路上"的情意，但是不乏"口含沙子讲实话""挂心挂肝挂妹身"的情意，充分突出了阿昌族情歌感情真切质朴的特色。

作为中老年，对唱情歌所起的缔结姻缘的功能已不复存在，唯一的效应和价值是"愉悦"和"抒情"，大多以娱乐为目的，也有的借此来表达昔日的别愁离念，抒发内心深藏的思念之情。

男：三月天气热又热，妹是白纸郎是墨。
　　黑墨落在白纸上，千年万年不褪色。

女：桃叶尖尖柳叶长，扯匹柳叶包砂糖。
　　砂糖吃了柳叶在，贤良（指男性）恩情永不忘。
男：无心小妹心不诚，把郎丢在冷墙根。
　　墙根脚下走成路，窗子脚下站成坑。
女：妹等郎来郎不来，一夜烧了五抱（捆）柴。
　　搬个石头来捂火，石头成灰还不来。

用"窗子脚下站成坑""石头成灰还不来"来表现思念和企盼之情。这种形象生动的诗句，无疑是精粹的，甚至是精彩的。

在无奈的等待中，表达的幽怨、伤感和愁绪也十分贴切。

一双筷子齐"剁剁"，丢失一支找不着；
削支新的来配上，新的不有旧的合。

为此，"今生不能成双对"，将希望寄托在后生身上，把自己的遗憾弥补在子孙的姻缘中，即"新亲跟着老亲走"，这也是阿昌族情歌的一个独特之处。但是这一切都只是"玩笑"，那种"爹背孩儿去唱亲"的现象是建立在打趣风俗之上的，不是生活实况。

男：金竹栽进苦竹林，苦竹要串金竹根。
　　鹦哥（鹦鹉）落在绿叶上，绿上绿来青（亲）上青（亲）。
女：东塘荷花西塘藕，藕串荷花一塘（堂）青（亲）。
　　新亲跟着老戚走，瓜结连连不断根。

阿昌族情歌中，比兴手法和双关谐音的使用，体现得灵活生动，新颖别致，闪烁着智慧的光芒。阿昌族情歌的艺术欣赏价值颇高，令人折服，而且表现出阿昌族淳朴的风情习俗。四五十岁，甚至年近花甲的男女复杂而纯朴的情愫，能体现在丰富多彩的情歌中。可以进一步窥视到阿昌族自由无羁的生活习俗、特殊的伦理情趣，以及独特的心理气质与性格特征。

与中老年对歌相比，青年男女对山歌的机会更多、范围更宽。中老年只限在晚上屋内火塘边，不同姓氏的外寨客人来寨时，寨内辈分、年龄相仿的异性中老年者相约而对，而且多选择在逢白喜事热闹的场合中。男女青年的对歌却只要是外寨来了青年客人，不同姓氏的青年人都可以对，相对比较自由。在屋内火塘边，在村寨附近送路，在田头地脚相逢，甚至一方在劳动，见别寨做客的青年路过，都可以用"喔喂——"一句悠长的招呼声而对歌。

候承山歌：是对歌的开场白，内容是问候客人，申明来候承的缘由，并恭谦地抱歉打扰了客人，请对方原谅。如果"稍干"水平高明，候承山歌唱得很多很长，多为谦虚本村本寨条件艰苦，问对方是否是"穿错鞋子走错路"，继而又说是"千年不遇金满斗，万年难遇瓦上霜""难得相逢有情人"，要客人原谅本村本寨的"粗茶淡饭"，多带维今晚的"玩笑"（对歌）等。这些情真意切的情歌演唱，都是谦卑华美的欢迎诗、问候诗和抒情诗。

> 清风吹进山前地，约动朋友来候承。
> 口渴遇到清凉水，爱玩又逢有情人。
> 妹是细雨从天降，郎是清风就地生。
> 清风带雨一路走，情投意合一路行。
> 爬坡上坎辛苦大，三朋四友来候客。
> 难逢相遇红香玉，吵闹贤惠多宽心。
> 郎有心来妹有意，有心难舍有意人。
> 花钱费米奔了来，窄处跌倒宽处想。

邀约山歌：邀请来客对歌时演唱的方式，视对方的实力和接口快慢，唱多唱少不等。来客不能或不敢应答，也不勉强，对歌的主方"稍干"会率众改口邀请对方出门来火塘边讲谈。

邀约方（男）：

> 一寸光阴一寸金，要玩要笑趁年轻。
> 花开园中一季红，人在世间几时春？
> 光阴似箭催人老，时光不等爱玩人。
> 堂前烧起霸王火，邀妹提动贵步奔堂前。

如客方有意对答，便到堂屋火塘边坐下开始对唱。

女：山歌本是两方唱，一方唱了不欢乐。
男：东甭（罢音）默（思）来西别想，一心归明接郎音。
女：一心想着接郎音，口木心钝难开言。
男：粗茶买得细茶价，粗言约得妹细音。
女：三月小鸭学浮水，着处不着莫见真。
男：蜜蜂声音来得好，听在耳里暖在心。
女：月亮领着星星走，今晚玩笑路上哥带妹。
男：讲得成来说得就，一个一句走漂洋。

结交山歌：也称仁情仁意山歌。结交山歌是情歌中的主要部分，因多是面对面对唱，情真意切，调子也比其情歌委婉细腻、娓娓动听。结交山歌所表达的内容都是男欢女爱的爱情思绪，唱词极富美感，为阿昌族人民世代珍爱，吟唱不衰。

男：二四六来一三五，扳着指头细细数。
　　成双打单难猜清，问妹可曾有主人。

女：妹是一只憨谷雀，飞来小郎跟前落。

郎你撒米支簸箕，妹飞进去任郎捉。

男：河中石头有了位，河冲水打难翻身。

女：三两棉花四两线，任你弹（谈）来任你纺（访）。

男：小马拴在大树下，要望挣脱万不能。

女：桂花开在石崖上，不遇贤良花不开。

男：七月烧包王有位，半路王神插不上。

女：郎有真心走夜路，妹有实意留后门（暗指"领婚"）。

男：青蛙跌在荷叶上，绿上加绿青（亲）上青（亲）。

女：郎是荷花高万丈，妹是荷叶矮半分。

男：过河过水郎牵带，鸳鸯路上妹带成。

女：妹是沙子郎是水，水推沙子一路行。

男：只要搭妹成双对，吃口米汤当洋参。

女：蜜蜂找着空心树，小妹找着合心人。

男：铜铸香炉烧一世，铁打拐杖拄一生。

女：三月小燕梁上做，双双出门对对来。

男：双双出了对对来，口含乌泥砌花台。

女：郎犁田来妹织布，郎挑水来妹整（做）饭。

男：郎是山伯朝前走，妹是英台随后跟。

女：郎有真心走夜路，妹打包袱随后跟。

男：拿双筷子插园里，筷子发芽不变心。

女：抓把冷饭放下水，冷饭发芽不变心。

……

阿昌族情歌的独特性在于它的朴实直率。"筷子发芽""冷饭发芽"这些源于生活的诗句，恰如其分地表达了人们对爱情的忠贞，具有独特的审美情趣和丰富的想象，清新亮丽，洋溢着欢乐的气氛与新生活的激情。几乎所有阿昌族青年男女都经历过、参与过即兴创作情歌的往事。阿昌族青年即兴创作的情歌不仅数量难以计数，而且质量也很高。已经收集整理的情歌与潜藏在浩如烟海的生活中的情歌比，只是凤毛麟角。

辞别山歌：在野外送别客人离村离寨时，演唱的山歌叫"辞别山歌"，也叫"送路山歌"，多在户外白天进行。辞别山歌区别于夜晚更深人静的轻声对唱，不受时间、地点的限制，可放开嗓子高唱。调式也一改委婉而高亢嘹亮，抒发别愁离绪感人至深，颇具特色。

男：割谷留下谷茬位，今晚留言明晚说。
女：神仙不讲隔夜话，讲讲说说到天明。
男：一夜难说平生话，只恨金鸡叫五更。
女：鸡叫人散心不散，你我今生不分离。
男：花有清香叶有味，今晚情意不能忘。
女：小妹难舍有情人，明晚相逢莫面生。
男：大河涨水分两岔，水归何处再相逢，
女：打个炸雷（打雷）先拆散，扯个火闪（闪电）又相逢。
男：大河涨水分两岔，隔断鸿雁各一边。
女：郎在山前学鸟叫，妹在家中识鸟音。
男：东塘荷花西塘藕，藕串荷叶到哪天？
女：簸箕滤饭先分离，米汤泡饭又相遇。
男：自从今天分别后，来日相会莫变心。
女：自从今日结交下，转回家中挂郎身。
男：三月花木望春雨，郎在山前盼妹音。
女：难舍难丢郎一个，眼泪汪汪转家中。

辞别山歌，委婉缠绵，和风细雨般将辞别的伤感和淡淡哀愁，编织在娓娓动听的情歌中。阿昌族青年男女自由无羁、纯真无邪的爱恋令人神往、叹服，辞别山歌每句歌词都拨动着爱的心弦。

现世情歌：即反映现实生活的情歌。阿昌族情歌是阿昌族人民的心声，随着社会的发展、时代的变迁，本民族多灾多难的生活现实也自然地注入在阿昌族情歌之中。在旧社会的阿昌族民歌中，表现了对旧社会邪恶势力的极力抗争和对封建枷锁的强烈反抗：

> 铁打链子九十九，郎拴脖子妹拴手。
> 哪怕官家王法大，出了官家手拉手。
> 刀口对准心窝口，想要老命就拿走。
> 郎妹情意割不断，哪怕阎王下毒手。
> 就是丢进油锅炸，拿我郎妹无办法。
> 炸干磨碾成灰面，灰灰落地又发芽。

歌谣文理，与世推移。在今天的现实生活中，有光明，也有黑暗；有美，也有丑。因而，随着时代与社会不断演化发展的情歌，自然也表现了对压迫和剥削的愤懑和鄙视。

> 爹娘采花我不戴，自采鲜花自身戴。
> 有心栽花花不开，无心插柳柳成荫。
> 生要恋来死要恋，生死要恋若千年。
> 隔山隔水隔刺棵，绕山迈水来会合。
> 妹织筒裙郎莫唱，年前妹家已过当（定情）。
> 麂子出山你不打，麂子翻山放空枪。
> 高山点豆不放灰，凹子栽秧不放肥。
> 有情相交不用嘴，男女相交何用媒？

有些情歌还表现对封建迷信观念的挑战。

> 你我要恋放心恋，水火相交也有缘。
> 不怕命中有冲犯，苦荞拌饭心也甜。

有些情歌还反映了今天的现实生活，表现了阿昌族新的审美观念和美学标准。

> 选人莫选富与穷，摘花莫看红不红。
> 同是红花结的果，酸甜苦辣不相同。

阿昌族情歌是阿昌族人民发自心底的歌，反映的不仅是阿昌族人民的心理和意志，还体现了阿昌族人民刚健热烈、质朴活泼的民族性格。诗人、昆明文学院院长张承源曾撰文高度推崇、评价阿昌族情歌，并在文中建议："若要编写中国少数民族文学史，不可忽略了阿昌族民歌，尤其是堪称一绝的阿昌族情歌。"令人欣慰的是德宏民族出版社于1992年10月出版了，曹明强选编的阿昌族第一本情歌选《中国阿昌族情歌集》。

5. 劳动歌

阿昌族是一个勤劳智慧，勇于创新，豁达开朗，对劳动持乐观态度的民族。这种民族性格，充分反映在民歌中。阿昌族以劳动题材为内容的民歌种类颇多，比如赶马调、栽秧调、采茶调、春米歌等。劳动歌抒发对劳动的乐观态度，表达在劳动中产生的复杂感情和丰富思想。劳动歌多以自娱自乐，无须对答，属单向独唱。在生活奔波、长途跋涉、翻山越岭、田间劳作等，表示艰辛时演唱。

> 上坡犹如风摆柳，下坡又如风送云。
> 爬坡上坎辛苦大，歇下脚步散散心。
>
> 弯腰活路辛苦大，汗水颗颗湿黄土。
> 一股凉风山前过，歇下脚步好乘凉。

前两句并没有否认劳动的艰难辛苦，后两句则用拟人化的手法，呼唤凉风停歇"脚步"来，让劳累的人们乘凉、解乏。这是一种愿望、一种幽默，把内心的情绪通过山歌抒发出来，使良好的愿望情趣化、理想化，充满阿昌族人民于劳动中迸发出来的浪漫情调，大大淡化了繁重枯燥的辛劳。

有人说，乐观主义精神是获得民族传统文化生存的重要源泉，阿昌族文化传统正是在这种乐观主义精神中得以世代生存和发展的。

阿昌族社会生活中的劳动形式多限于男耕女织，但是赶马帮做"走脚"（运输）的也特别多。赶马帮的马锅头、赶马汉，东奔西走，在旧时生活中颠沛流离，极为艰苦，于长期的"走脚"中，流传下了许多赶马人演唱赶马人生活的民歌，这类民歌统称"赶马调"。

"赶马调"像赶马人的生活一样，充满了喜怒哀乐，情调或欢快或委婉或哀怨，独具特色。

> 赶马小哥笑呵呵，久走"夷荒"（地名）玩笑多，
> 花言巧语百灵鸟，唱唱笑笑好上坡。

这首赶马调描绘了赶马人快乐的旅行生活，令人神往。词句清新明快，极富韵味。

　　嫁人要嫁赶马哥，甜言蜜语马背驮。
　　妹你有眼看得起，又得骑马又洒乐（快乐之意）。

　　这是赶马人的求爱歌，充满了欢快与自信，洋溢着喜气与自豪，还表达了赶马人的追求和向往。

　　赶马小哥苦又苦，驮着白米无晌午。
　　冷风吹得呼呼叫，挂破裤裆无人补。

　　赶马如同种菜园，天天忙得手不闲。
　　手起老茧脚起泡，身无半分刮痧钱。

　　这两首赶马调则委婉悲切，表达了"赶马"这一劳动工种的辛劳及个人的凄苦命运和不幸遭遇的伤感情绪。这就是阿昌族民歌的高明之处，同是赶马调既有欢悦内容，又有悲切之意，丰富多彩，争奇斗妍。

　　6. 愁闷歌

　　近似于"麻朗调"，是对伤感情绪和压抑悲伤的外在宣泄，曲调悲切、哀怨、深沉。在旧社会，阿昌族人民多把愁闷歌当作控诉统治阶级压迫和剥削的有力武器。

　　阿昌苦，阿昌吃尽人间苦。
　　天上乌黑没日头，田地树木杨家主（指杨姓地主）。
　　高飞怕那老鹰打，落地又怕箭穿腹。
　　阿昌世代无路走，滴滴泪水湿黄土。

　　这首歌表现了阿昌族人民在封建土司制度的压迫下，被逼得走投无路的凄惨处境，以及人民内心充满的愤懑之情。

阿昌族民歌，在艺术上有很高的造诣。另一首愁闷歌《三担皇粮哪里来》，不仅内容深刻，而且表现手法也十分高明。

三月撒种五月栽，秧在娘家就怀胎。
沟高田矮难放水，头顶三颗忙出穗。
老鼠吃去一颗，麻雀吃去一颗。
三担皇粮哪里来？

歌曲展现一幅形象的画面，映现在面前的是一片干旱的景象，沟里水干了，田地张开了大口子，稀稀拉拉谷穗在热风中抬着头，农民向前来催逼官租的差役诉说着，整个场景悲切苍凉，充满愁闷气息。这首诗，没有一个"旱"字，但是句句在说旱情；没有一个"灾"字，但是句句表现的都是灾情。而且全诗表面像在说"天灾"，实则是在诉说"人祸"。歌曲描述感情色彩鲜明，比喻形象生动，兼用多种修辞手法，意境耐人寻味，最后一个问句，力透纸背，十分深刻。这样的民歌、这样的诗，不愧是艺术的珍品。

7. 讽刺歌

阿昌族讽刺歌在生活中适用范围较广。随着历史的进步和社会的发展，人们的审美情趣、精神风貌、道德观念等诸多方面也在随之发生变化，在现实生活中出现的一些丑恶行为与现象便成了阿昌族民歌讥嘲讽刺的对象。阿昌族以讽刺为主要内容的民歌，称其为讽刺歌。

阿昌族的讽刺歌很丰富，但是不滥用。偶尔发生争强斗气，双方都不能忍让时，才采用讽刺歌。在日常生活的现实中遇到诸如好吃懒做、游手好闲者等社会丑恶现象时才唱。

说死莲花是根藕，日子要好靠双手。
模样再好难当饭，懒人白来世上走。

批判狂妄自大、不学无术、讽刺没有真才实学者。

阳雀画眉绕山叫，毛多肉少惹老鹰。

讽刺多子多福的封建旧思想、旧观念。

芭蕉多子腰压弯，独生菠萝比蜜甜。
老鼠多了不打洞，木匠多了房子歪。

阿昌族民歌中的讽刺歌，虽然讽刺人却也规劝人，起到劝世醒世作用，用正确的伦理规范、道德观念和审美情趣指导讽刺，从而起到感化教育作用。从这个意义上讲，讽刺歌既是艺术的又是伦理的，不愧为阿昌族民歌海洋中的一颗闪光的宝石。

8. 儿　歌

阿昌族儿歌或童谣是阿昌族广大劳动人民创作的民族民间歌谣，浸透着母爱和对孩童的关怀、希望之情。词句天真质朴，亲切上口，有开发智力、逗趣愉悦的认识作用。阿昌族儿歌篇幅短小精悍、简洁优美、想象丰富。年老的祖母、外婆，以及父母、姑叔都是这些短章儿歌、精美童谣的创造者和传播者。

在月明星稀的夜晚，父母忙碌完一天的农活，抱着年幼的孩童，在家门口及堂屋口赏月。孩童天真好奇，父母遥指中天明月，边哄孩子、边念儿歌，一遍又一遍，孩童不烦，父母不厌，充满了美妙的遐想。

　　月亮粑粑，掉下来给××（儿名）一疙瘩（块）。
八月十五，春了，一起还你家。
　　月亮粑粑，掉下来给××（唱者称谓）一疙瘩。
八月十五，春了，一起还你家。

　　阿昌族儿歌，还与其习俗有关联。阿昌族有一个现今还盛行
的习俗，如果孩儿夜晚哭闹不止，就要到十字路口去插"白头
帖"。"白头帖"，请人写，内容是一首朗朗上口的儿歌。十字路
口，来往人多，过路的人都看着念，旨在让人说"破"而不再
使小孩在夜间哭闹。此俗产生的观念较古老，让多人念主人的
"白头帖"，就能使主人病况解除，有巫术咒语的古老法力观念
的遗风。请道师写汉文"白头帖"的做法，又有多种文化交融
的痕迹。平时小孩吵闹，背抱者边哄、边念，小孩多被吸引，而
停止哭闹，稍大的孩儿也会跟大人学念。
　　"白头帖"上的儿歌，大体如下：

　　　　天绿绿，地绿绿，晚星（夜晚）有个小眯人哭，
　　　　过路君子念一遍，一觉睡到太阳出。
　　　　天黄黄，地黄黄，晚星有个小眯人逛；
　　　　过路君子念一遍，无病无灾长得胖。

还有的写或念为：

　　　　天阴阴，地阴阴，一个小细人哭晚星；过路君子念
　　一遍，白病除尽万事新。

　　前文所述的在除夕凌晨，阿昌族孩童开财门时，朗朗念诵的
开财门调，也颇具儿歌童谣的诗韵。

阿昌族的儿歌、童谣，直率天真，富于情趣，极富想象力，是童年启蒙教育的极好教材，有一定的审美价值。

二、民间故事

阿昌族民间故事的分类问题比较复杂，没有严格科学的区分方法。主要原因是阿昌族民间故事之间有多种并存和近似现象，并且在流传过程中又有很大变化。往往同一个故事，有时具有神话色彩，有时具有幻想色彩，有时又变成与风物、风俗相关联的传说，有时可以是以人为中心的纯故事，有时又可以是以故事情节为中心的传说，这些交叉现象给阿昌族民间故事的分类带来了许多困难。因此阿昌族民间故事由于内容及讲述的场合、方式与讲述重点不同，体裁也有所不同。有的认为阿昌族民间故事包括神话、传说、故事三大类，有的认为阿昌族民间故事专指神话、传说以外的故事。阿昌族民间故事的分类，主要应以能否反映不同民间故事的内容为依据。阿昌族的民间故事，所涉及内容较宽较广，多种题材混杂，有些故事视讲述场合、讲述方式及讲述内容的侧重点不同，类型的变化也就不同。比如，阿昌族著名的创世史神话故事《遮帕麻与遮米麻》，讲述方式是白话体（散文体）时，是神话故事；活袍在祭祀中演唱时，又是韵文诗体的神话史诗。但是无论是散文体，还是诗体，其丰富的内容中，都杂夹了可以独立的一则则神话、传说和故事。故事中又可分离出神话故事、风物故事和动植物故事。这种界限模糊的情况在阿昌族的民间故事中大量存在，难以清楚分类。因此，文章暂且把民间故事分为神话、传说和故事三大类。

阿昌族民间故事，从已收集整理的作品看，品类齐全，色彩绚丽，具有鲜明的民族特色。

1. 神话故事

神话故事，是远古时代的先民所创造的反映人与自然的关系主观幻想故事。神话故事所反映的是原始人对客观世界的稚幼认识和神奇幻想，表达的大多是原始先民在洪荒时代，企图认识、控制、征服自然的精神活动。解释自然和征服自然，是神话故事的主要内容。

阿昌族的神话故事产生在阿昌族社会的童年幼稚时期，是阿昌族先民对不可理解的自然现象的稚幼解释，也是人们征服神秘莫测的自然力的愿望和象征。

《遮帕麻和遮米麻》是到现在为止搜集到的最完整的神话故事，有白话体（散文体）和诗体两种形式。遮帕麻和遮米麻的故事千百年来在阿昌族中世代相传，故事叙述了天地的产生、人类的起源，以及补天、遇洪水、遭大旱，始祖与恶魔斗法斗梦，始祖用弩弓神箭射落假太阳，重整人类等神奇的迷人故事。

远古的时候，既没有天也没有地，宇宙一片混沌。不知过了多少年，混沌中出现一轮白光便产生了阴阳，阴阳相生诞生了天公遮帕麻和地母遮米麻。天公率领30名神兵、30名神将和1 600只白鹤创天；地母拔脸毛当线，摘下喉头当梭子织地。天公遮帕麻具有超人的智慧与神力，他挥汗而成大雨，呼吸成大风，喘气喷出大雾，咳嗽便是惊雷。遮帕麻裸身手执赶山鞭，捏金沙银沙为日月，甩鞭播下繁星，扯下两只硕大的乳房做太阳山、太阴山。因此，现在的男人没有硕大乳房。地母遮米麻用脸腮毛做线，摘下喉结做梭，织出了与天一样平展的大地。因此，现在的女人没有胡子，也没有喉结。遮米麻地造得比天还大，天盖不下地，遮米麻抽去3根地筋，绕成了线团，地萎缩了，天罩住了地，凸起的地方变成了高山，凹下去的地方变成了湖泊海洋，平展的地方成了平原坝子。大地蜷缩累了，隔一段时间，还要伸腰展腿，这种地动，便是地震。地震的威力神奇无比，打雷300里，地动3 000里。

这是阿昌族先民对天地的神秘莫测与天地超神力的想象。这些创世观念，始祖来源与宇宙万象的认识，与阿昌族的原始初民意识有着密切的联系。

天公和地母创造了天，创造了地，创造了日月星辰。大地上有巍峨的崇山峻岭，有辽阔的大草原，有肥沃的河谷坝子，有奔腾不息的大江大河，还有那宽阔的海洋。可是，世间没有人，天公遮帕麻和地母遮米麻便扛石磨滚山，烧柴烟做占卜征兆，经占卜昭示天公地母结合产生人类。天公地母结合以后，遮米麻9年才怀胎，怀胎9年才临产，生下一颗葫芦籽，把葫芦籽种在地上，9年葫芦才发芽，发芽9年才开花，开花9年才结果，结果9年有磨盘大，从葫芦里出来了9兄妹，变成了9姓9族，人类从此诞生。天公地母遮帕麻和遮米麻便成了人类的始祖。

上面有了天，下面有了地，世间有了人。但是人间还不安宁，大地上出现了各种灾难。天边的天地未合拢，有大风吹来，有暴雨倾泻，有洪水袭来，遮帕麻便去天塌天漏的南方补天；洪水来了又去制服洪水。在南天边，还和美丽的桑姑尼（盐婆神）相爱，就在遮帕麻补天之时，天上出了一个魔王腊旬。腊旬大闹天地，在天上栽了一个火球，号称"永远不落的太阳"。天空中有两个太阳，一个真，一个假，假太阳喷吐着毒焰，大地陷入一片火海，烫得像烧红的铁锅。湖干了，地裂了，干旱无比，人们被烤得焦头烂额。腊旬还把山族动物赶到洪水中，把水族动物赶到山梁上，阴阳颠倒，大地混乱。3年大旱，水牛的角晒弯了，黄牛的皮烤黄了，野猪的脊背烧黑了，猫头鹰在白天不敢睁眼了，鸭子（旱鸭）哭哑了嗓子。游鱼在山头打滚，走兽在水里淹没，一条大鱼在山林里硬着头皮朝土里钻洞躲太阳，鱼鳞烤焦变成硬壳，后来变成了穿山甲。地母遮米麻请会走山路也会浮水的水獭猫去送信，叫天公遮帕麻回来制服乱世魔王。

遮帕麻接信后，日行万里，千里迢迢，回到故居地，经过反反复复与魔王腊匐"斗法""斗梦"，用满山满地的毒菌毒死了恶魔腊匐。遮帕麻挽弓射日，用神箭射落了恶贯满盈的腊匐挂在天上作乱的假太阳，重整天地。从此，人类安居乐业，唱歌跳舞，和平相安，一直到今天。

神话故事《遮帕麻与遮米麻》在阿昌族中世世代代流传，深深地在阿昌族人民的心底扎了根，像一幅神奇壮丽的画卷描绘了阿昌族先民在洪荒年代与自然做斗争的历史。遮帕麻和遮米麻不仅寄托了阿昌族人民追求光明，战胜邪恶的意志，而且也是阿昌族人民征服自然、改天换地、建立美好人间生活的英雄化身。

阿昌族的神话故事很多，比如在宗教信仰中所引用的《人类的来历》（始祖兄妹婚滚石神话）、《石羊传说》《石骡传说》（大石崇拜神话）、《狗的故事》（谷种神话）、《老姑太》（元祖谷神神话）、《盐婆神话故事》（盐神神话）、《狗头国》（人狗互婚、图腾神话）、《金色的葫芦籽》（人祖神话）、《老熊抓人脸皮》《曹扎与龙女》（内容归幻想故事或巧女故事更贴切），还有有关"阿露"（熬露）来历中所述的佛祖个打马的故事等，都颇具神话色彩。

有些神话介于传说与其他故事之间，互为混淆。

2. 传说故事

随着人类社会的发展，人们征服自然的能力和信心有所增强，神话的力量削弱了，传说逐渐兴旺起来，产生了同一事件、人物的神话与传说并存或神话经过历史化向传说转化的现象。阿昌族的传说故事就是在神话的基础上，逐步发展演化而产生的变成了历史人物与事件和地方风物与风俗有关的故事。

阿昌族传说故事十分丰富，按内容可分为历史人物与事件传说和地方风物与风俗传说。

历史人物与事件传说：主要以历史人物、历史事件为中心，进行艺术加工或夸张地进行叙述。内容多以民族历史的发展为线索，折射社会内部的复杂纷争。这类传说故事有的附会于现实事物以"史"的面目叙述，有的则完全是虚构的，传说中的人名、地名也是为增加叙述的真实性而虚拟的。无论如何，历史人物与事件传说却像一面镜子似地反映了阿昌族的社会和历史。

历史人物传说故事的主人翁，有的是阿昌族部落的酋长，有的是古代猎手，有的是受强势欺辱的美丽少妇，有的是对抗外敌部落浴血奋战的英雄，有的是在本民族内部甚至在兄弟之间争权夺利、刀弩相见、充满血腥纷争的战争人物。恶者狰狞残酷，狡诈心毒；善者，力大如牛，尽善尽美。

《早概》中的早概是臂力过人，受神力保佑的酋长。早概为了报父母被杀之仇，灭了扰民作恶的底弄，为民除了害，众头人与百姓都拥戴早概，推举早概为酋长。早概在传说中的那种历史时代做出了贡献，人们纪念他、敬仰他，通过传说故事的方式为其树碑立传。

关于早概的传说，清朝董善庆的《云龙纪往·阿昌传》中有相同的记载。民间的传说可能源于该传中所记载的"传说"，但是时至今日在民间的传说中，主人翁形象更丰满，情节更细腻，故事更生动。

这些传说以早概为线索，叙述了阿昌族部落历史的复杂状况，详细记录了阿昌族社会中部落之间的征战，兄弟之间的权利纠纷等故事。应该说传说故事从一定程度上反映了阿昌族的历史现实，具有一定的真实性。

讲述人物传说的故事，有《曹扎棍打财主》《郎姑爹赢官司》《爱撒萨》等。

《爱撒萨》故事梗概为：

从前，有一个土司养着一个算命先生。有一天，算命先生对土司说："现在有人想要夺取您的江山。"土司忙问："这人是谁，在哪里？"算命先生说："这人现在还在娘肚子里。"土司便叫家丁捉杀寨中所有的孕妇。幸好，有一个到山中砍柴的穷苦孕妇逃过了这一劫。

一年后，土司问："要夺取我江山的人，现在还有没有？"先生又说："他现在一岁多了。"于是，土司杀死了寨子里所有一岁多的孩子。但是依然没捉到靠打柴度日的那个穷苦妇人的孩子。又过3年，土司又问算命先生："还有没有想夺我江山的人？"算命先生又说："现在他会放牛了。"残暴凶狠的土司听到这个人还活着，便又下令把所有的放牛娃抓来杀掉。这一次，那孩子被母亲提前藏到寺庙去了，又没有被杀掉。

过了4年，土司又听算命先生说："那个要夺江山的孩子，已经上学读书了。"杀人成性的土司一听勃然大怒，又想杀掉所有上学的孩子，但是他又不敢一下子将学校的学生统统杀死。于是，绞尽脑汁，想出一条毒计。土司命令家丁把学校的学生全部带到土司衙门，要从 500 多个学生中找出那个幸存下来的夺印者。土司亲自给每一个学生一个脸盆，又用小指甲往每个学生的脸盆里点 5 滴水，然后叫学生用那一点水洗脸。其余的孩子都按土司旨意做了，唯有一个学生不但不用土司用指甲弹起来的水洗脸，反而一脚将洗脸盆踢翻，并说："这水是给猫狗洗脸的，不是给人洗脸的！"土司直问："你是什么人，怎敢踢翻我的脸盆？"孩子勇敢地回答："我叫爱撒萨。"

爱撒萨被土司兵丁围住，土司问："你为何不洗脸？"爱撒萨反问："你家做了四代人的官，几时用这样一点水洗过脸？"土司恼羞成怒，命家丁用铁链子将爱撒萨捆起来，爱撒萨被绑在衙门的大柱上，土司用长矛投杀爱撒萨，长矛投去，没杀伤爱撒萨，相反铁链却被长矛射断了，爱撒萨乘机拾起长矛脱身逃跑。

土司家丁紧追不舍。爱撒萨涉过了 99 条山河，翻了 99 座大山，最后到了一个山洞里，爱撒萨太累了，便把长矛靠在身边睡着了。不知怎么搞的，长矛几次倒地将爱撒萨惊醒。爱撒萨火了，随手把长矛扔出去。不料，扔出去的长矛正好击中追赶他而来的土司家丁。爱撒萨拔矛继续向前奔逃。

在路途中，爱撒萨遇见一位能驾 100 张犁耕田的农民，便串通好这位本领高强的农民。爱撒萨和农民走着，在森林中又遇见一个能拔 100 棵大树的人，爱撒萨邀约这位大力士入伙。后来，他们又在河边遇见一个能举 900 斤大锤的人，爱撒萨又约这位大力士同行。不久，4 人又在山箐遇到两个能用手掌破竹子的人，他们又约这两个人加盟。爱撒萨一路上共邀约了 5 个好汉。

自爱撒萨逃走后，残暴的土司四处打听。冤家路

窄，爱撒萨在一个叫户邦的寨子与土司派来的人马交
锋。爱撒萨等人不费吹灰之力，将土司兵丁打败，土司
兵丁仓皇逃窜，土司的残兵败将逃回土司府，土司惊恐
杀头灾祸降临，便服毒自杀了。

爱撒萨带领 5 条好汉，受到故乡百姓的欢迎。

这是一个虚构的人物传说故事，但是爱撒萨的英雄事迹，勇
敢精神体现了阿昌族人民反抗压迫剥削的斗争精神及不屈不挠的
民族性格。人们津津乐道地赞扬爱撒萨的斗争精神，将爱撒萨品
格、境遇理想化、神格化，土司长矛扎不伤爱撒萨，爱撒萨有危
难时还会提醒他，扔出的长矛则击中敌手，极具理想化。另外，
"能驾 100 驾犁""能拔 100 棵树""能举 900 斤大锤""能用手
掌破竹子"的 5 条好汉，也代表了阿昌族群体团结的良好愿望和
惩恶扬善的思想。因而，此传说合情合理，水到渠成。

这个故事，流传于陇川县户腊撒地区。阿昌族人民历来具有
反抗外族入侵的斗争精神和光荣传统。近代，在户腊撒地区，民
族矛盾、阶级矛盾较为复杂，人民深受封建统治阶级、汉朝廷官
员及本族土司三座大山的残酷压迫，不堪忍受欺凌压榨的阿昌族
人民，不断反抗斗争。明清至中华人民共和国成立（1950 年）
为止，阿昌族人民一直同官府、土司不断斗争并举行了数百次武
装暴动和起义，杀死了多名作恶多端的土司。

这些历史事件中的当事人，人们通过加工改造，成了今天流
传于民间的一个个活生生的人物传说故事。

《爱撒萨》这则故事，是虚构创造的艺术典型，但是历史背
景及事件则是人们记忆中所发生过的真实的历史事实。据此可
说，爱撒萨是人们对历史的认识和艺术的再现。因此，说者情
真，听者意切，深刻地反映了阿昌族人民的爱憎情感，揭示了历
史的真实性，具有一定的教育作用。

历史事件传说故事是以历史事件为原型，经过加工演义的传说故事。比如《筒裙吓跑张财主》《皇阁寺的传说》《仙人盖金殿》等传说就属于这一类。

传说故事《筒裙吓跑张财主》，讲叙的是历史上梁河县关章寨妇女赵乔焕、杨顺招带领曹氏佃户妇女们抗租的一个历史事件。此传说故事的内容确有其事，但是经过艺术加工和夸张提炼，变成传说故事后，突出了妇女们用筒裙就可以吓跑张财主的生动情节。事实上，这是正义的威力和敢于斗争的精神胜利。妇女在现实生活中所受压迫最深最重，她们勇于或敢于起来反抗，并获得胜利，是一件不小的事情。这个传说故事多少年来成为了人们茶余饭后的美谈。

阿昌族另一则历史事件传说故事《皇阁寺的传说》，以皇阁寺的修建为主线，反映了道教传入阿昌族地区，沐英三征麓川进入阿昌族聚居区，建盖勋庄、修庙宇、办学堂，带来先进生产技能的故事。对阿昌族人民来说，历史上的这些重大事件是一篇篇不可多得的历史传说。《皇阁寺的传说》首先反映了历史，其次反映建筑风物本身。因此，历史事件传说故事首先强调故事性，其次才是属实性。

《皇阁寺的传说》故事梗概为：

> 明朝沐英大将率兵入滇西驻边疆。脚走马驮，沿途险山恶水，瘴气四起，食宿行军困难重重，折兵损将，损失很大。沐英正进退两难时，梦见玉皇大帝派来地母，地母说："只要到目的地就胜利！"沐英问："目的地在哪里？"地母不说，只说："跟白马鹿走。"地母化身为白马鹿带路，指引沐英率兵翻过了高黎贡山，渡过龙川江，经过风吹坡到了户撒的明光。太阳当顶，正是行军时候，白马鹿突然不见了，沐英便命令三军安营扎

寨。户撒是一个长带形的坝子，三面环山，另一面出口是盈江大坝子，户撒河自坝中灌流，易守难攻，加之气候一反四周傣族坝子的炎热，没有瘴气，也不像高黎贡山空气稀薄、气候严寒，真是兵家的理想驻地。

沐英大功告成，兴致勃勃地率众将去打猎。追猎中蹿出一只白麂子，怎么射也射不着，追到白麂子消失的地方，一瞧，正是原来白马鹿不见了的地方。沐英定睛四下打量，只见此地背后青山起伏、森林茂盛，前面缓坡连接坝子，红坡绿坝；左边从深山流出一条清清的小河，右边也是一条欢唱的小溪，真是一块宝地！为报答玉皇大帝的保佑，沐英决定在此建造皇阁寺。

全户撒的阿昌族被沐英召集来了，伐木的伐木，抬石的抬石，在沐英派出的工匠指挥下破土动工了。

谁知却出了一件怪事。地基白天刚挖好，晚上又长出土来。人们挖啊挖，挖得满头大汗，累得两眼直冒金星，地基还是挖不出来。

一天收工后，一位工匠忘了靴子在工地上，半路转回去拿。返回时，似乎有人在讲话："不用铜锄挖，不用铜钉子钉，我们是不怕的。"工匠看看四周无人影，吓得连靴子也不拾，慌慌张张跑回家。工匠回去跟沐英一说，沐英转愁为喜，立刻吩咐工匠连夜打铜锄铜钉。第二天，一铜锄挖下去，一对金鸡从地下飞出，飞到阿昌族寨子线董山上去了，再用铜钉子钉下去，土再也不冒起来了。

皇阁寺盖好后，沐英请来道士主持寺庙，可是人们不去朝拜。原因是铜钉钉死了地脉，地下的小白龙在不住，冲出来飞进左边的河里兴风作浪。沐英手下的一位木匠师傅，砍来一棵万年楠木树，雕刻成一条大黄龙，两头钉上利剑似的钉子。投入河里，立刻变成真龙，跟白龙打起来，一阵激烈争斗后，鲜血染红了河水，木龙跃出水面，摇头摆尾，向人群欢呼，然后看了一眼漂在河面上白龙的尸首，又投入地下，这样地脉又活了。从此，到皇阁寺朝拜的人群中就有了阿昌族。也从此时起，阿昌族的一些人，既信奉南传上座部佛教，又信奉道教。

这则故事是极为高明的，曲折隐晦完完整整地反映了道教宫观皇阁寺的历史和道教艰难地渗入阿昌族地区的历史。传说故事中显而易见地暗喻了那对金鸡和那条白龙，是阿昌族原生态的宗教信仰。阿昌族南传上座部佛教的宗教节日"阿露"（会街）的吉祥物是青龙和白象。

这则故事里，金鸡和白龙被当作阿昌族的宗教力量和意志化身。金鸡和白龙先是躲在地里涨土，企图阻止修建异教建设和异教传入。后来，天机泄露，被铜锄铜钉制服。"一对金鸡从地下飞出，飞到线董（阿昌寨）山去了""铜钉钉死了地脉，地下的小白龙也在不住了"，代表阿昌族原有宗教的白龙，只有退让到河中，去阻止朝拜异教的阿昌族教徒。在河中也好景不长，沐军木匠师傅用万年古楠木雕来木龙，与白龙厮杀，鲜血染红了河水，木龙成真，成胜了白龙。小白龙战死疆场，尸漂江河，从此到皇阁寺朝拜的人群中就有了阿昌族。

阿昌族的民间文学有如此强大的扩张力，能准确生动地反映社会，揭示历史，这不得不令人叹服其高超的艺术功力。

当然，《皇阁寺的传说》这则故事，还可以从地方古迹、名胜风物观点去探研，那样也许还别有一番魅力。

历史上，阿昌族的确有过激烈的宗教斗争。多种文化内涵的宗教信仰，在互相吸收、互相融合过程中还相互适应、相互并存。

另外一则历史事件传说故事《仙人盖金殿》，更为直接地表现和反映了刀光剑影的宗教斗争。传说，光绪甲辰年间，不知从哪里来了一个道士，自吹是"仙人"，要大家在路上烧起熊熊大火，他要从中走过。远近村寨的百姓，特别是芒旦寨的百姓被道士的绝招迷惑了，连腊撒盖土司也佩服这位道士，服这位道士管教，腊撒有 5 个畹（相当于行政村），就有 4 个畹的头人听这位道士的话。道士要大家化缘集资为他盖金殿，声称他要做皇帝，并写信给光绪皇帝，如果皇帝不服气，要打快来打，否则他要杀进京城。皇上看了信，下令腾越厅派兵捉拿道士。

再说，虽然不少人服从道士的管教，但是拉起（阿昌寨）畹的刀头人就不服道士的管教。道士扬言要把拉起畹的刀头人远远地撵走。道士正要行事时，腾越厅的兵马赶来，在三岔路口打死了自称"仙人"的道士。阿昌族群众说，至今芒旦寨子背后，还有下好石脚未能盖成金殿的遗址。

这则故事的主题择向与前则故事如出一辙，所不同的只是前者的"金鸡""白龙"的结局与这则传说中的"刀头人"等拉起畹的民众们的结局是相反。这则故事，完全是以胜利者的口吻叙述的，尽管借助的是官兵的强势，但是"在三岔路口打死了"异教仇敌（道士），这是作为传说的创造者们所愿望的和所企求的。文学，是人学，反映的是人在社会历史进程中的所思所感。有时隐晦、有时直露，或许这就是民间文学这种"俗"文化的可爱和可贵之处。

风物风俗传说故事：这类故事专门叙说山川古迹、花鸟虫鱼、风俗习惯或乡土特色的命名和由来。风物风俗传说故事像神话一样注重解释自然现象，但是传说的成分比神话的成分更具体现实，幻想成分只出于让传说富于传奇性。

阿昌族风物风俗传说故事，在阿昌族的民间故事中，占有相当数量。由于这类故事传说的作用在于说明和解释本民族风物风俗的天然合理性，因此题材本身便决定了这些传说故事浓郁的地方色彩和鲜明的民族特点。阿昌族还有一些故事是解释性的传说，比如《户撒坝为何不平》《户撒田为什么一半肥一半瘦》《户腊撒坝的来历》《蹬山匠的故事》《蜈蚣田》《雷打石》《干龙塘的传说》等。

《户腊撒坝子的来历》中说，户腊撒坝子原来是由大山分隔着的两个坝子。户撒坝有一个叫兴过的打猎青年能手，翻山时偶然遇到了腊撒坝打刀师傅家的女儿软糯。兴过和软糯相亲相爱。软糯是一个美丽聪慧的好姑娘，求婚者很多。招亲的日期定在会街节，以小伙子打制的好刀能砍断树桩的粗细来定胜负。打猎的兴过拜师求教，终于打出了一把精良的长刀。在100多位求婚者中战胜了所有对手，包括一个土司的儿子，赢得了软糯的爱情。土司的儿子心怀不满，在兴过前往迎亲的路上暗算了兴过。软糯悲痛欲绝，挣脱了乡亲们的劝阻，一头向大山撞去，山摇地动，大山倒伏，隔山的两个坝子连在了一起，软糯也安详地死在兴过的身边。

人们为了纪念兴过和软糯真挚美好的爱情，就把兴过住的坝子取名户撒（坝头）、软糯生活的坝子取名腊撒（坝尾）。至今，人们总爱把两个坝子连在一起称为"户腊撒"。从此，兴过打成的各种各样的刀就叫作阿昌刀，也叫"户撒刀"。

这则故事叙说了户腊撒坝子的由来。同时也介绍了"户撒刀"的由来，还歌颂了兴过、软糯忠贞不渝的爱情故事，也属爱情故事。这是民间文学中常见的题材交叉现象。另一则《阿芒和阿衣》的传说也表达了相类似的内容，并解释了户腊撒坝的来历。

另一则风物风俗传说故事《蹬山匠的故事》，在阿昌族民间中普遍流行。据说形似脚印的山窝子是蹬山匠（也称"仙人"）踩过的地方，山梁的大垭口是赶山抽打留下的印迹。

《蹬山匠的故事》故事梗概为:

> 从前有一个蹬（dèng）山匠，手执赶山鞭，能呼
> 风唤雨，且能挥动赶山鞭移山走石，在天边有风洞时，
> 就常常赶着大山、赶着石头去堵去补。蹬山匠赶的石头
> 会自己走路，但是只能夜间走，天亮后就会停下来，而
> 且遇见行人时，只能说石头是猪，否则就不灵。有一
> 年，天边又有漏洞要补，蹬山匠赶了一山一凹成千上万
> 的石头去补天，赶的石头多走得慢，从腾冲走向梁河，
> 当走到荷花小庄前后，天开始放亮，被一个起早的农民
> 看见。蹬山匠看着走不动了的石头群，问农民："喀看
> 见一个赶猪走路的人？"农民回答："没有看到猪，只
> 见到一些石头。"这个答话破了把石头当猪赶的法术，
> 石头就永远停留在那里，形成了方圆数公里的石山。蹬
> 山匠赶不走石头，便说："一个石头取三两油。"边念
> 边取走了油水。因此，那些石头都有蜂窝似的空眼眼，
> 当地叫作蜂窝石或松花石。
>
> 至今，当你走到梁河县与腾冲县交界处的小庄街
> （荷花乡）附近，就会看见满山遍野的一群群相依相靠
> 的石头，堆积成山，其状大多像睡懒觉的猪，石多如
> 山，故那一带又叫作石头山。

蹬山匠所具有的神力和壮举，极可能是承袭神话、史诗演绎
而成的变异传说，因而具有一定超人的幻想和神奇的内容。但是
蹬山匠所具有的传说特征已很明显，对山川某特征的叙说指向很
明确，故将"蹬山匠"归划在风物风俗传说故事中是合适的。

风物风俗传说故事在阿昌族社会生活中占有重要地位。民族
的风俗习惯是由本民族的历史文化、生活环境和民族心理及审美

情趣等多种因素所决定的。阿昌族风物风俗传说故事，把自然现象和社会现象人格化，并有机地融合在人们的生活中。

另外一则风物风俗传说故事《织布机的由来》，讲述了人类为了穿衣，用人体器官制造织布机的故事。用人皮做"胯皮"、小腿做"小滚筒"、大腿骨做"大滚筒"、肋巴骨做"砍刀"、头发做引线，以及妇女死后要用竹棍、线做一套织布工具随葬的风俗由来。这则故事记录了人类从兽皮树叶遮身转入种麻织布的历史。《三兄弟打铁》的传说，则讲述了阿昌族学会打铁的由来，并且还解释了阿昌族打铁通常由3人组成一组的劳动风俗。

这类风物传说中，《缝花衣》的传说解释了阿昌族妇女生产并穿着"缝花衣"的习俗。《毡裙的故事》介绍了阿昌族女性围系毡裙的由来。《绡迈的传说》讲解了阿昌族青年男女以"绡迈"做定情物的风俗由来。《大青树下的祭礼》讲述了八月八到大青树下祭祀英雄蓬阿习俗的由来。

还有《龙筋草》《三把金刀》《神奇的手杖》《万能的鼓》《仙草》等流传于民间的故事，则是阿昌族另一类幻想性很强、情节离奇的民间风物风俗传说故事。

纯风俗传说故事，是那些阿昌族人民信以为真，把风俗习惯与传说故事密切结合在一起，并且人人遵循、家家知晓的风俗故事。

风俗传说，在阿昌族民间深受欢迎，人人知晓，在婚庆、娱乐场合、茶余饭后，用盘"古本"的形式，追根溯源娓娓道来，因此广为流传。

风俗传说《谷稷》（或称《老姑太》）、《谷期的传说》，讲述了一个瞎眼的老姑太，充满智慧，精于耕作，教会人们栽种五谷，深受人们爱戴的故事。传说，老姑太不论到哪家，哪家的收成就好。老姑太死后，人们亲切地称她"瞎子鬼"，并把她当作谷神供养起来。故事寄托了阿昌族人民对"瞎眼老太婆"的深切怀念。因此，每年三月撒种，八月尝新时，都要用竹竿绑玉米或取带穗的玉米秆（象征故事中老太婆的手杖，供祭在前屋堂角上），举行祭祀活动。同时，挂一小只竹篓，放上玉米和鸡蛋，在谷仓或谷囤边上，让其守谷仓、守谷魂。阿昌语称"谷期榜争"。这个风俗沿袭至今，仍风行在世。

《狗的故事》和《八月十五先喂狗》则分别流传在陇川县阿昌族地区和梁河县阿昌族地区，故事内容都是讲述谷种的由来。传说谷种是由狗获得的，因此每到八月十五尝新谷时，要先把狗喂饱，家人才能吃饭。这两个风俗传说中叙述的风俗习惯，现今仍然盛行于阿昌族地区。

另外，这两则传说，都突出了狗为人类获得谷种的核心意识或图腾观念，并解释了敬狗习俗的渊源。

《转牛头的传说》讲述了阿昌族每年正月十五的第一个属龙日或属虎日，扛犁牵牛，到自家田地或寨边寨中宽阔的场子象征性地空犁几趟的古老习俗。这是农耕民族古老的农事祭祀仪式，寄托了人们良好的增值愿望和勤劳思想。

《吉祥的小条幅》讲述了阿昌族盖房起新屋时，在竖柱架梁仪式上兴贴"道好""道有""道富""道贵"小红条的风俗由来。

《陪郎撑伞》讲述了阿昌族婚俗在迎亲仪式中要向新郎泼水的习俗。《陪郎撑伞》的故事还包含了反抗包办婚姻，争取婚姻自主的爱情故事。古俗为防新郎被"水带飞刀"暗算而请两个陪郎撑伞陪护。

《亲妹子和晚妹子》（也译《亲堂妹子》）讲述的是出嫁的姑娘去世后，娘家把她的灵魂接回祭献7天的风俗。

其他风俗传说如《吐烟水的传说》解释了阿昌族妇女及老年部分男性嚼烟丝的生活习惯。《阿昌族的秋千》叙述了阿昌族荡秋千娱乐的习性。

阿昌族风俗传说故事所传达的故事，紧密结合民间盛行的习俗，其解释性生动贴切，饶有情趣。在传说与风俗的交织中，互相印证，风俗纠正着传说，传说又指导着风俗，使人们的风俗习惯，在历史发展过程中更规范、更统一。

3. 民间生活故事

阿昌族神话、传说以外的民间故事，广义地讲是民间生活故事。按产生的先后及所反映的内容，可分为动物故事、植物故事、幻想故事、历史故事、斗争故事、巧女故事、机智故事、爱情故事等。

民间故事中产生最早的故事是动物故事和植物故事。原始时期，人与动植物关系密切，当原始人产生想象与创造意识后，创作了自己认识程度上的关于动植物的来源、动植物的习性、动植物的特征，并由此产生动植物故事。这些相继产生的动植物故事，随着历史的演进，在阶级社会又得到了不断地发展和丰富。

阿昌族的民间故事，可分为动物故事和植物故事两大类。

动物故事：阿昌族动物故事相当丰富，这与阿昌族社会生活有密切关系。阿昌族历史上长期以狩猎为经济形态生存，因此动物在阿昌族社会生活中占有重要位置。到了阶级社会，虽生产力有所提高，但是动物与人们的劳动生活仍关系密切。在此背景下，产生了大量的相当丰富而生动的动物故事。阿昌族动物故事，可分为以下几类：

第一，人兽结合的故事。这类故事有《狗头国》《白狗代嫁》《老熊抓人脸皮》等。《狗头国》中说，一郎姓姑娘被一个狗头毛人抢去成了亲，日子过得很好，3 年后还生了一个儿子。《老熊抓人脸皮》中又说，一个妹子在地里撵雀，感到很孤独，一头老熊天天来窝棚陪她，久而久之，他们生了两头小熊。妹子之兄，杀死了老熊破坏了他们的结合，小熊为报父仇，从此见人就抓脸皮。这类故事是阿昌族最古老的动物故事。产生于很早的原始时代，那时人类的认识能力有限，尚不能将与低等动物完全区别开来，不但对低等动物的特征缺乏认识，而且对人本身的特征也认识极少。因此，时常把自己和动物等同起来，认为人与动物同类，动物也像人一样有自己的语言和思想感情。因而，产生了这类在今天看来荒诞离奇的故事。也正因为这类故事产生较早，是人与动物接触较多的早期人类社会的产物，有些还是原始人的动物图腾故事。因此，这类故事中的动物未脱离自己的原形，故事情节也很简单。

第二，人兽互变的故事。这类故事比上一类故事产生稍晚，是阿昌族先民在早期的劳动生产过程中，对现实生活的一些现象的粗浅认识与必然联想的结果。比如，当看到静止不动的鸟蛋变成了会飞的鸟，许多爬行的毛虫变成了会飞的五颜六色的花蝴蝶等现象时，由于原始先民尚不能发现这些事物变化的内在原因，便产生了天真简单的联想，这就是阿昌族这类人兽互变故事的雏形。阿昌族动物故事的变形是多种多样的，但是主要讲动物变人，也讲人变动物。变形的原因也多种多样，有的自己能变形，有的则要借助外界的某些条件。

《老虎为什么咬人》中说，一个出门人与同伙打赌，在地上打个滚就变成了一只斑斓大虎。

《青蛙儿子》中又说，青蛙在新娘的关心下，夜间变成了一个小伙子，英俊魁梧，一表人才。后来，因蛙皮被烧，青蛙浑身起泡，倒地而死。

阿昌族的动物故事往往以人和动物相互变形，地位同等的原始观念为基础，将人与动物某些相似的习性、性格及表象特征联系在一起。

第三，解释动物习性的故事。这类故事在阿昌族动物故事中最多。故事开门见山，只要一看讲述者的题目就知道故事将会告知你什么。比如《水牛为什么没有上牙》《知了为什么没有肠

子》《穿山甲见人会把身子缩成一团的原因》等等。阿昌族动物
故事运用离奇的想象,生动有趣的语言告诉人们,为什么这些动
物具有这样的习性和外形特征。比如《穿山甲见人会把身子缩成
一团的原因》是因为穿山甲是一个嗜酒成癖的醉鬼,经常赖乌鸦
的账不还。有一次,乌鸦请画眉鸟做证,当众要债出了穿山甲的
丑,穿山甲要赖有术,为了不丢面子,干脆把身子蜷成一团,把
脸嘴埋在盔甲里。从此,穿山甲见人就把身子蜷成一团。另一则
《穿山甲的故事》解释穿山甲为何有鳞片的故事。穿山甲原是一
条河中大鱼,因妖魔作乱,被赶上山,太阳晒焦晒硬了鱼鳞成了
甲壳。太阳太热,只好钻往山里打洞躲凉。后来始祖来找所有在
山里的水族动物,穿山甲因钻得太深,并在深洞中呼呼睡觉而错
过了再次回到河水里生活的机会。因此,穿山甲留在山里,但是
仍保留着鱼一样的鱼鳞壳。

这类故事幽默风趣,不仅对许多动物的特征做了生动的说
明,并从这种幻想性的传说中,反映了某些生活现象。《张四方
鸟为什么光骨碌》可算是此类故事的典型。张四方鸟因不爱劳
动,衣襟破烂,在孔雀主持的百鸟舞会上,大家看张四方可怜,
便凑了一件漂亮衣裳给张四方,但是张四方穿上百衣羽后却沾沾
自喜,忘恩负义。为了惩治张四方骄横傲慢的习气,百鸟又要回
了各自的羽毛,于是张四方鸟又成了原来的那种光骨碌的样子。
《水牛为什么没有上牙》中说,水牛原来有两排整齐的牙齿,有
一次老虎称能,反被人打得鼻青脸肿,水牛见了一乐,从田埂上
摔下来跌掉了上门牙。这些趣味横生的故事解释着动物习性及外
貌特征。故事中贯穿着这样一个主题:赞美勤劳和诚实、赞美助
人为乐和聪明智慧,反对懒惰、虚伪、贪婪、自私、投机取巧、
不讲信义和狂妄自大。这类故事借助解释动物的习性特点,将阿
昌族人民的好与恶、美与丑观念寓于其中,意在教育人、启
发人。

　　第四，表现传统美德的动物故事。在阿昌族的动物故事中，借助动物故事满腔热情地歌颂了自己的传统美德和精神品质，也无情地抨击和讽刺了现实生活中的丑恶行为。《麂子和豹子换工》中说，麂子和豹子换工干活，麂子帮豹子时只吃青草山泉，豹子帮麂子时却一定要吃肉。麂子无奈只得偷小豹子煮给豹子吃。这一来闯了大祸，豹子追杀麂子，麂子东躲西藏，在野猪的帮助下才脱了身。这个故事对豹子贪婪、凶残的丑恶品行进行了批判，同时对野猪见义勇为和助人为乐的高尚品质进行了赞扬。类似故事还有《野猪和狮子》《拖百练借锦衣》《雇工马和塔拉雀》等，都热情地赞扬了善良、正直的品质，讽刺了懒惰、奸诈、虚伪、投机取巧、不讲信义的恶劣行为和作风，充分体现了阿昌族人民的道德观念和是非标准。

　　阿昌族动物故事，在阿昌族人民的社会生活中有着特殊的地位和教育作用。阿昌族动物故事的教育意义及思想内容十分丰富，具体可分为以下几个方面：

　　第一，教育人们要善于识别真假，分清敌我，对那些忘恩负义的行为决不能同情和怜悯；教育人们做人切忌狂妄自大，欺侮弱小。《豹子坐猫》中说：猫不辨真伪而错教豹子爬树的本领，结果险遭豹子残杀；幸好，豹子还没学会下树的本领，不然猫的后果不堪设想。豹子从树上跌下，跌脱了腰。乌鸦叼豆腐渣来帮豹子治愈，豹子托着“豆腐腰”发誓，见一只猫，坐死一只猫。在《蚂蚱和猴子打架》中说，猴子狂妄自大，欺负弱小，却反而惨败在蚂蚱的手下。这类故事结局以弱小者不畏强暴，团结一致，最终以自己的聪明才智战胜狂妄自大的对手来收场。

　　第二，告诫人们为人处世要忠厚老实、互敬互爱，谴责那些投机取巧，损人利己，不守信用的不良行为。《兄弟分家》中讲：一家兄弟俩分家，哥嫂良心不好，霸占了全部财产，弟弟只分到一块玉麦地。一天，弟弟守地撵雀时睡着了，被过路的一群猴子错当死人，敲着金锣金鼓去埋丧，弟弟突然醒来吓走了猴子，金锣金鼓为老实的弟弟所得。第二天，贪心的哥哥去装死，梦想也能得到一套金锣金鼓。结果，被猴子扔下深涧摔死了。《腊鹤雀借箫》中讲：腊鹤雀本来有自己动听的叫声，后来用花言巧语骗走了竹䴀的竹箫，飞到很远的地方，天天兴高采烈地吹啊吹，最后自己本来的叫声也反而忘记了。所以，如今的腊鹤雀的叫声，很像竹箫的声音。

第三，讽刺不劳而获、追求虚荣、散漫懒惰的思想行为；歌颂人们勤劳勇敢的高尚品质；教育人们要团结互助，平等互助，平等相待，知错必改。《雇工鸟和塔拉雀》中，雇工鸟懒得出奇。春光明媚的日子，大家都为过冬而起房盖屋，拼命奔忙，只有雇工鸟懒散地晒着太阳。冬天来了，雇工鸟连一个落脚的地方也没有，后来只好做出"雇工下蛋塔拉抱（孵）"的丑事，雇工鸟被人唾弃。在《拖百练借锦衣》《张四方鸟为什么光骨碌》等故事中则谴责了不求实际、爱慕虚荣的不良思想作风，赞美了勤劳诚实、善良刚正的高尚品质。在《大象走路为什么脚步轻》等故事，则从正面歌颂了知错必改的美德。大象过去走路大手大脚，时常祸及其他弱小的动物，后来大家找大象说理，大象自知理亏后，改正了自己的错误，从此大象走路就变得轻手轻脚了。

阿昌族的动物故事，赞美高尚的品质，鞭挞不良的行为，富有寓意性和哲理性。故事结局，往往善有善报，恶有恶报。正直、善良、诚实者，最终总是会得到好报；邪恶、奸诈、投机取巧、自私自利者，虽然一时得势，诡计暂时得逞，但是最终还是要遭到惩罚，得到恶有恶报的下场。这些动物故事同时也反映了阿昌族社会生活中，正义与邪恶、善与恶、美与丑相互矛盾斗争的现实，浸透了阿昌族人民的思想感情。

阿昌族的动物故事，篇幅都比较短，情节也比较简单，在艺术表现方面，常采用拟人化的手法，赋予动物以人格，以简洁的情节表现各种动物的性格，几乎所有的故事都只截取动物生活中与人的性格相近似的某些片断，加以渲染、刻画。这些故事看来虽小，但是以小见大，通过一个个简短的生活片断，从不同的侧面，揭露了反面形象的贪婪、昏庸、愚蠢和无知的本性，赞扬了正面形象的高尚品格。

阿昌族动物故事内容丰富，色彩斑斓，总结了阿昌族人民在漫长的历史长河中的生活体验和社会经验；反映了阿昌族人民的思想感情和爱憎，有着深厚的群众基础。

植物故事：阿昌族的植物故事与动物故事相比，所收集整理到的数目比较少，内容的涵盖面也较窄。主要有《稗子》《树木不会走路的传说》《松树想当王》《樱桃疮》《桦桃和杞木》等几则故事。

阿昌族的植物故事，给人民描绘的是活生生的有善恶美丑的世界。这些植物故事，将植物人格化，赋予植物人的思想，用拟人的手法，以某植物的表征和某些特征为视角点，或解释或评说，给人们塑造了有血有肉的植物形象，反映了人类社会的复杂关系。

幻想故事：产生于原始社会，发展于阶级社会。早期的幻想故事作品，反映了原始社会人们的生活、信念和风俗，后来的幻想故事作品广泛反映了阶级社会的复杂关系。阿昌族的幻想故事，具有丰富的想象力，往往充满浪漫主义色彩。故事中人物、情节及事物，大多因幻想而带有超自然的性质。人物方面有可怖的妖魔、法力非凡的老者，还有蛇郎、青蛙王子、龙王、龙女、仙女、螺蛳妹、小金鱼、只有米粒大的灯挂人，还有人格化了的手杖、小铁盒、小金鼓及会救人命的宝剑、仙草等。阿昌族幻想故事情节变幻莫测，神奇浪漫。螺蛳变成美丽的姑娘与人相爱；受坏人迫害的夫妻双双殉情变成一对小鸟；土司作恶变成老虎，成了老虎每年还要吃一个女孩，打虎英雄蓬阿杀死老虎，又变成受人们祭拜的大青树；冤死的媳妇变成金丝鸟等等。阿昌族的幻想故事中包含有阿昌族的信仰、习俗、社会制度和心理等方面的内容。阿昌族的幻想故事目前已经整理出来的有《屙金银》《心想天来大》《仙草》《龙草》《曹扎和龙女》《螺蛳姑娘》《奢三和线二》等几则。

《屙金银》，主要流行于梁河县阿昌族地区，是一则幻想性较强，最具代表性的作品，反映了阿昌族的古老观念、犬图腾崇拜意识及阿昌族的心理状态。

在很古老的时候，有一对阿昌族兄弟。哥哥为人奸诈，好耍心计；弟弟老实，说话做事一五一十。哥嫂不想带弟弟一起生活，便主张要分家过日子。树大分枝，人大分家，弟弟便只好凭哥嫂定盘子。

一切都分好了，只有一条水牛不好分。嫂子出主意，煮了两碗稀饭，先吃完的拉牛鼻绳，后吃完的拉牛尾巴，哪个赢哪个就得牛。

哥哥三下两下先吃完稀饭，弟弟怎么也吃不下，原来哥吃的稀饭是凉的，弟的稀饭是刚从热锅中舀的。哥哥拉牛鼻子，弟弟扯着牛尾巴，两人一同使劲，弟弟只拉下了几只牛虱子。弟弟十分悲楚，一串串泪珠簌簌而下。弟弟把牛虱子放在石块上，突然一只大公鸡跑来啄吃了牛虱子，弟弟很伤心，哭了三天三夜。公鸡的主人很同情弟弟，就把大公鸡给了弟弟。

弟弟天天看着大公鸡，喂公鸡最好的食物。一天，一只大黄狗跑来，一口咬死了大公鸡。弟弟骤然泪下，又哭了三天三夜。狗主人看着弟弟可怜，就把大黄狗送给了弟弟。

弟弟得了四只脚的家畜，斗了一把犁，捏了几个饭团背在筒帕里，吆起狗犁田去了。有一天，弟弟正犁着田，一群马帮路过，赶马人有趣地笑了，便与弟弟打赌："你的黄狗犁三转，我的骒马输一半。"弟弟把饭团往前边一扔，狗便拖着犁去吃饭团。弟弟又将饭团往回一扔，狗又犁了一转。就这样犁了三转，弟弟赢了，吆着一帮马唱着山歌回家去了。

哥嫂听见马叫声，都来看热闹。得知弟弟得马的经过后，便硬要借狗去犁田。

第二天，哥哥正驾狗犁田，一群马帮路过，马锅头站着对哥哥说："你的黄狗犁三转，我的骒马输一半。"哥哥将饭团一扔，"欧—吃，欧—吃"地喊，但是黄狗却卧地"汪汪汪"直叫。马锅头讥笑了几声，吆着马帮走了。哥哥气头窜上来，几棒子把黄狗打死，丢在田埂上回家去了。

弟弟知道哥哥把黄狗打死后伤心地哭了三天三夜，到田里看黄狗最后一眼。只见田埂上长出一棵枝叶翠绿的金竹（金竹即荆竹），金竹上一只小红雀蹿来蹿去，连连叫着"屙金银、屙金银……"弟弟定睛一看，一锭银子和一条金子掉在地上，他连忙用帽子接住。哥嫂见了金银，也想要，问明来由，第二天一早就走到田里，果然有一棵绿竹和一只小红雀。他们几步蹿过去，取下帽子接着，口里咕叨："屙金银、屙金银……"不料小红雀屙下一串串雀屎，全落在哥嫂的身上，哥嫂被臭得头晕眼花，便把金竹砍倒了。

弟弟知道金竹被砍了，痛哭流涕，哭了三天三夜，去田里把金竹扛回家，编成一只鸡笼，丢在大门口。说也怪，村里很多母鸡进鸡笼生鸡蛋，弟弟每天都收到一笼鸡蛋。哥嫂看到后又眼红了："明天把你的笼子借给

我们一天。"弟弟答应了。第二天，哥哥把鸡笼往鸡群
一扔，就在一边蹲着看，只见这只鸡进去屙下一堆屎，
那只鸡进去屙下一堆屎。哥嫂气得脖筋直翻，捂着鼻子
无可奈何地走开了。

这个幻想故事，情节一环扣一环，矛盾一个接一个，故事主
要以是狗与牛、马的价值冲突引起的。

故事完整准确地表达出了农耕时代阿昌族先民失去狗图腾崇
拜时的矛盾心态。

阿昌族幻想故事的艺术形象大多较为奇特。比如《灯挂人》
中讲道：

山箐里，一堵高高的陡崖下，有一个黑乎乎的石
洞，不知深浅，却有风声，像石风洞。弟弟被哥哥设计
骗落石风洞，在洞中看见的树，才有一人高。酸粑果，
只有筷头大。金竹最高，也只有几尺长。田园连片，每
畦桌面大，谷秆一拃（5寸）长；一穗谷子才结二三
粒。弟弟用手抹了谷粒放在嘴里嚼，香甜可口。弟弟便
左一把右一把地抹谷子，一片田的谷子，一会儿就被嚼
完吃光了。一群田主人赶来，田主人只有点香果油的灯
挂（灯具）高，灯挂人见弟弟五大三粗，吓得连连咋
舌，不敢挨近。弟弟"呵啾"一声喷嚏，灯挂人听了
如雷贯耳，惊恐万状，统统跑进树丛。

当弟弟再次吃嚼甜谷时，灯挂人心疼他们的粮食，
手拿弯弓，肩扛茅草箭，向弟弟围拢来。灯挂人搭箭射
击，箭扎在弟弟脸上，像跳蚤叮蚊虫蜇，血不出，皮不
破，射在身上，连麻布衣也穿不透。灯挂人射完茅草
箭，弟弟拾起茅草箭恰好捆成一把，用手举起，准备投

向灯挂人，转念一想，杀生害命不好，而且人家又小，
怪可怜的，就摸出火镰，把茅草箭烧了。

这是一则较奇特的幻想故事，描绘了石风洞内的世界是缩小
了的人间世界，情趣盎然，妙趣横生，简直像步入了浪漫的童话
世界。

《大青树下的祭祀》讲述了为富翁割马草的长工蓬阿的故
事。蓬阿无意中获得一只小铁盒，放在烂筒帕里一夜间变成了羊
毛织的新筒帕，还镶有珍珠。小铁盒放在衮衣破被上，便成了新
棉被。小铁盒放在哪里，哪里就出现神奇的东西。蓬阿盖的草棚
变成了砖瓦房，空空的米囤里堆满了米，钱罐里装满了钱。后
来，一名邪恶的富翁设诡计骗走了小铁盒，汉官又来找富翁追索
小铁盒。富翁贪婪地吞咽了小铁盒，卡得眼珠往外冒，舌头伸得
老长，不久变成了一只大老虎，吃牛吃马，八月八还要吃一个小
女孩，前村后寨人心惶惶。蓬阿身藏两把尖刀，准备除去祸害，
飞沙走石中被老虎吞进肚中，蓬阿仍艰难地进行肉搏，找到小铁
盒，含在口里，杀死了老虎。因用力过猛，自己也吞下了铁盒，
不由自主地变成了一棵大青树。每年八月八，阿昌族人民都会去
祭祀蓬阿。

这则神奇幻化故事反映了阿昌族的巫术现象。

《心想天来大》讲述了一个穷人在一个白发老人的帮助下，
将院内井里的水全变成了酒，穷人卖酒富了。但是到后来富了的
穷人心却变坏了，白发老人又将酒井变回水井。

《仙草》讲述了人死后，将仙草放在人的某部位，某部位就
能复活，直至整个人都死而复生，后来人们为了将仙草保存于天
上，蹬云梯时，被风刮走，失去了仙草，人死后再也无法救活。

《龙筋草》讲述了一个母亲割马草捡得一株使马草快速生长
的龙筋草，被儿子舔玩中咽下，儿子便口渴不止，要喝水，喝完

了母亲挑的水，喝井水，喝完了井水，又喝江水，最后变成一条青龙用布雨的方式偿还所喝的水。

《曹扎和龙女》讲述了小花鱼变成龙女，帮砍柴打鱼的曹扎屡次战胜龙王，结成美满姻缘的故事。

阿昌族的幻想故事，是在漫长的历史长河中，人民生活中产生的灵感，赋予完整的内容、浪漫的幻想和生活的形象，从而使人们获得感人的艺术力量。

历史道德故事：历史道德故事是区别于幻想故事，是注重反映现实生活的民间故事。广义地说，是倡导一定道德是非标准的民间故事，因此又称其为历史道德故事。应该指出的是所有的民间故事都因善讲"从前……""很古的时候"而具有史的含义；又因为都表达了或多或少的是非标准，具有说理（礼）的道德力量。

《腊银和腊康》对阿昌族各支系的血缘关系，作了形象的说明。

腊银和腊康是阿昌族打铁的两个兄弟。一天，兄弟在九湾河边的一个寨子打铁，震动了龙宫，引来麻烦。在九湾河百姓的帮助下，兄弟俩战胜了龙王，离开了九湾河。兄弟分手后，弟弟腊康来到一个坝子，从老妖婆手中救出了两个傣族姑娘。两个傣族姑娘感激腊康的救命之恩，都要嫁给他，腊康到山上找到了哥哥。兄弟俩齐心协力，战胜了捣乱的猴群，一同回到坝子里，分别与那两个傣族姐妹结了婚。因为傣族姑娘不会抠织筒裙上的狗牙花，不懂阿昌语，因此兄弟俩的后代就成了陇川户撒坝和腾冲、龙陵蒲窝坝的"小阿昌"。他们的服饰，不像梁河、芒市的"大阿昌"包高尖的包头，筒

裙也不抠花，系汉傣一样的黑素筒裙。他们的语言中，
也带了许多傣语。

这个近似神话传说的历史故事，叙述了阿昌族各支系间按居
住区域形成的风俗习惯、语言方言，甚至反映了宗教信仰存在差
别的历史根源，同时反映了历史上阿昌族和傣族之间亲密友善的
历史事实。这则历史故事内容的历史性是可靠的，只不过进行了
天真的艺术虚拟和加工罢了。

《定居户撒》的故事，追溯了阿昌族祖先在迁徙南移的旅程
中落籍户撒的经历。阿昌族并不是户腊撒的最早原住居民。当阿
昌族祖先从遥远的"腊涅旦"（北方的红泥田）和"蒙撒蚓"
（意泛指天边洞）迁来时，与先前居住在这里的人发生了纠纷，
双方争持不下，最后约定进行比试武艺定高低，胜者可成为户腊
撒的主人。首先，比砍树，指定两棵同样粗的大树，双方各选一
人使刀，先砍倒者为胜。比赛中，阿昌族选手落后，眼见就要输
掉，但是大树砍倒之前，阿昌人退出了比赛，坚持另立比赛项
目，否则比赛无效。对手无奈，只好同意。第二次比赛"削篾
线"，各取一根大竹，要求削出篾线来，谁削的线又细又长，谁
为优胜。比赛开始后，阿昌族人又落在后面，但是双方休息时，
阿昌人悄悄地在对方的竹子上用刀划了一道小口，当比赛重新进
行时，对手的篾线在小口处断了，阿昌人获胜了。对手羞愧难
当，带着自己的居民迁走了。从此，阿昌族便成了户腊撒的
主人。

这则历史故事所记叙的"史实"，在阿昌族历史上可能存在
过。这是历史上无数次出现的民族争执的艺术概括。事实上有些
争执远不是故事中"砍大树"和"削篾线"能决定的。

在这场争夺生息之地的尖锐斗争中，没有刀光剑影、没有血
流成河，阿昌族的祖先凭借自己的机智，终于战胜了比自己强悍

的对手，为子孙后代争到了这块繁衍生息的宝地，人们是自豪的。这也是艺术的力量。

阿昌族的历史故事，带有英雄主义的性质。历史故事是阿昌人对自己祖先艰苦创业的愉快回忆，洋溢着民族的自信，充满了对祖先创业的无比敬仰之情，激发着民族自豪感，对子孙后代具有传统教育的可贵作用。

如果说《定居户撒》的故事是产生于为自己民族的存活而斗争的时代的话，那么《选头人》的故事则形象地描绘了阿昌族农村公社制度的解体、封建领主制建立的历史进程。

阿昌人在户撒定居下来后，各村各寨各姓氏的族人，轮流出来管理公共事务。朗家、项家、郭家都轮过来了，没有一个人能把大家的事情办好。谁来当头人呢？开门节到了，族人们约定，赶摆的时候，在摆场里理下3颗土炮，所有的阿昌人都要从摆场走过，谁走进场子时炮炸响，谁就当头人。但是摆赶了整整7天，差不多所有的阿昌人都走过来了，还是不见炮响，摆场快散场时，姓熊和姓赖的两位老者才邀约着走进摆场。熊姓老人刚跨进门槛，鞋子脱落了，便弯下腰来穿鞋子，赖姓老人在熊姓老人拾鞋子的同时，也跨进了摆场大门。这时，炮响了，村民族人一致推举熊氏老人当头人，推举姓赖的老人当了副手。

熊姓老人开始管理阿昌人的公共事务，在石碑上刻条文，清正廉洁，将公务处理得井井有条，获得了大家的拥戴。后来，熊姓头人死了，由赖姓老人继续进行管理，赖姓老人贪心，为政不清廉，还派人把石碑上的条文凿去了。在赖姓老人主事后，加租派税，放高利贷，养起了家兵，肆无忌惮地盘剥和残害百姓。后来，户撒爆发武装起义，杀死了世袭头人赖有康。

这则历史故事，对了解阿昌族农村公社制度解体的社会结构与历史演变时期的社会形态具有一定的认识价值。故事以突出的历史性和传奇性构成了故事的鲜明特色，注重了阿昌族人民与头人（土司）阶级矛盾的由来。这与阿昌族人民具有反帝反封建的光荣传统和阶级斗争意识的民族气节相吻合。这则故事中以炮响为预兆的选头人方式，以及熊氏老人的艺术塑造都极富传奇色彩，表达了阿昌族人民对那些"力可倒牛""弩射百步穿杨""夷众服之"的氏族部落酋长及办事公正的熊氏部族首领们的追忆与缅怀之情。

阿昌族的一些民间故事提出了尖锐的道德伦理问题，《继母》颂扬了人与人之间的爱。

从前，有一个阿昌族男子成家后不久，妻子丢下一个名叫张理的男孩便死去了。男子带着这个孩子，既要下田劳动又要照料家务，日子过得十分艰难。别人劝男子再娶一个妻子，但是男子担心后娘对孩子苛刻，拒绝了。后来，听说邻寨有一个姑娘心肠好，便把她娶了过来。姑娘进门后，辛勤地操持家务，对前妻的孩子张理更是格外关怀，一家人生活得十分和谐。这后娘受到了邻居的赞扬，但是有人还是不相信，他们还要走着瞧。

一年后，后娘生了一个男孩，取名张孝。但是后娘对张理的照料却超过了自己亲生的孩子，出门时背大的牵小的。别人对后娘说："应当背小的。"后娘却回答："张理是没有妈妈的孩子，更可怜，我应当对他更体贴。"

不久，张理的父亲也去世了，但是这位继母仍像往常一样对待张理，母子3人过着非常和睦的生活。

后来，后娘得了重病，唯有凤凰肝才能治好。后娘瞒着张理把亲生儿子张孝叫到身旁，要张孝去为自己找药。张孝找药的事被张理知道了，他想："母亲不让我去，是偏护我。我是哥哥，应该我去。"这样，张理夺下了弟弟手中的弓箭，上路了。张理走了许多路，终于在一个王城外射到了凤凰，刚要往回走时却被一群兵士逮住了。原来，王子新建宫殿，需人头祭神，抓到了张理，正好凑足了数。张理苦苦哀求，愿意在医治好母亲（继母）的病后，再返回来接受处置，王子答应了。

母亲的病用张理带回的凤凰肝药医治好了，张理便离开了家，去接受王子的处置。当张孝和母亲得知后，十分焦急，张孝赶到王子那里，愿以自己的死来代替哥哥。王子知情后，十分感动，放了兄弟俩，并吩咐他们，等母亲病体康复后，一块到王宫来帮助王子管理百姓。

这则故事无疑是一曲美好的人性颂歌。这则故事提出的道德问题即继母与养子的关系问题，在阿昌族中十分普遍。故事赞扬了人与人之间的爱，十分动人。故事虽然带有理想主义的色彩，但是作品提出的问题，显然带有道德规范的性质，其教育意义和适用范围，应该说是普遍的。阿昌族民间文学中属于道德范畴内的故事很多，从广义上讲，凡是有倡导性和批判性的故事都是道德故事。此类故事中的正面人物善良、正直，虽然也受到非难，但是结果往往出人意料，获得好运。比如《编簸箩》中的矮伙计，忠厚纯朴；《虎口逃生》3个人当中睡中间的人忠厚善良，最终在老虎伤害的非难中，免去了灭顶之灾，并杀虎为民除了害。《勇敢的腊松扎》中受兄嫂亏待的腊松扎，勤劳善良，杀死了伤害人畜的大蟒，自己也获得了美满的婚姻。通过这类故事，可以看到阿昌族人民纯真的是非标准和良好的道德风尚。

　　阿昌族道德故事，除从正面角度提出民族道德伦理和为人处世准则外，有很多故事从批判的角度提出了道德缺失的问题。故事中的人物是被道德否定和贬责的对象，他们往往由于自己的行为或好吃懒做，或骄横跋扈，或助纣为虐，因而都没有好结果，都遭到可悲的下场。

　　阿昌族的历史道德故事一目了然地告诉读者，阿昌族人民喜爱什么，憎恶什么，提倡什么，否定什么，泾渭分明。这也是阿昌族道德故事的真正魅力。

　　阿昌族的道德故事，集中体现了阿昌族人民的道德观念。阿昌族批判恶行，颂扬善良的故事，也是对本民族道德教育的典范。阿昌族道德故事，对调整民族内部人与人之间的关系，维护友好和睦的社会关系，起着重要的作用。

　　阶级斗争故事：是阿昌族社会中穷人阶级与统治阶级在长期的封建社会中主要矛盾在观念形态上的直接反映。这类故事，集中表现了两个阶级的斗争冲突。故事中穷人受压迫、受剥削，但是他们聪明机智，爱憎分明；富人则狡猾狠毒，无知愚蠢。故事以捉弄、惩治富人为主要内容，在尖锐、泼辣、幽默和讽刺的艺术氛围中展开情节。

　　阿昌族穷人和富人的斗争故事有《牵马人和富人》《一丈高的人》《曹扎棍打财主》《郎姑爹赢官司》《筒裙吓跑张财主》《万能的鼓》《爱撒萨》等。

　　《牵马人和富人》故事梗概为：

　　　　一个穷苦的牵马人被迫给一个四体不勤、五谷不分的富人牵骑马。牵马人见富人骄横霸道，便在喂马料时看清马舌下有一块黑斑，在人多处让骑在马背上的富人下马来，说是不让骑了。富人争辩，牵马人说马是我的，我想让你骑就骑，我不想让你骑你就不能骑。富人请人评理，众人叫富人说出自家马的特征，富人哑口无言，穷人则指出马的舌下黑斑，众人一验证，果真如此，富人只好走路回家。

这个故事讽刺了富人的愚蠢，也表现了富人的东西都是穷人的，都是被富人剥夺去了的道理。颂扬了穷苦牵马人的机智与斗争意识。

《爱撒萨》中土司残忍得令人发指，为追杀自己想象中会夺江山的穷人孩子爱撒萨，第一次捉杀了全寨所有怀孕的妇女，第二次捉杀了所有一岁的男孩，第三次掠杀了所有放牛的少年，第四次想出毒计诱杀爱撒萨。最后爱撒萨逃出虎口狼窝，邀约了五个力大无比的穷苦汉子，杀得土司兵丁仓皇逃窜，土司也罪有应得自取灭亡。

《大青树下的祭祀》讲述了穷人蓬阿的故事。蓬阿自小无父无母，只身一人在曹富翁家当长工，专扯扫帚花扎扫帚卖，曹富翁为此赚了很多很多的钱。蓬阿在扯扫帚花时捡到一个会帮人创造财富的小铁盒，曹富翁起了歹心抢走了小铁盒，并变出新衣裳、新棉被，还诬陷蓬阿偷他家的东西，叫家丁将长工蓬阿打得死去活来，最后赶出了门。曹富翁阴谋得逞，花天酒地，这消息又被城中的汉官知道而带兵来讹诈。曹富翁贪得无厌，外族汉官也贪婪残暴。这则故事反映了阿昌族受到土司和封建统治政权（汉官）的双重压迫和剥削社会现实。穷人长工蓬阿被赶出家门，走投无路，终于奋起还击杀死了曹富翁和汉族官，自己却变成了大青树，万古长青，被人崇拜。

《三把金刀》中也表述了类似的内容。一个打金刀的师傅有一个徒弟，平时忠厚老实的徒弟突然心起歹念拿走了金刀，师徒二人正在争执，土司作为第三者在当中诡计地眯眨着贪婪的眼珠，派兵丁趁火打劫。最后师傅惩治了贪心的徒弟，也使土司人财两空。

这类故事都集中地反映了阿昌族人民的斗争意识和反抗精神。阿昌族人民虽受尽凌辱，生活上非常贫苦，人格上备受摧残，甚至丧失了人身自主的权利，但是阿昌族人民勤劳、智慧、勇敢、乐观、富有斗争精神和谙熟斗争艺术。与此相反，财主、土司、富翁的形象则是贪婪、狡猾、吝啬、狠毒、愚蠢、无知，他们在斗争中有钱有势，能够骄横一时，处于优势，但是最后总要受到穷人、长工、放牛娃、机智妇女的捉弄或惩罚，而遭到失败，甚至丢掉性命。这是阿昌族穷人与富人斗争故事中艺术效果较强的成分，也是历史客观现实发展的必然规律。

巧女的故事：阿昌族巧女的故事，集中突出了妇女的智慧与才能，主要故事有《毡裙的故事》《梭罗瓢》等，反映了阿昌族人民的世界观、道德观和审美观。

爱情故事：即以爱情为主题的民间故事，在阿昌族民间文学中占有重要的地位。这类故事反映青年男女要求恋爱自由、婚姻自主的强烈愿望和坚强决心。阿昌族的爱情故事，情节曲折，催人泪下，感人肺腑。除了赞美阿昌族青年男女忠贞美好的真挚爱情外，其深刻之处恐怕还在于通过青年恋人悲欢离合的故事，肯定了人与命运搏斗的斗争精神，赞美了战胜命运的巨大潜在力量和能动作用。这兴许是爱情故事广泛流传，受到阿昌族人民格外关注的原因所在。

阿昌族爱情故事表达了阿昌族人民向往美好爱情生活的愿望和追求。这类故事主要有《绡迈的故事》《眉间长旋的姑娘》《腊成娶亲》《阿芒和阿衣》《奢三和线二》《螺蛳妹》《曹扎与龙女》等。

《绡迈的故事》故事梗概为：

> 穷人腊相和腊八姑娘投情合意，真挚相爱，但是受到奸商腊讲及媒人的阻挠。腊讲以金银财宝仗势逼婚，

雇人抬轿，找人吹唢呐，强行迎亲。腊相与腊八为逃避腊讲逃离了村子，翻过9座岭岗，越过9个深洼子，最后到了一个没有人来逼婚的地方。腊相和腊八割草、打猎，生活惬意。谁知出了狼窝又入虎穴，不久山主又将腊相抓住关在柴房里，腊八哭红了眼睛，由于寨里人的帮忙，腊相终于用腊八绣缝的"绡迈"做披肩逃出了山主的栅栏，与腊八欢欢喜喜地办了婚事，寨邻们都去祝贺。后来，阿昌族男女青年定情，女方都用缀着蚂蚱花的"绡迈"做信物。

　　这则故事在蔑视金银聘婚的世俗婚姻的同时，也表达了阿昌族的爱情以情投意合为基础的朴素思想。

　　《眉间长旋的姑娘》除热情歌颂了杨宝姑娘和恩德小伙子曲折离奇、感人肺腑的婚恋故事外，改变了那些落后的不合理的习俗，给人们以启示。过去，阿昌族中有一个传统习惯，凡是"眉间长旋的姑娘"就是鬼胎，会吃人，特别会吃自己的男人。不管谁家有了这样的姑娘，都不许出嫁，必须让她孤老终身。习俗就是不成文的法律，它的力量就在于约定俗成。这是一股十分顽固而又强大的力量。要改变那些不合理、不人道的习俗，要消除那些落后习俗对人性的压抑，要改变因习俗而形成的陈腐观念，是极为困难的。有时甚至要为此付出血的代价，不知有多少无辜的女孩子，就将青春葬送在这种落后的习俗中。

　　《眉间长旋的姑娘》故事梗概为：

　　　　杨家寨有一对夫妻，40多岁才生下一个独女，取名杨宝，见女生下地，理应高兴，但是夫妻俩却吓昏了过去。因为杨宝是一个眉间长旋的姑娘。

　　　　杨宝姑娘越长越大，长得比粉团花还美丽。杨宝姑娘的名字，像蒲公英的花，随风吹遍七村八寨。杨宝姑娘的品行像缅桂花香，四面八方都能闻到。小河涨水时，鱼儿来了。鲜花开放时，蜜蜂来了。到杨宝家求婚的小伙子比鱼儿勤快，比蜜蜂还多。求婚的人络绎不绝，但是杨宝却因眉间有旋而被锁在房里。铁锁锁住了身子，却锁不住姑娘与小伙子的心。杨宝与恩德小伙子相爱了，恩德真诚而执拗地向杨宝求婚，但是当他与杨宝高高兴兴地回家时，却遭到父母的反对。因为村寨不能容许眉间有旋的新媳妇住进寨子。天地广大却无一对小夫妻的立足之地。杨宝和恩德只好背井离乡，去寻找能立足的地方。杨宝和恩德为了忠贞的爱情找了许多地方，才在允许他们居住的一个寨子盖起了新房。好事多磨，有一天恩德上山砍柴，被毒蛇咬昏，杨宝泪流满面地与村人找到自己情义深厚的恩德时，恩德已死去。杨宝哭得死去活来，希望能生死相伴，但是人们还是按照传统习惯，将恩德放在竹筏上随户撒河流走。杨宝终于"克"死了丈夫，古老的习俗和观念灵验了。"莫陶"（巫师）赶来，又把杨宝撵入深山老林。恩德漂流到下游，一个草医和他的两个女儿救醒了昏死的恩德。恩德在两个姑娘的关怀调养下逐渐康复，并谢绝姑娘们的求爱，决心要回到牵肠挂肚的妻子身边。恩德回到家时，房子被火烧了，木头还冒着青烟。恩德五脏俱焚，悲怆欲绝，大声呼唤："杨宝，你在哪里？"恩德挎上长刀，跌跌撞撞地走进深山老林，呼唤，寻找，但是回音渺无，只有野兽的嘶啸和林涛的呜咽声。整整七天七夜，手脚撕扯得伤痕累累，嗓音喊叫得凄惨沙哑。第八天，一只孔雀引导恩德在石崖下找到了泪痕满面的妻子。生离死别又重逢，杨宝和恩德手牵手地回来了。

恩德没有死，"眉间长旋的姑娘"也并不克夫。杨宝和恩德像是梁上的小燕双双出去对对回来，重新盖了新房，村民都来庆贺他们的新生。杨宝和恩德恩爱相处，生儿育女，日子过得幸福美满。从此，人们不再说"眉间长旋的姑娘"是鬼胎，会"克"夫了。

这则故事，以一对情人悲欢离合的爱情经历改变了一个古老的习俗，使多少"眉间长旋的姑娘"得到拯救。更可贵的是故事肯定了主人公与不合理的习俗和不可捉摸的命运所做的斗争。主人公的胜利，应该看作是人类美好的感情对落后习俗的胜利。这是理想主义的良好寄语。通过赞扬主人公对爱情的坚贞不渝，表达了阿昌族人民对美好爱情与幸福生活的憧憬与向往。作品富于浪漫主义色彩。

一个民族的历史，从某种角度上说，是充满爱的足迹的历史。阿昌族民间文学中，众多的爱情故事就是这些民族历史上坑坑洼洼的爱的足迹真实而又艺术的写照和口碑传承。

三、谚语、谜语、歇后语

阿昌族没有本民族文字，因此口头文学十分丰富。阿昌族人民在长期的生产、生活过程中，总结生活经验，再加工提炼，形成了许多谚语、谜语和歇后语。谚语、谜语、歇后语都是阿昌族人民在社会实践中观察体验并总结出来的各种经验，以精彩凝练的语句表达出来的富有哲理、情趣，寓于教育意义的话语，是阿昌族人民智慧的结晶。

阿昌族的谚语、谜语、歇后语，十分丰富，和其他民间文学形式一样，备受广大人民群众的欢迎与喜爱。

阿昌族的谚语、谜语、歇后语，言简意赅，通俗易懂，闪烁着智慧的光芒，是民众语言的精华。阿昌族的谚语、谜语、歇后语，表达了那些来自于生活的体会，揭示了人与自然、人与人和自己本身的认识。阿昌族的谚语、谜语、歇后语，虽短小，然而浓缩精练，具有极强的语言概括能力、思想表现能力和审美功能。寥寥数语就能把复杂的内涵表露出来，简洁的语句就可以反映出多侧面的生活哲理，或颂扬美好事物，或讽劝陈腐观念，或鞭挞陈旧意识。因此，阿昌族的谚语、谜语、歇后语，具有特殊的教育作用、认识作用和审美作用。

1. 谚　语

阿昌族的谚语内容涉及面较宽，涵盖了真理、爱憎、团结、友情、学习、教育、品行、修养、勤劳、节俭等现实生活的方方面面。比如"人正不怕影子歪""有理说通天下，无理寸步难行""猎物害怕猎枪，谎言害怕真理""有斧砍倒树，有理说倒人""煮饭要放米，说话要讲理"等，突出地表达了阿昌族人民通情达理、追求真理的民族性格。阿昌族的谚语表达爱憎情感的较多，或讽劝，或训诫，或颂扬，或鞭挞。比如"明枪易躲，暗箭难防""火烧芭蕉，皮死心不死""害人之心不可有，防人之心不可无""一颗老鼠屎，败坏一锅汤""人有张脸，树有层皮""癞蛤蟆躲端午，躲得过初一，躲不过十五""跑了和尚，跑不了庙""富人过年，穷人过关""公牛不下儿，稗子不结谷""干鱼做不得猫枕头""烂泥巴糊不上墙""鹭鸶跌倒嘴撑持""狗嘴里吐不出象牙""死猪不怕开水烫""吃屎的狗，改不了吃屎的路""说死莲花一只藕""马屎外面光，里面一包糠"等。这些谚语既讽刺敌人，也规劝自己和朋友，是阿昌族人民复杂社会经验的归结。阿昌族谚语既是一种阶级矛盾的反映，又是一种阶级斗争的武器。有些谚语表达了团结、友谊之情。比如"独篾编不成箩，独瓦盖不成房""一花不是春，独树不成林""麻雀虽小肝胆齐全""三个臭皮匠，合成一个诸葛亮""多栽花，少栽刺""在家靠父母，在外靠朋友""多一个朋友，多一条路""一只蚂蚁搬不动一粒芝麻，一群蚂蚁就能抬走一只青蛙"等。从这类谚语中，可以窥见阿昌族的友情意识、团结精神和集体主义等思想。

颂扬学习、教育、品行、修养方面的谚语有："刀不磨不快，人不学不懂""一回生二回熟，三回四回当师傅""人看齐小，马看蹄爪""好马不用响鞭，响鼓不用重锤""上梁不正，下梁歪""为人别做亏心事，半夜打雷不着惊"等，这类谚语多是阿昌族人民内心真情实感的外在表现，蕴含了阿昌族人民的审美观念。同样，阿昌族歌颂勤劳、节俭情操的谚语也很多。比如"人勤地生宝，人懒地生草""人勤不穷，坐吃山空""精打细算，有吃有穿""人勤地不懒""穿不穷，吃不穷，不会计划一世空""人哄地肚皮，地哄人肚皮""越闲越懒，越吃越馋""有时饱饱胀，无时烧火向（烤）"等。

阿昌族是农耕民族，较早地从渔猎时代步入了农业时代。因而，谚语中与农业生产有关的农谚也较丰富，其数量最多，也最具有现实意义。这类谚语几乎涉及农业生产的各个方面、各个环节，或观天察云，或时令节气，或物种水土，或耕种经验。阿昌族谚语因为是人们历久以来的经验积累和总结，在简洁精练的生动语句中表达了朴素深刻的道理，具有一定的指导意义和认识价值。比如"有雨山戴帽，无雨云拦腰""有雨天边亮，无雨顶上光""雷声大，雨点小""好种出好苗，好树结好桃""立夏不下，干犁干耙""庄稼要好，水肥要饱""不怕田瘦，就怕田漏""冬天比粪堆，秋天比谷堆"等等。这些农谚是阿昌族农耕老汉们代代总结、代代丰富的"农业无字经"。在今天农谚仍然是普及知识、传播经验的有效形式之一。对新的种田人来说，学到这些古老深刻的历史经验，实际上就是学到了老辈人丰厚的农事经验。这对弘扬和继承阿昌族优良的文化传统具有积极的意义。阿昌族的谚语就是一本人生的教科书，无所不包，给人们集聚了富有哲理性、包含教育意义的许多人生哲学、处世良方。

2. 谜 语

阿昌族谜语，也是一种想象力丰富的口头文学形式。阿昌族谜语通过两种或两种以上的事物在形状、性质、功能或名称等方面相似的特点，采用比喻的方式，隐去其本来面目，将它们与相似的事态联系起来，留给人们思考破译言外之所指的事物。这种充满情趣的短谣或韵语就是大家尤其是少年孩童们津津乐道的谜语。无论设题置谜还是破题解谜都是以智慧做钥匙，表现的都是人们丰富的想象力和创造才能。像"高高山上一个碗，天天下雨不会满（雀窝）""一块布，会走路，剪不断，撕不烂（河水）""无脚会走路（扁担），有脚不走路（板凳），有嘴不吃谷（碓），无嘴倒吃草（镰刀）""弟兄八九个，围着柱子坐；大家一分家，衣服就扯破（蒜）"等。许多谜语，不仅托盘出事物的生动形象和生活情趣，还准确细致地隐喻了事物的特征，充满了丰富的人生哲理，洋溢着浓郁的生活气息，给人以美的享受。

阿昌族民歌中就有许多精彩的谚语和谜语，民歌手大多是说谚语、谜语的行家，他们说起谚语、谜语来，口若悬河，精彩绝伦。民歌《破花名调》《十二属相伴破花名调》等优秀的山歌调就是民歌手们集体智慧的结晶，是民歌手们创作的一则则饶有情趣的谜语。

3. 歇后语

阿昌族歇后语，是一种与生活中的机智人物、机智故事相伴而产生的口头幽默语。单独将前半截的比喻说出来，歇去后半截的解释，让听者自己去捕捉、体会、猜测，具有通俗易懂，形象鲜明生动幽默的特点，是人们喜闻乐见的语言形式之一。俏皮、打趣、富于幽默，文学性较突出。比如"空竹子做大梁——省心""绣花枕头——一包草（草包）""擀面杖吹火——一窍不通""篱笆缝中看人——小瞧别人""黄鼠狼给鸡拜年——不安好心""猫吃干腌菜——一抓打不开""秧鸡坐窝——藏头漏屁股""狗咬老鼠——多管闲事""豹子借猪——有去无回""茅厕(Si)里的石头——又臭又硬""乌龟跌在石板上——硬磕硬""大姑娘坐轿——头(第)一回""外侄打灯笼——照旧(舅)""巷道心牵牛——直来直去""巷道心扛大竹——直进直出""竹筒倒豆子——一个不剩""鸡吃豌豆——心中有数""哑巴吃黄连——有苦说不出"等等。这些丰富的歇后语或打趣,或俏皮,或讽刺,或幽默,都具有浓烈的感情色彩与民族风格,是深深植根于阿昌族社会深厚沃土之中的一朵文学之花,也是阿昌族民间文学中的一笔不可或缺的文化财富。

四、长篇叙事神话史诗《遮帕麻和遮米麻》

《遮帕麻和遮米麻》是阿昌族流传最广、篇幅最长、内容最丰富的一部神话史诗。以长篇叙事诗的形式分章节叙述了一系列创世史事。内容包括造天织地、人类起源、补天治水、降魔除妖和重整天地等几个部分。既包含创世神话、人类起源神话、洪水神话,又包含了人类英雄神话,既有远古时期人类与自然斗争的追忆,又有社会斗争情况的回顾。全诗1 080多行,所表现的斗争内容,特别是其中表露的历史影子和原始意识,对于了解和研究阿昌族原始先民的精神文化具有很高的价值。长诗在艺术上塑造典型人物的手法也很值得重视。

《中国神话》第一辑(中国神话学会编,1984年)收录了著名民间文艺家杨知勇教授撰写的《"神话时代"的珍贵画卷——评阿昌族神话诗〈遮帕麻和遮米麻〉》一文,文章对阿昌族的这部长篇神话史诗作了高度评价。

同许多民族的创世神话一样,阿昌族的创世史诗也把自然力幻化为神灵的思想特征。内容主要包括"造天织地""乾坤相合""妖魔横行""正邪相战""后人传颂"几部分。史诗主要内容节选如下：

遮帕麻用右手扯下左乳房，
左乳房变成了太阴山；
遮帕麻用左手扯下右乳房，
右乳房变成了太阳山。
……
迈步踩出一条银河，
跳跃留下一道彩虹；
吐气变作大风、白雾，流汗化作暴雨、山洪。

遮米麻摘下喉头当梭子，
拔下脸毛织大地；
遮米麻拔下右腮的毛，
织出东边的大地；
遮米麻右腮流下的鲜血，
淹没了东边的大地，
东边出现了一片汪洋，
化成东海无边无际；
东海波涛连天，
长满虾、鱼、龟、鳖。
遮米麻拔下左腮的毛，
织出西边的大地；
遮米麻左腮流下的鲜血，
淹没了西边的大地，
西边出现了一片汪洋，
化作西海无边无际；
西海波涛连天，

长满虾、鱼、龟、鳖。
……

山高没有打猎人，
林深没有砍柴人，
地阔没有种田人，
海宽没有捕鱼人。
遮帕麻要和遮米麻结合，
两人滚石磨和烧柴烟进行神卜；
两山滚下的石磨神奇地合在一起，
两山的柴烟神奇地融在一起，
遮帕麻和遮米麻就成了家。
结婚9年，
遮米麻才怀胎，
怀胎9年才临产，
生下一个葫芦籽，
葫芦籽9年才发芽，
发芽9年才开花，
开花9年才结果，
磨盘大的葫芦生出9个小娃娃，
他们就是汉、傣、白、纳西、哈尼、彝、景颇、德昂、
阿昌等族的祖先。

腊訇（妖魔王）说：
我要造一个不会落的太阳，
让世界只有白天没有夜晚；
让人们不分昼夜地做活路，
让我的名声永远传扬。

腊訇造了一个假太阳钉在天上，
不会升也不会降，
使天空像烈火燃烧，
地面比烧红的锅还烫。
腊訇颠倒了世界，
混淆了阴阳，
使整个世界一片混乱；
山族动物被赶下水，
水族动物被赶上山；
树木倒着生，
竹根朝天长；
游鱼在山头打滚，
走兽在水里漂荡，
世界沉入大海。
腊訇就得意忘形：
遮帕麻造的天再大，
没有我的神通大；
遮米麻织的地再宽，
不够我的魔法施展。

天上地下我都管，
强者就要做大王；
谁敢阻拦我，
叫他活不长。

杀谁留谁全在我，
不管别人怎么说；
东西南北我安排，

生生死死我掌握。

南面的天边未合拢，
暴雨下个不停，
因而产生洪水，
但遮米麻已不再有地筋来缝天，
只好由遮帕麻到南边筑南天门挡风雨。
魔王腊訇造出的假太阳挂在天上，
弄得树木焦枯，
土地干裂，
遮米麻却无力制服腊訇，
只好日日夜夜盼着遮帕麻回还。

故事结尾遮帕麻终于战胜魔王腊訇，人间又恢复了和平。

在这部神话长诗中，两种力量斗争处于尖锐状态的过程中显示了阿昌族先民的原始信仰。遮帕麻与腊訇的正面斗争分斗法和斗梦两部分。斗法中腊訇失败，腊訇提出斗梦，谁做的梦好，谁就是胜者。两次斗梦，遮帕麻都胜了腊訇。那个有能力把世界弄得七颠八倒的乱世魔王腊訇因两次做了噩梦，而只好认输。这说明梦在原始意识中占有特殊地位。在原始人的观念中梦中经历的一切，即"另一个自我"经历的一切，远比第一个自我经历的一切更重要。因此，两次噩梦给腊訇的打击，远比斗法失败受到的打击更沉重。对于梦中景象的困惑，是产生灵魂观念的重要因素。梦，在原始意识中占据重要地位。《遮帕麻和遮米麻》这部长诗在这个问题上提供了十分生动且比较有说服力的例证。

第二节　作家文学

　　阿昌族作家文学的产生发展，走过了一条曲折前进的道路。由于阿昌族没有本民族文字，以个人创作为主体的书面文学（文人文学），即作家文学，以借助其他民族文字来创作。阿昌族作家文学以借助汉文字创作为主，少数借助傣文字创作。因此，阿昌族作家文学起步较晚，中华人民共和国成立以后才产生。阿昌族作家文学的产生与全国解放、阿昌族人民彻底翻身当家做主人这一翻天覆地的历史巨变休戚相关。因此，有人习惯按中国文学发展史的断代法来称阿昌族作家文学为阿昌族的"当代文学"或"新时期文学"①。阿昌族作家文学与民间文学的全民集体性创作相对，是作家个体创作的文人作品，所以被称为"作家文学"。

　　阿昌族作家文学是在阿昌族传统的文化遗产的基础上产生发展起来的。可以说，丰富多彩的阿昌族传统文化和悠久、古老、浓烈的民族文学传统，是促使阿昌族作家文学得以产生和发展的内部动因。厚重的民族传统文化积淀、熏陶、影响和激励了新一代的阿昌族作者群体和作家队伍，其作品或创作活动都表现或反映出其他民族的作家所不能表达的阿昌族人民强烈的民族精神、民族感情、民族心理和审美意识。

---

　　①倪成显：《简谈阿昌族当代文学及青年作者群的新崛起》，收录在《阿昌族文化论集》。
　　张承源：《〈重整天地的阿昌子孙〉——阿昌族新时期文学的崛起》，载《德宏团结报》（1990年6月2日）、《山茶》（1990年第5期）及《云南文艺评论》（1990年第2期）。

阿昌族作家文学的产生与发展，除了受阿昌族传统文化的影响外，与党的民族政策的贯彻，阿昌族社会经济的发展，文化教育事业的进步，各级政府对阿昌族作者的扶植培养等一系列社会因素是分不开的。

阿昌族作家文学起步较晚，起点也较低。尽管如此，仍然以旺盛的激情和顽强的生命力，获得了蓬勃的发展。从中华人民共和国成立到如今，阿昌族文学艺术事业从萌生到繁荣，创作队伍迅速崛起，作品大量涌现，产生了自己独立的作家和大批文学新人。这批用汉文字进行民族文学创作的阿昌族文学新人，大部分是从山寨火塘边逐步走向民族文坛的。这些文学新人用当代人的眼光和意识审视自己民族的历史文化和社会生活，以饱满的创作热情进行创作。① 据不完全统计，阿昌族的作家和作者相继在《民族文学》《黄河》《百花洲》《边疆文学》《滇池》《民族团结》《民间文学》《山茶》《孔雀》《大理文化》《人民日报》《云南日报》《北京晚报》《德宏团结报》等国家、省市和州级报刊上发表了 900 余篇不同体裁的文学作品，总计数百万字。这些具有浓郁民族特色和地方特色的各类作品，受到了广泛的好评，并收入了各种集子，有的作品获得了全省和全国各项文学奖。目前，已有三四十名阿昌族文学作者分别加入省作家协会、省民间文艺家协会、中国少数民族作家学会、中国乡土诗人协会，以及州市各种文艺家协会。部分阿昌族作家和作者出版了诗集和其他作品集。1991 年 3 月成立了阿昌族文学学会。阿昌族文化艺术事业的发展繁荣，作为一种文化现象，引起了文化界的广泛关注，新华社发表了有关评价阿昌族当代文学发展情况的文章，《人民日报》也专文评述了阿昌族文化的发展。

---

① 赵立新：《阿昌族创作队伍迅速崛起》，载《云南日报》，1991 年 3 月 1 日。

一、阿昌族作家文学发展的 3 个阶段

阿昌族文学艺术事业的发展和我国当代文学的发展一样，也走过了一条曲折坎坷的道路。阿昌族作家文学自产生以来到现在，大体上经历了 3 个发展阶段。

1. 产生时期（中华人民共和国成立至 1978 年）

在这个从无到有的富有开创意义的时期里，对阿昌族文学做出开创性贡献的文学作者们是老一辈文学爱好者孙家绅、滕茂方和曹国翠等。当时，阿昌族的这批文学青年第一次以发表汉文诗歌的形式登上了民族文坛。1956 年孙家绅的第一首诗歌《双轮双铧犁诉苦》，首先发表在德宏《团结报》副刊上。这首诗歌，是阿昌族作家文学诞生的标志，是已知的阿昌族作者个人创作的第一篇书面文学作品。尔后曹国翠、滕茂方紧跟其后陆续发表了一些生活气息与民族特色浓郁的诗歌。主要作品有孙家绅《愿我的歌……》（1963 年）、曹国翠《唱歌跳舞向着党》（1963 年）、滕茂方《请把阿昌打的长刀带上》（1965 年）、《红太阳光辉照户撒》（1965 年）、《精心打刀送北京》（1973 年）、《向着北京唱赞歌》（1975 年）、《颂歌飞出心窝窝》（1977 年）等。这些民歌体的诗作虽然受时代潮流影响，无法摆脱为政治服务的模式，但是质朴率真，洋溢着浓烈的时代色彩和沸腾的新生活气氛，突破了口传文学的局限，从而开创了阿昌族作家文学的先河。这些诗作从内容到形式，都与集体创作的民间文学作品截然不同，突破了民间文学陈旧和狭小的表现形式，体现作家个体特有的创新内容。诅咒旧社会封建领主、地主阶级的剥削和压迫，讴歌崭新的生活变革，赞美社会主义的新时代，歌颂共产党和毛主席的恩情，成为作家文学作品的总基调。阿昌族文学发展史上，作家文学先驱及其作品的价值是不能忽视亦不可忽视的。

这 3 位阿昌族的作家文学先驱，勤奋笔耕数十年，对文学矢

志不渝，对阿昌族文化建设做出了突出贡献。他们勤奋努力，成就斐然，曾被省州县各级作家、民间文艺家协会吸收为会员。作家滕茂方谙熟户撒那片他足下的热土，不仅精通阿昌语，能熟练地使用汉文创作，还能用傣文写作。丰富厚实的生活基础与锲而不舍的激情，使他的各类作品，尤其是诗歌作品达到较高的水平。曾被选为云南省作家协会常务理事，并多次出席在北京召开的文代会，得到了郭沫若、茅盾、巴金、李乔等老一辈文人的关心。

2. 探索时期（1978～1983年）

这个阶段是阿昌族作家文学诞生后向前探索前进的时期。1978年党的十一届三中全会召开，拨乱反正，实事求是，党的各项民族政策和文艺政策得以贯彻落实。随着全国少数民族文学的复苏发展，阿昌族文学也得到了相应的发展。这一时期，阿昌族文化事业从经历"文化大革命"十年浩劫的停滞状态，恢复了大规模的挖掘整理工作，并在广泛地挖掘搜集整理阿昌族传统文化遗产的过程中培养造就了一批阿昌族文学新人。这批文学青年，在搜集整理阿昌族民间文学的过程中，吮吸了丰富的民族文化母乳，创作了一批优秀的诗歌，并把散文、散文诗、报告文学、评论等多种文学样式也带进了阿昌族文学领域。这个阶段除滕茂文、孙家绅外，主要作者还有杨叶生、孙宇飞、曹明强、赵家斌、杨叶茂、赵家健、赵兴旺、曹先强、孙家文、张翔等。这些作家都是中国共产党培养成长起来的阿昌族新一代知识分子，都接受过高等院校教育，有相当的文学修养与文学创作能力。在这个时期杨叶生被有关部门委派全力负责阿昌族民间文学调查，与当时培养起来的其他阿昌族文学青年，走出了一条调查与创作相结合的创作路子，得到了阿昌族人民的公认与好评。

这一时期的代表作品，散文有杨叶生的《阿昌族尝新节》《阿昌族的传统歌舞"窝罗"》《阿昌族的活袍》，孙宇飞的《园丁的心》，赵家健的《阿袍的烟锅杆》《腊撒》（定情），梁泽昌的《我的家乡——弄丘变了》，曹先强的《春联源流絮语》等；诗歌有赵家斌的《小河》，曹明强的《我们的生活甜蜜芬芳》《蹬起来窝罗》，赵兴旺的《逛县城》《我歌颂桥墩》，孙家文的《党的恩情唱不完》，曹先强的《小溪》《蜜之歌》《当我们迈进大学校门》等；报告文学有曹先强的《阿昌状元》等；评论作品有杨叶生的《大力发掘民族民间文化遗产》，曹先强的《试说"小"字》《艺术，只有创新才能发展》等。

这一时期，作者和作品都不多，体裁还比较狭窄，质量也不太高，但是毕竟在艰难曲折中开拓发展探索了新的文学样式，扩展了视野，丰富了题材，作品有较浓的民族特色，令人欣慰。1983 年 10 月庆祝德宏傣族景颇族自治州建州 30 周年之际，由德宏傣族景颇族自治州文联选编、德宏民族出版社出版了 20 万字的《阿昌族文学作品选》，向人们初步展示了阿昌族文学新人们创作的作家文学的部分成果。这时期，德宏傣族景颇族自治州文联还在梁河、陇川县举办了两次阿昌族文学讨论会，推举阿昌族青年作者到中央、省、市、州的报刊上陆续发表作品，使阿昌族青年作家、诗人们在民族文学创作上充满了自信心。

3. 兴旺时期（1984 年以后）

随着改革开放和农村经济体制的不断完善，随着边疆政治、经济、文化的大发展，阿昌族人民经济有了提高和生活有了改善，培养出了大批大、中专毕业生，一批文学青年带着对社会、对人生、对自己民族历史传统的重新审视，对本民族的社会生活和未来发展的思考，相继拿起笔，从偏僻山寨走向民族文坛，在州市级的《德宏团结报》《孔雀》，省级的《云南日报》《昆明日报》《春城晚报》《大西南文学》（现名《边疆文学》）、《滇池》《山茶》《民族工作》《民间文艺》，以及国家级的《民族文学》《民间文学》《人民日报》和其他省州市、国家级刊物及相关媒体《原野》《大理文化》《黄河》《百花洲》《电视月刊》《中国电视报》，云南人民广播电台、云南电视台、中央电视台等文学艺术园地上，发表了数百万字的作品。这一时期的阿昌族作家文学的作品思想性、艺术性有了很大的提高，创作水平日臻成熟，有的作品在全州、全省和全国各项文学评奖中获奖。孙宇飞、曹明强、赵家福（啸南）的诗集，曹先强的文艺论集，曹明强的情歌集，罗汉的小说集分别先后出版，孙宇飞、曹先强分别荣获国家级第二届和第五届全国少数民族文学创作奖。迄今，阿昌族近百人活跃在民族文学上，成为阿昌族青年作者群。这些人年龄在二三十岁左右，有教师、党政干部、部队官兵、文艺工作者、编辑、记者、职员、工人、学生、农民等。老作家青春焕发，新作者风华正茂，在云南少数民族文学艺术园地上，显示了阿昌族作家文学年轻特有的风采。

这一时期的作品量已无法准确统计。主要作者有孙宇飞（孙家林）、罗汉、曹明强、曹先强、赵家福、杨叶生、们发中、孙家绅、孙宝庭、张翔、曹明磊、曹连赞、赵家健、赵家富、赵兴旺、孙家文、原牧（穆旭）、赵安然、杨叶茂、赵家山、赵安增、赵兴海、们发延、闻敬芳（女）、曹先荣、倪成显、赵东和、项陆才、曹明东、熊小解、曹先鹏、孙朝琴（女）、梁其刚、赵兴英（女）、赵东丽（女）、赵钦、们德维、赵家斌和赵家培等。这些阿昌族作者大多是各州市文联会员，有的加入了中国作家协会、云南省作家协会、中国民间文艺家协会云南分会、中国少数民族作家学会、中国乡地诗人协会等。青年诗人孙宇飞被选为中国少数民族作家学会理事；青年诗人曹明强被选为德宏傣族景颇族自治州文联副主席，1991 年 5 月出席了在北京召开的第三次全国青年作家会议。青年作家曹先强、罗汉因创作突出，分别被《中国当代青年作家名典》《中国少数民族作家辞典》《中国当代文艺群星辞典》《云南作家传略》收录。阿昌族文学事业的蓬勃发展，创作队伍的日益壮大，促成了1991年3月在梁河县盛大的阿露窝罗节间召开的第三届阿昌族当代文学讨论会，并在大会上成立了阿昌族文学学会。这一时期，阿昌族的文学发展空前繁荣，不仅作者众多，队伍日益壮大，作品数量多，体裁丰富，而且在作品的深度、力度、广度，以及民族特色等方面所取得的成就也是前所未有的。

二、代表作家及作品

阿昌族作家文学的创作比较活跃，成绩较为突出的新人有孙宇飞、曹明强、曹先强、罗汉、赵家福等。在他们的文学创作中所体现出来的强烈的民族精神、民族性格、民族心理，以及民族的审美观念、较鲜明的民族特色和浓郁的民族风格，基本上代表了阿昌族作家文学创作群体的风格特色，这里略作评介。

1. 孙宇飞和他的作品

孙宇飞，原名孙家林，1954年生于德宏傣族景颇族自治州梁河县芒东乡，现为梁河县党校讲师。1978年开始发表作品，第一篇作品是《园丁的心》（散文）。在整理阿昌族民间文学遗产的过程中得到了锻炼，在民族文化传统的遗产中汲取了大量的营养，从而更加深了对阿昌族传统文化的全面了解和认识，培养出了更深厚的民族感情。1983年开始主要转入诗歌创作，成绩显著。代表作有《阿娅蹬窝罗》《棕树》《月亮花》《阿昌山歌》《白象节·情歌》《瀑布》《我向往》，根据阿昌族高包头传说创作的叙事长诗《箭翎歌》（与张承源合作）、《我的筒裙花哟》等。其中，《我的筒裙花哟》曾获得国家级第二届（1981～1984年）全国少数民族文学创作奖。

《我的筒裙花哟》是一首思想性、艺术性都较高的一篇诗作。诗人面对"那茅屋下的织机哟，织着一个古老的神话"的现实，感慨这"民族的标志""民族的尊严"，赞美"祖先的智慧""妇女的勤劳",进而转入对历史的沉思、对现状的思索,"可是,今天,面对着它,我却转而叹息嗟呀,一刀一刀,一线一线,何时才能织出一朵梨翁花?一日一梭,一梭一日,有多长的生命,经得住这样奢华!有多少年轻的姑娘,伴着丝线织白了头发……"青年诗人"不是不爱自己的民族",但是他"不能再去歌颂那原始的光荣伟大",他愿意和本族的兄弟姊妹一道"快去承受知识甘露的滋润""织出新的神话"。这首诗思想深沉,哲理思辨性强,在艺术上继承了阿昌族传统民族特点的同时,注入了作者新的观念意识和审美情趣,有一种沉甸甸的魅力,使我们感受到了一个民族意识的觉醒和民族的自尊、自信、自强。诗人在诗中对民族传统的认真思考和对民族传统的"反叛"意识,是一种真实的对民族传统的爱情,是一种奋发进取的精神,是一种发自内心的责任感和使命感。诗歌在一定程度上反映了变革时期阿昌族现代意识对祖宗文化积淀的背向反思。稍微不足的是过强的认知欲望或表现意识,超越了诗作所能负荷的含蓄美感。或许这是苛求,诗人对民族强烈的爱心烙印着灵感的思泉,使其来不及细腻雕琢,可贵的是诗作的真情实感,诚如诗人在另一首诗中所道:"故乡人的幸福啊,这就是我理想的归宿。"拳拳之心可歌可叹。

孙宇飞,现为中国少数民族作家学会理事,中国作家协会云南分会会员,中国乡土诗人协会会员,德宏傣族景颇族自治州作家协会,民间文艺家协会会员、理事,阿昌族文学学会秘书长。

2. 曹明强和他的作品

曹明强,小名曹忠厚,1956年生于梁河县九保阿昌族乡蛮掌村,德宏师范学校中师毕业,任过小学教师,现在德宏傣族景颇族自治州民族艺术研究所工作。1990年3月,在德宏傣族景颇族自治州文学艺术界联合会第二次文代会上被选为德宏傣族景颇族自治州文联副主席。在任山寨小学教师期间,热心搜集整理

阿昌族民间文学，从此涉及文学创作，步入文坛。从 1983 年 9
月在《云南日报》上发表《蹬起来，窝罗》（诗歌），迄今已创
作发表数百首诗。1990 年，德宏民族出版社出版了曹明强的个
人诗集《山魂》。1992 年 7 月，德宏民族出版社出版了曹明强编
选的《中国阿昌族情歌选》，书中收集了许多优秀的阿昌族情
歌。曹明强口语出诗，诗入口语，才气与灵性出众，热情与朴实
超群，不仅是文学的执着追求者，也是阿昌族文学的一位热心组
织者。曹明强从任小学教师调文化馆任文化专职后，至今搜集整
理出版了近百多万字的阿昌族民间文学，足迹踏遍阿昌族主要聚
居区，不仅从民间文学中汲取了丰富的养分使自己走上了作家文
学创作的道路，还影响了一批文学青年也步入了文学创作的新天
地。参与创作演出了《卖刀汉子》《圣洁的礼物》等阿昌族体裁
电视剧。曹明强为阿昌族文学事业的发展建设做出了贡献。

　　代表作有《阿昌族窝罗新词》《我民族的背箩》《寻根》
《这里的女人》《归来的民族》《阴影》《色变》《求雨》《回乡》
《山乡之夜》《山魂》等。曹明强的诗粗犷、雄浑、古朴、凝重，
或感情奔放、气势奔腾，或精巧细致、委婉细腻，具有浓郁的民
族特色和浓烈的乡土气息。诗人的诗作如同诗人造置的一个情感
旋流，在民族苍茫辉宏的历史文化与深沉炽热的情怀之间祝赞吟
唱，扣人心弦，从而在心灵颤动的共鸣中获得美感和力量。比如
在《寻根》中写道：

　　　　远古的血如荒火蔓延，
　　　　远古的生命如风中残焰，
　　　　把生命拴在枯藤上，
　　　　一头是生的崛起，
　　　　一头是死的开端，但我们没有畏惧。
　　　　虽然昨天的史册，

把你注释成"阿猖",
但是你毫无所谓,
而让高昂的箭翎划破蓝天,
宣告,
只有傲然凸起的乳峰,
才能哺育出高原的粗犷,
只有深沉的依恋,
才能长成弩弓射日的南蛮。

这些深沉厚重的诗,清丽婉约,确实生动真切,耐人寻味。
又比如在《山魂》中又写道:

裸露雄浑而又粗犷的胸膛,
脸朝红泥土的远端,
铺天盖地的苦荞花开了,
飘来阵阵汗渍酿造的苦香。
女人摇转奶奶留下的纺车,
老实巴交地编织家人的温情。
男人敞开古铜色的胳臂,
来回蹉跎前人留下的岁月。
人人都在盼望春天,
春天会使人忘掉饥饿。
绿酸粑的制作秘方,
是世代的传家宝,
如同天天去挑水的那口井。

全诗粗犷雄阔,豪爽古朴,闪烁着智慧的灵光,又平实
沉稳。

曹明强现为中国少数民族作家学会会员、中国乡土诗人协会会员、中国民间文艺家协会会员、云南省作家协会会员、云南省德宏傣族景颇族自治州文联副主席、阿昌族文学学会会长，曾于1990年5月出席北京第三次全国青年作家代表大会。已被《中国当代文艺家辞典》收录。

3. 赵家福和他的作品

赵家福，笔名啸南，小名赵压顺，1964年生于德宏傣族景颇族自治州梁河县九保阿昌族乡那乱阿昌族寨，1988年毕业于昆明医学院医疗系，现任教于德宏卫生学校。第一首诗《校园里的红海棠》发表于校报上。兴许赵家福觉得起点低了，从此勤读苦练，诗作不断在《孔雀》《边疆文学》《云南日报》《长江日报》《德宏团结报》等省内外报刊发表。几年之后，赵家福的诗作，汪洋恣肆，诗风沉郁，气贯长虹，以一种新颖的姿态踏上诗坛，其练达与深沉的诗风标志出阿昌族新诗歌的一种成熟和希望。1991年出版个人诗集《高原风魂》，诗集集结了青年诗人的真诚与梦想。主要代表诗作有《远古的梦》《高原风魂》，以及《远古的爱》（组诗）、《远古的回声》（组诗）、《上古的阳光》（组诗）等。赵家福的诗，大多着墨于"赤着脚跳起群舞，在刀刃上跳舞"的壮烈而遥远的远古沧桑所孕育的悲情世界，透着"远古的回声"，沐着"上古的阳光"，刻意追寻的是"远古的梦"和"远古的爱"。读赵家福的诗，有一种深邃的神秘意境，有一种凝重的负重感。然而，诗绪苍茫沉重，诗风却练达自如，在悲壮沉郁的沧桑感后面蕴藏着一种灵活自如、出神入化的节奏感。因而赵家福的诗作充满了阳刚之气，又具有流云似水的阴柔之美。赵家福擅长海阔天空的大篇幅组诗，以利于青年诗人唱"母亲啊，我丑陋的名字也是你的骄傲/我粗糙的面容被你的呼吸吹黑/我深深的脚印就是你痛苦的小诗"（《莽古山，莽古山》）。这些壮美、恢弘、浑厚的古歌，不乏纤巧秀美的短章小吟。

赵家福的诗作蕴藏在诗中的是一种沉重的历史感和民族精神，在阿昌族诗作者群中，别具一格，独树一帜。

赵家福现为德宏傣族景颇族自治州作家协会会员、阿昌族文学学会理事。

4. 罗汉和他的作品

罗汉，又名洛汉，1963年生于云南省保山地区昌宁县一个僻静的山村。1980年入伍至怒江边防武装部队某部，历任战士、文书、书记，现为中国人民武装警察部队云南省边防总队警官。1998年以勤奋的努力取得云南师范大学新闻传播学研究生学历。罗汉的创作生涯从1985年的散文作品《在我们守卫的大山上》开始，经历了散文和诗歌形式叙述军旅生活风貌的初创阶段。1985年后开始小说创作，成绩斐然，先后在《解放军文艺》《解放军报》《人民日报》《光明日报》《法制日报》《民族文学》《黄河》《边疆文学》《大西南文学》《云南日报》《春城晚报》《原野》《孔雀》《边防文学》等刊物发表中短篇小说近百万字。主要作品有小说《跛脚荞发》《歪盐袋罗二》《哑巴大叔》《远山那片被雪覆盖的森林》《赶喜》《刀匠莫福》《蛊女的婚事》《太阳花》，系列小说《守边人风景》和电影文学剧本《边地纪念碑》等。1994年出版小说集《阿昌女人》，获当代少数民族文学研究会优秀奖。1998年出版小说集《红泪》。短篇小说《刀匠莫福》入选中国文联《全国少数民族文学作品50年精选短篇小说卷》；散文《阿爹和草鞋》获三等奖；短篇小说《蛊女的婚事》和《太阳花》分别荣获1996年、1997年云南"边疆文学奖"。罗汉曾获全国少数民族文学创作奖第六届、第八届骏马奖。罗汉的作品，视角特别，充满了"文采和机智"。罗汉从8岁入学到初二辍学，从军后奋力自学笔耕，这"勤劳"和"忠勇"是其他阿昌族创作作者鲜为人知的。因此，罗汉的作品，把军旅生活写得文采飞扬，充满了生离死别的主题和传奇。同时，又以自小生长在阿昌族传统文化浓重的家庭中的特殊视角，饱蘸对民族的挚爱，将笔触触及到那群"忠勇"和"勤劳"的阿昌族祖宗文化氛围下生存着的"跛脚荞发""哑巴大叔""歪盐袋（俗称"大脖子"）罗二""刀匠莫福""阿昌女人""蛊女"等阿昌人的生活深层，将他们在各自的生活轨迹中的所思所想、所爱所憎表现得畅快淋漓。这些生动鲜活的艺术形象，是阿昌族作家文学的突出成就。

小说《跛脚荞发》和《刀匠莫福》具有较高的文学水平，其强烈的时代感和浓郁的民族特色，使作品立意深刻，极富现实意义和文学意义。《跛脚荞发》（载《民族文学》1986 年 9 月）将笔触伸及阿昌族山寨在改革时期所凸现出来的矛盾断层，讲述了一个 20 多年来苦心经营着一座水磨房的跛脚老荞发，在这个矛盾断层中被奇妙心态缠绕着的故事。

《刀匠莫福》（载《民族文学》1992 年 4 月）的表现视野与深度则较特别。小说作品塑造了一个打刀成癖，只要铁匠铺中锤声不响心里就很空虚的铁匠莫福的故事。

罗汉的小说创作，已经引起人们的注意，作品具备阿昌族作者所共有的特点外，还擅长对生活、对人物的细致观察，选材偏向那些躯体残疾而心灵世界却丰富的特定人群的生活断面，注重人物形象的刻画，其人物个性鲜明，语言富于民族特色，场景富于乡土气息，作品具有较强的表现性和可读性。

罗汉现为中国作家协会会员、中国少数民族作家学会会员、中国当代少数民族文学研究会副秘书长、云南省作家协会会员、阿昌族文学学会副会长。已被《中国当代文艺群星辞典》《中国当代青年作家名典》收录。

5. 曹先强和他的作品

曹先强，小名曹应祥，1961 年生于云南省德宏傣族景颇族自治州梁河县曩宋阿昌族乡关章村。1978 年前个人命运与时代的命运一样，大起大落。入学，辍学，回乡务农，当生产队记分员，任山寨小学代课教师，做县糖厂临时工。1978 年考入德宏民族中学高中部，1985 年毕业于北京中央民族大学中文系，获文学学士学位。现为云南电视台文艺部编导、主任编辑。曹先强是一位勇于探索而又勤奋多产的阿昌族青年作家。第一篇稿子以广播稿的形式，于 1977 年播送于公社和县广播站。文艺创作则始于 1980 年 7 月《德宏团结报》副刊的一篇散文体读报札记。至今，已在各级报刊、电台、电视台发表了诗歌、散文、小说、文艺评论、报告文学、电视剧本等作品 120 多篇，近百万字，作品分别被 7 种集子收录。曹先强的创作拓展了阿昌族当代文学的体裁和题材范围，创作的诗歌短小抒情，数量不少，且颇具韵味。诗作《小溪》被诗集《孔雀翎》《阿昌族文学作品选》收录；《夜景》被《1991 年新星诗历》（北方文艺出版社）收录。撰写的报告文学作品则贴近现实生活、关注热点，用新闻纪实与文学议论的手法表现出民族历史的变革。报告文学《阿昌状元》（报告阿昌族有史以来第一位硕士研究生）1984 年 9 月刊于《云南日报》，后又获得首都高校大学生写作比赛一等奖；《在窄缝中崛起》（报告囊宋阿昌族乡改革壮举）被报告文学集《腾飞的金孔雀》（德宏民族出版社出版）收录。文艺评论、民族文化研究的主要论文有《试谈阿昌族的动物故事》《论阿昌族的狗文化现象》《梁河县阿昌族女性服饰的审美与传说》《阿昌族文化论集》（油印本），主编《中国阿昌族大辞典》（待出版）等。曹先强的散文，作品数量多，题材广泛，作品多次在全国和省市、地州级获奖。散文《故乡那高高的粘枣树》（载《民族文学》1992 年 12 月）以优美抒情，别具一格，荣获国家级第五届（1992～1995 年）全国民族文学创作奖骏马奖，为阿昌族文学获得新荣誉。散文作品主要有《父亲》《火塘》《故乡恋情》《盎然你的生命之树》《取名》《故乡那高高的粘枣树》《边寨知青女老师》《草原夜莺》《春联源流絮语》《霜叶，带着金秋的希冀》《神奇迷人的青海湖》《留在峡谷深处的记忆》《云南少数民族服饰的多彩神韵》《绿叶，对根的诉说》《阿昌山有这样一所小学》《从村寨开始》《山寨情思》等。曹先强在电视文艺节目的编导制作中主笔撰稿的文学台本，多属抒情散文。曹先强为文艺晚会和文艺专题片所撰写的文学台本数十个，节目多次在中央电视台播映，并获奖。曹先强的散文作品质朴清新，情真意切，题材宽阔，不拘一格，极富审美情趣。散文作品《故乡那高高的粘枣树》入选中国文联《全国少数民族文学作品50年精选散文·报告文学卷》。散文作品《绿叶，对根的诉说》被散文集《五彩云霞》（云南民族出版社出版）收入。

近年来，曹先强将主要精力集中在小说创作中，已在《民族文学》《边疆文学》（《大西南文学》）、《民族工作》《孔雀》《原野》《昆明日报》《云南日报》《春城晚报》《德宏团结报》、云南人民广播电台文学节目等报刊、电台中发表了20多篇小说作品。主要作品有散文《遮弄寨纪事》《校园里的寻物启事》《遇》《期待》《非弹性碰撞》《旧事重提》《远山童话》，小说系列《郎乔老爹的口味》《失落的钥匙》《寨头有棵龙宝树》《照壁》《弯弯的山路，弯弯的歌》等。其中，《远山的童话》，小说系列《猎手》《腊八的忏悔》分别荣获1996年、1997年云南边疆文学奖。

小说《寨头有棵龙宝树》，是一篇民族风情浓郁的边地小说。作品通过山寨德高望重的大活袍们老头和他那到山外读过中学的儿子，在对待现实生活、对待人生的种种矛盾，揭示了边地民族在新时代思想观念变化中的激烈冲突，引人思考，耐人寻味。小说将主题思想的表达、人物形象的艺术塑造，置身在具有象征意义的龙宝树下，把神奇迷人的风情风俗和复杂多变的生活场景，有机地融为一体。因此，作品主题丰厚明确，人物性格丰满突出，生活气息与民族特色都较为浓郁。已由云南电视台拍摄改编成电视剧《龙宝树下》播映。

小说《弯弯的山路，弯弯的歌》（载《孔雀》1989年4月，《民族文学》1999年9月），文学主编、诗人、文艺评论家张承源还在文后编发了一篇评介札记。这是曹先强的又一篇优秀的边地风情小说，作品以4个阿昌族青年在改革开放现实生活中的心理、心态和观念意识的变化，反映出了边疆民族的当代生活风貌，是一篇热情拥抱生活、直面人生、与时代同步，而且是抒情味、风俗味、乡土味浓醅的作品。作品像一幅浓淡相宜的水墨山水画，既有阿昌族边城边寨的远景和风光风俗的渲染，也有人物心理性格的真切和时代脉搏的触动。

小说《照壁》（载《民族文学》1991年8月），以石凤大妈的视角和照壁在她的生命历程的荣辱兴衰，揭示阿昌族古老文明的荣辱兴衰及多元的文化在山寨的矛盾共存现象。作品故事情节生动，人物形象鲜明，通过照壁与石凤大妈的命运纠葛，展现了边疆僻地的一个少数民族在当代变革的生活中人们的复杂心态。

曹先强是阿昌族作家群中受过系统教育的作家之一，对民族文化有理论高度的认识和研究，小说创作注重民族传统文化的内核挖掘。讲究人物形象显现出来的民族心理意识、民族审美情趣及民族精神，保持浓郁的民族特色与生活气息是作者小说创作的重要特点。

曹先强现为中国电视艺术家协会会员、中国民俗学会会员、中国少数民族作家学会会员、云南省作家协会会员、云南省民族学会会员、云南省少数民族记者协会理事、阿昌族文学学会副会长。已被《中国当代青年作家名典》《中国少数民族作家辞典》《云南作家传略》收录。

第三节　艺　术

阿昌族的艺术在劳动生产活动中形成，具有浓郁的地方特色和民族特点，是中华民族艺术的重要组成部分。

一、音乐艺术

阿昌族能歌善舞，音乐艺术方面的民间乐器十分丰富，有吹奏乐器、弹弦乐器、拉弦乐器和打击乐器4类。吹奏乐器有葫芦箫、三月箫、稻秆笛、洞箫、竹笛、唢呐、大号（铜角），以及口弦、木叶等。其中葫芦箫、三月箫具有独特的形状，吹奏的乐曲有鲜明的民族特色。弹弦和拉弦乐器有马腿琴、三弦、二胡等。打击乐器有象脚鼓、铓、锣、小钗，以及大钹、大锣、"丢子"、大堂鼓，还有在宗教活动中使用的打击乐器大铜钟、韵板、大鼓等。这些丰富的各类乐器使用范围比较广，宗教祭祀、婚丧、节日及劳动之余都能使用，特别是象脚鼓和铓锣，在舞蹈中起到伴奏和指挥的作用。

阿昌族的音乐风格多种多样，有的情绪徐缓，有的紧凑热烈，变化丰富，特色鲜明。阿昌族的音乐歌调很多，各类调子填充相应的歌词内容进行演唱，赞美劳动、赞美爱情，歌颂英雄人物和美丽富饶的家乡，以此抒发自己的欢乐与悲哀。由德宏民族出版社出版的歌曲集《人们向往的地方》，收集了《户撒情歌》《金色桂花开，香飘阿昌寨》等阿昌族优秀歌曲。其中，《金色桂花开，香飘阿昌寨》同时还入选《中国少数民族歌曲200首》（音像制品）。

二、舞蹈艺术

音乐和舞蹈是阿昌族人民生活中喜闻乐见的重要艺术形式，两者相伴相随。

阿昌族的舞蹈最流行的是窝罗舞，窝罗舞是阿昌族最古老的原始舞蹈。窝罗舞源于古代的狩猎舞和宗教祭祀舞，现今主要在逢年过节、吉庆丰收、婚丧嫁娶、兴业庆典、村寨联欢、访亲候客等活动中跳。窝罗舞在歌手的领唱、众人伴唱或击鼓围成一个圆圈跳，通常在堂屋中、广场上或烧一堆火或放一张桌子，围绕火塘或桌子跳，模仿太阳与月亮等大自然的壮观景象和神奇动物的特征造型，模仿始祖遮帕麻和遮米麻造天织地、降伏妖魔、射落假太阳的各种动作，以及生产劳动的场景。窝罗舞主要动作有"日头打伞""月亮戴帽""弩弓射日""双龙行路""双凤朝阳""猛虎下山""金龙转身""苦竹盘根""男耕女织"等，舞蹈风格古朴简洁、热情欢快，充满了盎然的生活气息和独特的民族风格，充分表现了阿昌族人民勤劳勇敢、质朴豪爽和团结互助的民族精神与民族品格。窝罗舞是全民性参与的群体性大型歌舞。阿昌族的民族传统节日——阿露窝罗节，主要表现形式就是跳窝罗舞，一面起舞又不断呼叫"窝罗"等助词衬语，因而得名窝罗舞。

在户撒地区象脚鼓舞、刀舞、棍舞及"嘎光舞"等民间舞蹈最为著称，尤其象脚鼓舞，与傣、景颇、德昂等民族的象脚鼓舞有明显的区别。大多数击象脚鼓者与敲镲者配合起舞，对数不限，技艺精湛，独具民族特点。在舞蹈进行中敲镲者始终与击象脚鼓者对着跳，互相照应，相互嬉戏，舞者双脚前后左右跳跃挪动，身体一起一伏，两腿时蹬时收，时跨时蹲，富有节奏感，煞实美观。

阿昌族的创作舞蹈艺术，也汲取了丰富的传统文化的养分而发展迅速。关心阿昌族艺术的艺术家们创作了许多音乐、舞蹈节目，有的还在全国、全省文艺舞台上亮相并获奖。主要作品有《金色桂花开，香飘阿昌寨》（胡华升词、杨锦和曲）、《阿昌姑娘爱戴花》（张苘词、杨正玺曲）、《越唱心里越热乎》（李光信词、刘琼芳曲）、《阿昌歌唱社会主义好》（杨正玺词曲）。这些歌曲多由德宏民族歌舞团的文艺工作者创作、演出，并录制后在省州电台、电视台播放，受到各族人民的喜爱。舞蹈艺术在阿昌族原始的民间舞蹈基础创作及创编的节目很多。1977年以来德宏民族歌舞团、保山歌舞团，以及梁河县文艺宣传队、陇川县文艺宣传队和热心于阿昌族民族艺术的艺术工作者们挖掘整理，创作演出了很多节目，并在全国、全省及地州文艺会演中获奖。德宏歌舞团旺吞、林敬华编导，杨锦和作曲的舞蹈节目《阿昌喜爱蹬窝罗》荣获1980年在北京举行的全国民族文艺会演优秀奖。旺吞、尹秋菊编导，杨锦和作曲的阿昌族舞蹈节目《赶会街》荣获1984年云南省民族舞蹈会演特别奖、编导三等奖、服装二等奖。张立旺、孙家林等集体创作了阿昌族舞蹈节目《狮子舞》，并自己表演了这一节目，荣获1992年第三届中国艺术节优秀奖，并在中央电视台和云南电视台播出。保山歌舞团创作的节目多次进京演出并在全省会演中获奖，其中阿昌族舞蹈节目《蹬窝罗》荣获云南省首届民族舞蹈会演特别奖。

三、戏　剧

阿昌族拥有本民族的地方戏剧，流传较广的剧目有《使春牛》《鲁班调》《采茶调》《春灯调》等。这些剧目大多在春节及农闲的节庆时表演，其人物较少，戏剧矛盾冲突也较单纯，台词主要来源于祭祀诵词。

在《鲁班调》这出戏中，出场的人物有大仙、童子、土地、神女等。台词节选为：

　　　　土地土地，腰里有点仙气，仙风一吹，扫天刮地。
一扫风调雨顺，二扫国泰民安，三扫家家清洁，四扫马
放南山，五扫五谷丰登，六扫禄位高升……

　　这些戏剧还有一个特点是多用方言土语，插科打诨，诙谐有
趣，正话反说，惹人发笑。台词中包含了丰富的生产知识和生活
经验。在《使春牛》中，老铁子上场时便吟诵下列台词：

　　　　墙头一蓬葱，抓把土来奎；好块平阳地，勤牛要
走，懒牛要耕。勤牛不走，懒牛不耕，五谷往哪里生？
买牛要买枕角枯，相老婆不如相外母（岳母）；买针买
鼻子，相老婆不如相舅子。勤牛细角，懒马多鬃，牛角
细细长，必定打架王；角粗尾巴细，必定好力气；腰躬
屁股塌，必定走得辣；粉嘴画眉眼，使它遍山撵，莽头
杳角，好使难捉，兜档一角。

这时，毛兆德（老铁子之子）上场：
老铁子：小兆德，牛放在哪点？
毛兆德：放在两脑尖山。
老铁子：放在两老偏山？
毛兆德：两脑尖山！
老铁子：怕不得吃（喝不着）水啵？
毛兆德：一井水打不干。
老铁子：怕不得吃草啵？
毛兆德：青草一洼，绿草一塘，撒给它一泡尿，胖了苍蝇都
　　　　滚得下来。
　　……

　　此种剧目台词幽默风趣，演出时气氛热烈，人们百听不厌，因此在阿昌族地区盛为流传。

　　春灯调是阿昌族玩春灯时采用的唱腔唱词，春灯在阿昌族地区普遍盛行，每逢春节都在村寨间进行。阿昌族村村寨寨都有自己的春灯队，玩灯（亦称"耍灯"）时按戏剧程式：有戏装、鼓锣、道具以及各种纸糊灯笼为主，人物有仙女、童子、寿星等按场合吟诵相关内容的调子。比如，春节拜年开场时唱如下逢春词：

　　　　正月逢春好春花，新官上任拜九家。

　　　　文武百官来庆贺，十盘果碟九盘花。

　　　　二月逢春好春花，鸪公（布谷）阳雀送春来。

　　　　头叫一声富贵好，二叫一声得功名，

四、美　术

　　阿昌族的美术别具特色，技艺高超。内容大多与宗教和祭祀活动有关，比如佛龛、烛台，以及祭祀器物上的彩画，送鬼魂时的木头、草人、纸人上画的八封、太阳、月亮、树、花等。绘画图案布局较为简单和原始，多系单线回纹和直纹图案，或为人们日常生活中所熟悉的象形图画等。一些地区的建筑物上也有山水、花鸟及人物画，描绘楚楚动人，是各民族文化交流的结晶。阿昌族女画家张立惠在美术绘画方面造诣颇深，作品《阿昌山寨》1981年入选全国少数民族画展，并在北京获奖。阿昌族女画家张立惠，毕业于云南艺术学院艺术系，现为中国少数民族美术促进会会员，云南省美术家协会会员，德宏傣族景颇族自治州美术家协会理事，其美术作品多次在省内外参展，其中《阿昌山寨》《紫藤》被民族文化宫收藏。张立惠的美术作品，构图严谨，色彩明快，内容多以歌颂故乡的美丽为主。

阿昌族的造型艺术中，雕刻技艺达到了较高的水平。在家具、佛龛、建筑物、饰物等器物上面，雕刻各种动植物的图像，尤其擅长在银饰、耳筒、银盒、刀壳、刀面、盘子等器物上雕刻美术图案。

阿昌族的建筑也很具艺术特色。民居建筑，以土木结构为主，一正两厢房，正房为五柱三穿四贴，厢房以楼为主采用三柱二穿三贴方式，木匠精工细作，在正房檐口壁齿、正房板壁门沿、厢房楼檐口等建筑部位，雕刻上花草、吊金瓜、龙凤等图案，颇具民族艺术风格。户腊撒佛寺建筑多依内地汉族地区的建筑格式，楼角翘度平直和斗拱层叠，门、窗、斗拱上的雕刻也很精细，形象逼真。在阿昌族聚居的陇川县户腊撒多处可见到矗立天际的大佛塔，塔身用砖石砌成，高数丈或数十丈，塔基为多角形，每方各有佛龛，中刻有佛像，中部为圆锥形，上部为螺旋形，往上渐细而尖，贴金箔，顶端装置黄铜镂成的璎珞，太阳一照金光万道，灿烂空际。金塔建筑之大及雕刻之精美，令人惊叹①。

五、影视艺术

1984 年，云南民族电影制片厂摄制的电影纪录片《阿昌风情》（24 分钟，共 3 集），结束了中华人民共和国成立以来"银幕上没有阿昌人的形象"的历史。这部属云南民族风情风光片之一的电影纪录片，第一次把阿昌族的形象搬上了雪白的银幕，填补了阿昌族文化生活方面的一项空白。继电影纪录片之后，1985年云南电视台又拍摄了《阿昌风情》（75 分钟，共 3 集）电视专题片。该片共分《宝刀之乡》《阿昌之歌》《新婚之喜》3 集，第一次用电视专题片的形式，全面介绍了阿昌族历史文化及风土

①《阿昌族简史》，第 92 页。

人情、婚丧嫁娶等内容。该片一个系列 3 个重点，彼此互相联系，又可自成一体，其解说词生动有趣，画面优美真切，音乐抒情。现有中英文版，英文版已发行到英法等国进行国际文化交流，中文版荣获全国中视专题"骏马奖"。

1988 年春天，云南电视台和梁河县民族宗教局联合摄制的反映阿昌族生活的电视剧《龙宝树下》《莽古河畔》《卖刀汉子》，则以电视艺术形式来弥补阿昌族人民没有故事片的历史空白。这组电视剧的拍摄，从剧本的创作到实景摄制及演员演出都有阿昌族文艺工作者和当地干部、群众参加。因此，在拍摄过程或播映中，都受到了阿昌族广大干部、群众的好评，反响极为强烈。将自己熟知的生活形象搬上电视艺术的荧屏，体现了阿昌族人民在党的民族政策光辉照耀下，各项事业蒸蒸日上。

阿昌族历来善于锻铁制刀，"削铁如泥""柔能缠指"的户撒刀，凝结着丰富的阿昌族人文历史文化。电视剧《卖刀汉子》（小说原作者李理）撷取了这个生活真实，描绘了一个卖刀不说话（用刀剁铁以质量说话）的阿昌汉子独特的卖刀方式。通过剧中一直沉默无言的"哑"汉子因替顾客抓小偷论理才开口说话，这个艺术虚构，生动地展示了驰名遐迩的阿昌族户撒刀和忠厚善良的阿昌人的优良品德。剧中卖刀汉子的表演者是阿昌族青年诗人曹明强。该剧剧情简短，情节精细，寓意深刻。

《莽古河畔》的艺术触角所伸及的则是阿昌族山寨在改革时期所体现出来的现代文明与古老传统的撞击所形成的反差。该剧主人公老荞发 20 多年来一直苦守着古老的水碾房，他知足知乐，舒心地笑着。当随着突然引进山寨的机械碾米而来的现代文化节奏，冲击了他的古老寄托时，措手不及，烦躁、愤怒和骂娘。在老荞发身上折射出了山寨传统的生活和古老的土地在改革大潮冲刷下所显现的矛盾，并通过当兵回乡的小伙子及小芹的意识觉醒和老荞发的最终选择展现了阿昌山寨的新变化。

如果说《莽古河畔》反映了改革时期阿昌族山寨在现代文明冲击下所产生的冲突，以及阿昌人在这个冲突中所采取的明智举动的话，那么《龙宝树下》这个电视剧则揭示了阿昌族在这个时期社会生活的内容结构间发生的骚乱及人们对民族传统文化的深刻反思。

《龙宝树下》采用象征手法，把故事聚焦到阿昌族颇具精神凝聚力的龙宝树（神树）下，以阿昌人神圣的龙宝树作为阿昌族传统文化的象征，挖掘了阿昌人深层的文化内涵意识心态。编导把阿昌族古老文化的传承者大活袍与其到山外读书接受了现代文化熏陶的晚辈儿子的冲突和对峙，以及矛盾的最终统一，来展现阿昌族山寨在改革时代两种文明并存的现实和为两种文化的沟通所作的认真严肃的思考。故事意味着一种新的多维的意识和多元的文化，在变革时期的阿昌族山寨已经突现，并在人们心灵中产生共鸣和回响。

改革，不能全盘否定民族的古老传统，又要敢于和善于革除有悖于历史发展的某些陈规陋习，像电视剧中晚辈儿子那样，以新的观念和意识来发展、丰富民族的传统文化。这是历史向前推进的不可抗拒的强大趋势。编导蕴含在《龙宝树下》这部电视剧中的这种人文构思和价值取向，无疑使作品的审美得到了升华。

阿昌族的这3个电视单本剧，虽然短小，但是作为电视艺术领域中阿昌族的拓荒之作，在总体上是成功的。

电视事业的发展，使阿昌族文化建设迈入了新的历史时期。1988年3月云南电视台还拍摄了反映阿昌族传统的阿露窝罗节盛况的电视片《阿昌的节日》；电视人物专题片有云南电视台1992年5月拍摄的《拓荒者的故事》，该片介绍了靠科技致富的阿昌族青年张思尧的先进事迹。上海电视制作部门拍摄了反映梁河县阿昌族婚俗的电视片《奇趣的婚礼》，北京电视台筹拍了中国民族民俗系列片《阿昌族民俗》。1991 年 4 月，中央电视台在《新闻联播》节目中推出了大型系列片《祖国大家庭》中介绍的"阿昌族"专题片等影视作品。1999 年 7 月，中央电视台《中华民族》专栏拍摄电视片《能人张立旺》介绍了梁河县九保阿昌族乡兽医站站长张立旺依靠科技、发展畜牧兽医事业，勤劳致富，带领乡亲奔小康的事迹。近几年来，在一些戏剧、电视剧和电影故事片中也不同程度地出现了阿昌族的艺术形象，比如表现反抗英帝国主义入侵的滇剧《关山碧血》中的阿昌族头人，在彩色故事片《莽女追魂》等抗日斗争影片中保家卫国、英勇抗敌的阿昌族首领及民众等。

第七章　新闻出版

第一节　新　闻

阿昌族没有本民族文字，因而在新闻出版事业中受到了一定程度的阻力。但是中华人民共和国成立以来，世世代代饱尝"刻木记事""结绳记数"之苦的阿昌族人民，在各级党政部门的关怀帮助下，开设学校、办教育，通过学习汉语文来改变在信息交流中的原始蒙昧状况。随着本民族中有文化知识的新一代年轻人的成长，不仅实现了阿昌族新闻广播事业从无到有，而且本民族年轻人还直接参与到了新闻广播工作中。

一、新闻事业的发展状况

阿昌族聚居区多在半山半坝，交通不便，信息不畅。五六十年代，国内外的新闻宣传和党的方针政策宣传通过电话传递而来。传统上在阿昌族地区新闻宣传的主要渠道和媒介，是两三个月或半年一次随着马帮而来的电影队放映带来的"新闻简报"，后来又有了一两张由乡邮递员背来的过期报纸。20 世纪 60 年代末，阿昌族地区的新闻广播事业有较大改进和发展，有关部门在阿昌族居住的区乡建立了广播站。县广播站翻山越岭，架设了农村有线广播网，把有线广播安装到了阿昌族村寨的千家万户。人们足不出户便可通过县广播站广播，公社转播，大队、生产队扩播的广播新闻中收听到时事、时政新闻。这些艰难的新闻广播行动，为推动阿昌族人民各项事业的向前发展起到了很大的作用。阿昌族有文化知识的青年，不仅利用广播来开阔视野，而且还积极给广播站写广播稿，有些青年还由此走上了新闻工作岗位，开创了阿昌族新闻工作的先河。原中共梁河县委书记、梁河县人民政府县长、现任德宏傣族景颇族自治州人民政府副州长赵家培就曾经深受农村广播的教益，并由此走上新闻岗位。云南电视台从事新闻工作的曹先强，德宏电视台编辑、记者曹明东，《春城晚报》编辑、记者项陆才，《德宏团结报》编辑记者倪桂英、李仲福等都有类似的成长经历。他们是在阿昌族地区新闻事业发展的大好形势下成长起来的阿昌族第一代新闻工作者。

二、新闻事业与经济发展

阿昌族的广播事业方兴未艾，新的传播媒体收录机、电视机、录像机、报刊杂志等，又进入了阿昌族山寨。阿昌族地区新闻受惠者越来越多，人们从广播电视中获得勤劳致富的信息，极大地推进了阿昌族的物质文明和精神文明建设。20世纪80年代以后，阿昌族的广播事业更完善、更健全，县、乡广播站坚持每天早晚进行两次播音，逢街天赶集日中午增播一次。在每日3次的播音中，除转播省州台、中央人民广播电台的《新闻和报纸摘要》和《全省各地人民广播电台联播》等重大新闻节目外，固定地办起了以农业生产为主，宣传多种经营方式的各类自办节目。许多阿昌族农户通过广播新闻收听国内外时事要闻，收听农业生产科技新知识，收听天气预报，并把学到的知识应用到生产中，从而走上了致富道路。阿昌族地区的经济、文化迅速发展，阿昌族人民获得信息交流和传播媒介也呈多样化，乡村建立了文化站，文化站订阅的各类报刊杂志，丰富了农村文化生活，传授

了生产科技与经济信息。有文化知识的新一代阿昌族人民靠科技
兴家，走科学致富的道路，学习果树嫁接、学习科学种田、学习
科学养鱼，纷纷脱贫致富。

第二节　出　版

　　中华人民共和国成立以来，尤其是改革开放以来，阿昌族的
文化出版工作取得了长足的进步。在党和政府的关怀下，阿昌族
的文化事业发展迅速，出版工作也从无到有、从少到多取得了令
人瞩目的成绩。目前，各级出版社、各级部门已出版了关于阿昌
族历史、语言、文学、艺术等方面的各类出版物 10 余种，宣传
了阿昌族文化，弥补了阿昌族文化出版的空白。每当有一部新作
品出版，阿昌族人民欢欣鼓舞如同过年过节一样，阅读中观赏新
作品。有的还风趣地说，阿昌族传说过去把自己的历史文化写在
牛皮上被狗叼走而失传了，现在印成书出版发行，再也不愁失传
了。这是没有文字的民族发自内心的哀怨和喜悦，也表达了阿昌
族人民对阿昌族出版事业的热切关注。

一、搜集整理

　　阿昌族的民间艺术搜集整理出版工作是从中华人民共和国成
立以后开始的。1979 年，陇川县和梁河县文化部门搜集整理并
编辑印刷了 3 辑《阿昌族民间文学资料》，收录了 103 首阿昌族
民间故事，共计 20 多万字。印刷发行后，深受广大阿昌族干部、
群众的欢迎，许多中小学教师、农村知识青年爱不释手，供不
应求。

　　这几辑文学资料是阿昌族干部群众、活袍、歌手、故事演说

家，以及全体搜集调查者的集体劳动成果与智慧结晶。这几辑文学资料是中华人民共和国成立以来阿昌族文化建设中启动的一次较大的基础工程，对以后的阿昌族文化研究具有不可或缺的资料价值。

1983 年 1 月，云南人民出版社出版了阿昌族第一部神话史诗《遮帕麻和遮米麻》，阿昌族人民欢欣鼓舞，如同喜庆丰收、欢度佳节一样庆祝此书的出版。这本书根据阿昌族著名活袍赵安贤演唱的采录本，由阿昌族文化工作者兰克、杨智辉整理，杨叶生翻译，是研究阿昌族历史、宗教、哲学、价值观和古代社会的重要文献资料。史诗出版后，日本学者专门著文介绍和研究，在国内外学术界引起广泛关注。

1992 年 7 月又出版了《中国阿昌族情歌选》（曹明强编，德宏民族出版社出版）。

二、学术专著

中华人民共和国成立以来，阿昌族在有关部门的帮助和支持下出版了众多的学术专著图书。

1. 阿昌族简史

《阿昌族简史》，国家民委民族问题五种丛书之一，中国少数民族简史丛书之一，此书从 1957 年 5 月起，在全国人民代表大会常务委员会民族委员会和国务院民族事务委员会的直接领导下，由云南少数民族社会历史调查组德宏分组负责阿昌族社会历史调查和简史简志的编写工作，于 1963 年以《阿昌族简史简志合编》为书名正式出版（铅印本），全书分 7 章，前 4 章记录自然概况和社会历史，后 3 章记录中华人民共和国成立后的变化。1985 年 5 月，根据国家民族事务委员会的指示，并在《民族问题五种丛书》云南编辑委员会的直接领导下，对《阿昌族简史简志合编》再次做了补充和修改。这次修改，在全书结构和体例上做了较大的更动，将原来的简志和中华人民共和国成立后的变化全部删去，按照本民族社会发展的历史线索，重新拟定章节，定名为《阿昌族简史》。1986年德宏傣族景颇族自治州有关领导部门、原德宏傣族景颇族自治州人大常委副主任穆光荣（阿昌族）和全国人民代表大会原梁河县人民代表大会常委副主任孙家柱（阿昌族）等同志审定后，由云南人民出版社出版。这本书比较完整地收录了阿昌族社会历史调查研究资料，具有广泛的权威性。

2. 阿昌语简志

《阿昌语简志》，由戴庆厦、崔志超编著，1985年由民族出版社出版，属国家民族事务委员会民族问题五种丛书之一、中国少数民族语言简志丛书之一。这本书是记录阿昌族语言信息比较全面系统的学术专著，把阿昌族语言中许多模糊不清的问题通过科学的研究得出了较为准确的合理的结论。过去专家、学者一直认为阿昌族只有陇川、梁河两种方言。这个不科学、不准确的说法沿袭了30多年，至今还以讹传讹。《阿昌语简志》经过做了大量语音、词汇方面的调查研究，总结论证出了阿昌族语言有陇川、芒市、梁河3个方言的新论断。阿昌语语支历来无定论，各执一端，有的较笼统、有的则本末倒置，《阿昌语简志》清晰地理论了阿昌语语支的归属，认为与缅语支最接近，并指出阿昌语应属缅语支。本书的编写工作始于1957年，当时民族语言调查第三工作队的周耀文、崔志超、黄顺瑶等对阿昌语做了一些初步的调查。1975年戴庆厦为了藏缅语族语言比较的需要，再一次调查了阿昌语。1979年随着中国少数民族语言简志丛书编写工作的全面开展，戴庆厦、崔志超又重新对阿昌语进行了比较全面、系统的调查研究，经过20多年的工作，写成了这本书。

阿昌族出版事业方面成就最明显、最突出的是文化出版，尤其文学方面的出版成就最为突出。

1983 年 10 月，在庆祝德宏傣族景颇族自治州建州 30 周年的喜庆日子里，出版了综合性文学作品集《阿昌族文学作品选》（由德宏傣族景颇族自治州文联选编，德宏民族出版社出版），全书共计 20 万字。本书的出版，向人们初步展示了阿昌族民族文学的概貌。

1989 年 9 月，编印了《阿昌族文化论集》，本书收集了中华人民共和国成立以来阿昌族社会科学领域内有关历史、族源、宗教、文学、语言、服饰、风俗、教育、音乐、舞蹈、建筑、经济建设等方面的论文、学术文章、调查报告 34 万字，集权威性、学术性、理论性和趣味性为一体，是了解阿昌族历史文化和社会现实的第一册大型理论工具书。

1990 年 5 月，曹明强、孙宇飞分别出版了个人诗集《山魂》和《瀑布》（德宏民族出版社出版）。曹明强的《山魂》粗犷雄浑，古朴凝重；孙宇飞的《瀑布》激情洋溢，飘逸洒脱。两位青年诗人的诗集充满了对民族的炽爱。诗人张承源为两本诗集作了热情洋溢的序。

1991 年 6 月，又出版了阿昌族青年诗人赵家福（啸南）的第一部诗集《高原风魂》。诗集汪洋恣肆，古朴沉郁，充满了阳刚之美。

1995 年 5 月出版了《古道边的歌谣》（王四代、曹明坤著，云南教育出版社出版），该书系云南民族女性文化丛书之一。全文简要地介绍了新时期阿昌族妇女的进步与发展，图文并茂地展示了现代阿昌族妇女的风采。该书的出版对了解阿昌族妇女文化起到了"抛砖引玉"的作用。

1994 年、1998 年香港昆仑制作公司出版了阿昌族青年作家罗汉的小说集《阿昌女人》和《红泪》。

1995 年 12 月出版了《阿昌族文学简史》（攸元春著，云南民族出版社出版），该书系《中国少数民族文学史丛书》之一，列为"七五""八五"国家哲学社科类重点科研项目。全文简述了阿昌族至今为止所取得的文学成就,是目前资料最为翔实,内容最为全面的文学史著作。

1998 年出版了《阿昌族文化志》(们发延著,上海人民出版社出版),全文扼要地介绍了阿昌族的族源族称、语言特征、文学艺术、科学技术、教育状况、生活习俗、宗教信仰等方面的内容,是一本阿昌族文化研究领域的学术成果。

阿昌族文化出版事业经过艰难的起步,在各级部门及出版界的扶持、提携下取得巨大的成绩。即将出版的出版物还有《阿昌族音乐简志》(吴学源主编)以及有关部门负责的《阿昌族民间文学集成》等。

自中华人民共和国成立以来,阿昌族新闻出版事业从无到有、从少到多,从集体编写到个人创作编著,已经取得了长足的进步。同时,有关记叙阿昌族文化研究成果的部分文章也收入了一些出版物中。杨智辉撰写的《阿昌族民间文学概况》编入了《云南少数民族文学概况》一书,《阿昌族民间文学》编入了《中国少数民族文学》一书。经过杨智辉研究馆员的努力,为阿昌族文化建设做出了贡献。杨锦和、龚家铭的《阿昌族音乐》也收入了《中国大百科全书》。在民族出版社出版的民族系列丛书中,龚佩华的《阿昌族》作为丛书之一,以单行本形式出版,云南少年儿童出版社的"祖国大家庭丛书"中也编入了阿昌族的少儿读本。云南教育出版社"中华各民族知识丛书"《多彩的民族画卷》《五十六个民族五十六朵花》两本书中也编入了"阿昌族"和"制刀的能手——阿昌族"等专题内容。

第八章　科学技术

第一节　科学技术的产生和发展

阿昌族是以农耕生产为主的民族，在农业的耕作技术上具有较高的水平。许多世纪以来，阿昌族人民辛勤耕耘，培植了许多农作物良种，水稻良种"毫安公"，亦称"毫母累"被称为"水稻之王"，深受当地各民族的喜爱。这种水稻，颗粒饱满，米质光泽柔软，香润可口。中华人民共和国成立前，阿昌族的农耕技术处于经验农业的水平，保持在以祈求鬼神来获取农业生产丰收的蒙昧阶段。虽然在某些耕作技术上有了一定的改进和发展，相对而言是比较先进的，但是生产力的整体结构还是比较落后，劳动者所创造的价值只够自给。土地的产值率很低，就以水稻为例，平均每亩只收150千克，最高也只在250千克左右，而其他农作物的产量更低。加上封建主的剥削，阿昌族终年含辛茹苦仍不得温饱。

中华人民共和国成立后，随着科学文化的普及，科学技术在农业中的广泛应用，阿昌族的农业生产获得了新生。在历史上，阿昌族就是一个善于学习外来民族之长处的民族，这一优良传统，在学习先进的科学技术上又发挥了巨大的优势。

在党的领导和关怀下，阿昌族地区广泛开展农田基本建设和兴修水利的群众运动，各乡村相继建立了科技试验站，特别是十一届三中全会以后，随着阿昌族教育事业的蓬勃发展，推动了阿昌族科学技术的迅速发展。村级设有科技知识丰富的农科员，乡级有大学文凭的本族农技师。当代阿昌族在对土壤结构进行系统普查和改良的基础上，对传统的农业进行改进，原来牛耕人锄的劳作方式，配之以拖拉机、脱粒机等机械化的生产工具，生产力水平得到空前的提高，在品种的选择和病虫害的防治上都按科学的田间管理进行。同时，把科学技术应用到各种作物的栽培，科学栽培传统经济作物甘蔗、草烟、茶叶、花生、油菜和热带、亚热带水果等，还进行科学养猪、养鱼。农业科学技术极大地推动了阿昌族地区的经济建设和各项事业的健康发展。

第二节　科技成就

科学技术给这个古老的农业民族插上了腾飞的翅膀。科学技术的推广和实施，给阿昌族人民带来了实惠，争相学科学知识蔚然成风。阿昌族人民在良种培育、壮秧培育，以及杂交水稻、杂交玉米的培育上都掌握了较高的技术。由于选用了成熟期早的杂交优良品种，在气温比较高的坝区普遍推行双季稻，有的种植三季（一季是蚕豆或土豆等经济作物），使土地的使用率大大提高，亩产吨粮的农户不断出现，亩产量比原来增加了 2～4 倍。在经济作物上，科技效用辐射最明显的是甘蔗的栽培上。通过淘汰老品种，选用含糖量高、耐病虫害、支干粗壮的"印度红"、"西南—175"等新品种，把原来的直沟改为保水分、保肥质的横沟，使甘蔗产量由原来的亩产 1～2 吨，猛增到 8～10 吨，有的高达 12 吨，为当地的糖业发展做出了巨大的贡献。为此，阿昌族地区的甘蔗大户不断涌现，梁河县曩宋阿昌族乡弄丘社的阿昌族蔗农杨发昌，近几年来每年都要向糖厂交售 100 多吨甘蔗，年收入超万元。

科学技术在农业普遍推广的同时，也应用到工业方面。阿昌族以打刀著称，"户撒刀"具有"柔可缠指，削铁如泥"声誉，名扬海内外。在中华人民共和国成立以前，户撒刀的打制是原始的私人手工作坊，生产效率极其低下，而且在分散状态下进行，产品质量参差不齐。中华人民共和国成立后，在户撒建立了民族刀具厂，在陇川县成立了民族工艺品公司，进行科学的经营管理，引进先进的科学技术，扩大生产，设置了砂轮机、气锤、电焊、电钻等现代化设备。改进了工艺技术，增添花色品种，除了打制当地各民族和近邻缅甸人民喜爱的小尖刀外，还成功地制造了藏刀、蒙古刀、彝刀，并进行了批量生产，深受省内外藏族同胞和牧区牧民及各族人民的喜爱。户撒刀具厂成了品种齐全、质量过硬的规模企业，一改历史上千家万户"各吹各打"的状态，并且走向专业化、集团化的发展道路。

第三节 主要科技人员及贡献

为了攀登科技高峰，阿昌族中涌现了一批优秀的科技人员。他们为阿昌族地区科学技术的发展和应用从不同的角度做出了不懈的努力。

曹依秀（1892～1970 年），女，阿昌族捕鼠能手，梁河县大厂乡干龙塘人。中华人民共和国成立后，党和政府开展防治鼠疫，曹依秀积极投入捕鼠工作。在捕鼠过程中，总结出一套先进的捕鼠方法，10 余年间，一个人捕灭鼠万余只。1958 年被中央有关部门授予"捕鼠专家"称号，曾任全国人民政治协商会议全国委员会委员、中华全国医学会会员。曹依秀的先进事迹曾被编入云南省小学课本，中央新闻电影制片厂还拍成新闻纪录片。曹依秀曾 3 次受到毛泽东等党和国家领导人的亲切接见。

赵大繁（1929～1966 年），男，梁河县九保阿昌族乡蛮掌村人。1952 年被党组织选送到腾冲县民族师资培训班学习，1953 年转入保山民族干部培训班学习。同年，在保山参加中国人民解放军，在部队学习和从事气象测报工作，曾在玉溪气象站工作，被阿昌族称为"管天的人"。1960 年国家困难，需干部裁员，赵大繁主动为国家分忧要求裁退，得到组织批准正常裁员回乡。1965 年、1966 年阿昌族地区全民动员大兴水利建设，赵大繁在修挖梁河县沙坡大沟最艰难、最危险的工段老鹰窝时，不怕苦、不怕累，处处带头，埋头苦干。1966 年 4 月，在放炮炸石崖后的清障工作中，巨石坠落壮烈牺牲，年仅 37 岁。这位党培养多年的阿昌族最早的气象科技尖兵、水利技术骨干，为阿昌族水利建设贡献了生命。

赵家贤（生于 1955 年），男，梁河县曩宋阿昌族乡老关章村人。为阿昌族地区畜牧业的发展和提高畜牧业的经济效益做了大量的工作。从 1985 年开始，赵家贤利用科技方法种牛黄，为了更好地掌握人工育殖牛黄的科学技术，曾到北京农业大学自费进修半年，成功地育殖牛黄 1 000 多头，每头牛增收 300～400 元，使许多阿昌族及附近景颇族、德昂族群众脱贫走上了富裕之路。赵家贤工作负责、成绩突出，1994 年转干从事乡镇企业管理，后任梁河县曩宋阿昌族乡人民代表大会副主席、九保阿昌族乡人民代表大会主席、中国人民政治协商会议梁河县委员。

张恩尧（生于 1963 年），男，腾冲县新华乡梅子坪村青年农民。张恩尧努力学习果树栽培技术及嫁接技术，1983 年与 3 名初中毕业回乡的青年承包了 100 亩荒山，当时就种下柑橘 1 096

株，芭蕉树 21 丛，桃树 24 棵，梅树 20 棵，杉木 200 棵，嫁接柿子树 16 棵，开垦茶地 55 亩。目前，每亩可采干茶 500 千克。张恩尧刻苦钻研，不断实践摸索，已经熟练地掌握了一套果树嫁接技术和种植管理经验，除自己带头科技致富外，还在阿昌族村寨中推广，为改变家乡的落后面貌，在科技致富方面做出了榜样。1983 年 5 月，张恩尧被选为中华全国六届青联委员会委员；1985 年 9 月，随中日青年友好团访问日本；1986 年 9 月被选为共青团腾冲县委第八届委员；现为云南省青联委员。云南电视台于 1992 年 5 月将张恩尧科技致富的先进事迹拍成电视专题片《拓荒者的故事》播映。

曹保才（生于 1959 年），男，陇川县户撒阿昌族乡户那村农民。生活在著名的"户撒刀"故乡的陇川县户撒地区的阿昌族汉子，几乎每人都会打铁制刀，数百年来人们靠双手打铁制刀谋生，但是曹保才不会打铁制刀，却是科技养殖能手。曹保才订阅了《云南科技报》《科学养鱼》《长江养鱼》《四川科技报》《农村百事通》《半月谈》等六七种报刊，以此为政策和科技指导。经过努力学习，在户撒养鱼获得成功，1991 年纯收入达到 9 000 多元。科技使曹保才成为养鱼能手，成为阿昌族突出的种养殖专业户代表。1991 年曹保才作为德宏少数民族国庆观礼团成员，前往省会昆明等地参观学习先进地区的致富经验。

闫敬华（生于 1963 年），男，陇川县章凤镇人，1980 年以优异成绩考入北京大学地球物理系，被称为"阿昌状元"。1984年又考入国家气象局气象科学研究院，成为阿昌族第一位攻读硕士学位的研究生。在我国著名气象学家张家诚、陈隆勋教授的指导下，攻读天气动力学专业，1987 年毕业后到国家气象局驻穗直属单位广州热带海洋气象研究所数值预报研究室工作，现为研究员。闫敬华硕士研究生毕业以后，在该所数值预报研究室和同事一起承担了多项国家级科研课题，在"台风数值预报模式"

研究中成绩卓著。几年来，曾在国家级权威学刊发表过科技论文数十篇，其中《南海中层气旋发生发展的数值模拟研究》刊发在中国科学院大气物理研究所主要学刊《大气科学》（中英文版）上，《发展与不发展南海低压的数值模拟研究》刊发在国家气象界学术权威学刊《气象学报》（中英文版）上。1990 年、1999 年闫敬华还以国家气象学青年专家的身份赴意大利、美国、日本等国进行国际学术交流。一个土生土长的阿昌族后代，身穿白大褂，在每秒运行和几千万次的超级计算机房，操作、演算、分析、研究，以动力学机制、物理学概念，观天察云，站到了科学研究的国际舞台上，这是阿昌族祖辈们不曾想到的。闫敬华是现代高科技时代党和国家培养起来的阿昌族高级知识分子的一个典型代表。

曹明发（生于 1960 年），男，云南省梁河县人，现任德宏傣族景颇族自治州农机管理局副局长。1982 年毕业于云南农业大学农机系设计制造专业，后分配到德宏农机学校任教，1984 年 9 月任德宏农机学校教务处主任，1986 年加入中国共产党，评聘为讲师。1990 年调德宏傣族景颇族自治州农机局任副局长。在德宏农机学校任教 9 年，教学生数百人，分布全省各地州。曹明发在教学管理上，努力提高教学管理水平，在建立学校的教师教学质量评价体系、教学工作量评价制度、教师教学额定工作量等方面做了一些探索。1990 年到德宏傣族景颇族自治州农机局工作，主要负责农机技术推广、教育培训等工作，参加了稻麦收割机械化、机械深施化肥、水稻简易工厂化育秧抛秧技术、小麦机械条播、甘蔗开沟犁技术，以及机具的推广、开发等项目的组织实施工作。1996 年参加组织实施的水稻简易工厂化育秧抛秧技术推广获省农机局科技进步一等奖；1998 年获省政府星火三等奖；1998 年参加组织实施的德宏 30 万亩稻麦机械收获项目获省农机局科技进步二等奖。

　　赵家能（生于 1957 年），男，云南省梁河县曩宋阿昌族乡人。现工作于德宏民族医院口腔科，任主治医师、口腔科副主任，中共党员。1987 年，由云南省卫生学校口腔专业毕业，分配在德宏民族医院口腔科工作，工作期间曾分别到云南省红十字会医院口腔科、上海华口医院口腔科进修学习。同时，还分别参加了各类口腔学术会。1984 年，任德宏民族医院口腔科负责人，全面负责科室的各项管理工作。1987 年，晋升为口腔医师。

　　1990 年在牙颌手术中的应用 YR－4 高速涡轮机，获德宏傣族景颇族自治州卫生系统二等奖；1991 年任命为口腔科副主任（主持全科工作），同年又任命为德宏傣族景颇族自治州口腔疾病防治中心副主任，当年被德宏傣族景颇族自治州人民政府评为卫生"七五"期间先进工作者；1992 年被评为德宏民族医院先进工作者；1993 年，被选为中华医学会云南口腔学会第五届口腔学会委员；1994 年，晋升为口腔主治医师；1996 年在《德宏医药》第一期发表了《可见光图化复合树脂修复前牙2 138颗临床报告》、《Jmr－2 型 co_2，激光机在口腔颜面躯体皮肤病损中的应用》（附 97 例报告）。曾在《口腔颌面外科》杂志第六卷增刊中发表 63 例吸毒者 HIV 感染口腔临床表现分析；1993 年、1997 年两次被院党委评为先进工作者。

　　历年来累计做口腔颌面外科大小手术2 000多例，为广大患者解除了痛苦，深受患者的好评。在科室管理方面无论是社会效益还是经济效益都取得了一定成绩。

　　梁其苍（生于 1956 年），男，梁河县曩宋阿昌族乡弄丘村人。工程师，大专文化，1976 年中专毕业于云南省曲靖农业水利学校机电排灌专业，现工作于德宏傣族景颇族自治州水电设计院。1986 年 9 月至 1989 年 7 月考入长江职工大学水电工程建筑专业学习（大专）3 年；1993 年加入中国共产党；1993 年 7 月聘为水利工程师；1996 年 7 月任水电设计院副院长。

参加工作以来，梁其苍抱着为家乡服务的愿望，勤勤恳恳为水利事业工作，勤奋上进，基本功扎实，实践经验丰富。曾主持设计陇川曼哈水库、海岗水库、户撒河龙头水库，芒市黄连河水库，盈江勐典河三级水电站。梁其苍负责设计的较显著的水库有陇川海岗水库、芒市芒究水库等。目前在龙江河谷，扶贫开发项目中主管水利及人畜饮水工程。1994 年曾被评为云南省水利系统先进个人。

梁泽昌（生于 1960 年），男，云南省梁河县人，现为全国人民政治协商委员会德宏傣族景颇族自治州第八届委员、德宏傣族景颇族自治州畜牧兽医站副站长、德宏傣族景颇族自治州养蜂协会常务理事，畜牧兽医师，大专文化，中共党员。1987～1989 年在边境牲畜五号病"三道防线"建设中获云南省防治牲畜五号病指挥部、云南省畜牧局一等奖；1990 年度获云南省畜牧局科技兴牧先进个人；1992 年被共青团德宏傣族景颇族自治州团委评为优秀团干部；1994 年度获云南省畜牧局科技兴牧先进个人；1995 年获德宏傣族景颇族自治州农业局科技进步三等奖；1996 年获德宏傣族景颇族自治州农业局科技进步二等奖。负责建设德宏傣族景颇族自治州实验种鸡场，现已建成投产，并通过了省级验收。

赵兴倬（生于 1963 年），男，云南省梁河县人。1986 年 7 月毕业于云南工学院化轻工程系轻化工工艺专业，获工学学士学位，同月在梁河县糖厂参加工作。1984 年 10 月加入中国共产党，1998 年 7 月于中共云南省委党校第 8 期中青年干部培训班毕业。赵兴倬在梁河县糖厂工作期间，先后担任梁河县糖厂生产技术科工艺质量组组长、副科长、科长、党支部书记、厂党委纪委副书记等职；1989 年 12 月评聘为助理工程师；1992 年 4 月评聘为助理政工师；曾多次被梁河县糖厂厂部、厂党委，梁河县人民政府、中共梁河县委评为先进生产工作者、优秀共产党员；获梁河县科技进步三等奖、蔗糖系统科技进步三等奖，为梁河县糖厂和梁河县蔗糖事业的技术创新和科技进步做出了贡献；1992 年 5 月调德宏傣族景颇族自治州蔗糖局工作，先后担任人事秘书科副科长、科长，党支部委员、书记；1995 年 10 月起担任德宏傣族景颇族自治州蔗糖局（办）副局长（副主任）、党总支副书记；1999 年 8 月起担任陇川县人民政府副县长；1995 年 7 月被中共德宏傣族景颇族自治州直属机关党委表彰为优秀共产党员；1997 年 5 月被中共德宏傣族景颇族自治州委、德宏傣族景颇族自治州人民政府表彰为蔗糖生产有突出贡献二等奖，获 1999 年度云南省星火奖三等奖，为德宏蔗糖产业的科技进步和蔗糖产业的发展做出了积极的贡献。1990 年 1 月当选为梁河县九保阿昌族乡第四届人民代表大会代表；1990 年 4 月当选为中共梁河县委第五次代表大会代表；1994 年 12 月当选为中共德宏傣族景颇族自治州委第三次代表大会代表；1998 年 3 月推选为全国人民政治协商会议德宏傣族景颇族自治州委员会第八届委员会委员；现任德宏傣族景颇族自治州职工政治工作研究会、企业文化建设协会第一届理事会常务理事、德宏傣族景颇族自治州科学技术协会第三届委员会常委、德宏傣族景颇族自治州蔗糖学会第二届理事会副理事长、云南省甘蔗糖学会第六届理事会副理事长。

张立旺（生于 1952 年），男，云南省梁河县人，兽医技术员。1966 年读完高小，升入梁河县中学，"文化大革命"时期被迫辍学；1968 年应征入伍，1975 年退伍回乡，1976 年被吸收到梁河县九保乡兽医站工作。到站后第二天便背起背包，跟随老同志走村串寨为老百姓的畜禽防病治病，在工作中任劳任怨，边摸索、边学习，白天下乡看病打针，晚上钻研业务知识，短短几年时间自学完了《兽医临床诊断学》《家畜生理学》《家畜解剖学》《兽医药理学》《兽医生物学》等大专教材。1984 年自费到云南农业大学兽医院学习深造，并获得结业证书。张立旺不断研究和总结兽医临床经验，掌握了猪牛咽喉阻塞、呼吸困难家畜眼角膜浑浊、患疥癣病，骡马肠梗阻等疑难病症的治疗方法。张立旺本人工作敬业爱岗，热情为群众服务，常年奔波于乡间小道，深受各族乡亲们的欢迎。曾多次受到上级有关部门和自治州政府的表彰和奖励。

张立旺用科技致富后，不忘父老乡亲，积极参加公益事业、修桥补路、捐资助学，深受乡亲们的好评。张立旺建立奶牛场，带领乡亲致富，1999 年 7 月其事迹被中央电视台拍摄成《能人张立旺》向全国播出。

张益俊（生于 1965 年），男，主治医师，云南省陇川县户撒阿昌族乡腊撒村人。1984 年考入云南中医学院。作为阿昌族第一位中医学院的大学生，张益俊好学上进，深知自己肩上担负的民族责任感和使命感，刻苦钻研，自觉弘扬民族文化传统，学业成绩优异。1989 年毕业后分配到德宏民族医院工作，一直从事临床骨科的医疗诊治与科研实践，擅长诊治骨伤科病患。张益俊治疗蛇伤工作成绩突出，受到广大医患的好评。张益俊参与治疗、研究毒蛇伤的病例、分析和防治项目，1996 年获云南省人民政府颁发的"云南省科技成果"三等奖。参与诊治人体大动脉损伤修复技术获德宏傣族景颇族自治州科技进步成果一等奖。参与手术治疗高血压、脑出血病例获德宏傣族景颇族自治州科技进步成果二等奖。治疗神经创伤后期修复病例方案获德宏傣族景颇族自治州科技进步成果奖。张益俊这位阿昌族的"白衣天使"，近来又开展临床手术"腰椎间盘人工髋关节移换手术"和"后路椎板间开窗治疗手术"等疑难手术。张益俊等"白衣天使"的成长，改变了阿昌族地区过去缺医少药、卫生状况落后的面貌。

第九章 教育体育

第一节 教 育

一个民族教育事业的发展体现着该民族的文化素质。阿昌族的教育事业是中华人民共和国成立以后才有的一项最为突出和光彩的民族事业。中华人民共和国成立前，阿昌族深受反动势力的压迫和剥削，教育几乎无从谈起，呈现为一穷二白的空白局面。在梁河县的阿昌族中，只出现过一个中学生，也是谎称自己不是阿昌族借报汉族成分才得以学成，其余的基本没受到过正规的学校教育，也没有供本民族子女上学的专门学校。在民国和清王朝时期，因阿昌族受统治于汉族、傣族等的反动阶级，阿昌族村寨个别"乡老"与汉族、傣族统治阶层有所接触，或在官府内任小职、当兵、差役或当长工时，或在赶马走脚时，学会了汉文字、傣文字。他们用学会的有限的汉文或傣文为村人写契约、立债据，成为没有受过教育的文化人。梁河县关章村阿昌族老人曹自彩，1895～1900年间基本上担任了关章村内外田产纠纷、租赁、契约的代书人。

中华人民共和国成立后，阿昌族人民翻身获得彻底解放，随着社会经济的发展，党和人民政府大力发展阿昌族地区的民族教育事业。在旧社会阿昌族人民受尽了没有文化的苦难，中华人民共和国成立后对教育十分重视，因此阿昌族的民族教育得到了迅速的发展，尤其在基础教育方面发展较快，几乎每个阿昌族村寨都设立了小学校。适龄入学儿童集中的地方，还建立了高小年级，教师队伍也从无到有，逐步发展壮大，教育面貌焕然一新。然而，在"十年动乱"中，阿昌族地区初具规模的教育体系又遭到了前所未有的破坏，教育事业停滞不前，教学质量每况愈下。粉碎"四人帮"后，特别是全国恢复高考制度，在教育战线上进行拨乱反正，狠抓教育质量与师资队伍的重组工作，重新驱动了阿昌族地区的民族教育事业蓬勃发展。在村寨集中的地方建设了实验性质的小学学前班和附设初中班，教育面貌焕然一新。阿昌族学生在恢复高考机制以后，考取大中专学校的人数不断增加，1978 年以后考取大中专的学生占中华人民共和国成立以来的90%以上。1951～1990 年云南民族学院为阿昌族培养的100 多名各类人才中，仅 1978 年后培养出来的就占41%。在阿昌族聚居的德宏傣族景颇族自治州，据 1990 年全国人口普查资料，阿昌族总人口23 666 人，1 万多人接受了不同程度的教育，其中大学（含大专）75 人，中专 231 人，高中 362 人，初中1 969人，小学8 330人，文盲、半文盲有6 687人，占全州阿昌族总人数的28%。近几年来，阿昌族地区各级党政部门重视发展教育，适龄儿童入学率达98%，还培养出了一批具有较高文化素质的教师队伍，现有阿昌族教师 110 人，其中受过中等、高等教育的师资有 60 人，阿昌族地区师资队伍的发展促进了阿昌族的民族教育事业。

阿昌族的教育事业发展较快，不仅基础教育普及面宽，而且培养了一大批大学生，并且已有了本民族的硕士研究生，造就了一批作家、诗人、新闻工作者、科研人员、电脑操作者、工程设计师等具有较高文化水平的各类人才。这主要得益于党的民族政策为阿昌族的教育发展创造的有利条件，是各级党委和政府领导部门关心和帮助的结果，也是阿昌族群众重视教育、学生刻苦钻研所取得的结果。在阿昌族地区，尤其是居住在梁河县的阿昌族父母送子女上学，已成为一种良好的社会风气和民族习惯。阿昌族人民充分认识到要改变现有的落后面貌，只有发展教育，走科技致富的道路。基于对教育的深刻认识，有的学生父母在家庭经济较为困难的情况下，仍然牢记"百年大计，教育为本"，克服重重困难，供子女读书。梁河县曩宋阿昌族乡关章村的阿昌族曹先忠、杨发存夫妇，在母亲去世、父亲年迈的情况下，倾尽家产供弟弟曹先荣在北京上大学的事迹，在附近村寨中传为美谈。他们多年来节衣缩食，供养弟弟上学，等到其弟大学毕业，杨发存已变卖完了结婚时娘家陪嫁的全部银首饰。陇川县章凤镇的阿昌族闫世春、段明仙夫妇克勤克俭将3个子女培养成大学生，被报刊称颂为"状元之家"。1980年，闫家夫妇开始当大学生父母，其长子闫敬华是第一个考入北京大学的阿昌族学生。次年，闫家女儿闫敬芳又考进中央民族大学，成为阿昌族第一代女大学生，现已成为人民教师。3年后，闫家次子闫敬东又考入了西南师范大学，在山城重庆读大学，现已毕业回芒市工作。闫家一家兄妹3人全部考入高等学府，在阿昌族地区传为佳话。闫家三兄妹的成长，其父母付出了许多的艰辛，为民族教育事业做出了杰出贡献。这种为阿昌族教育的发展无私奉献的普通民众，在阿昌族当中为数不少，他们对阿昌族教育事业的热忱支持，才是阿昌族民族教育得以快速发展的重要因素。

20世纪80年代后期以来，阿昌族地区农村生产责任制的进一步实施，国家教育体制的进一步改革，加上阿昌族地区师资队伍培养脱节，阿昌族地区的教育质量受到一定影响。少数地区的教学事业受到冲击，阿昌族中能考入大中专学校学习深造的学生逐年减少，呈下降趋势。究其根源，原因较多，但是主要是由于学校师资缺乏，教学质量不高，学生交费负担过重，父母供子女上学较困难造成的。有的学生学习成绩很好，但是因为家庭经济困难，中学时就不得不中途辍学，为此造成阿昌族教育近年的下滑现象。

当然，全民九年制义务教育的普及，在阿昌族地区还是比较受民众欢迎。阿昌族地区的小学、中学、职业农中，培育了大批离土不离乡的有文化、有技能的新一代新型农村青年。县里的中等师范学校、德宏师范学校、保山师范学校、昆明师范学校，以及云南师范大学等各类师范学校为阿昌族培育的师资队伍，充实了阿昌族地区的师资力量，为改变近年来下滑的教育状况创造了有利条件。

阿昌族地区各级民族中学的办学方针，对振兴阿昌族的民族教育也是一个有力的举措。

第二节　体　育

阿昌族有着丰富多彩的民间体育活动，主要有打秋千、武术、赛马、射击，以及棋类等。赛马主要是在阿昌族传统节日中进行，射击比赛一般在霜降和春节举行，武术比赛则随时随地都可以举行，打秋千则在大年初二至正月十五内盛行。

一、棋　类

阿昌族擅长棋类娱乐活动，除了常见的围棋、象棋外，还有具民族特色的乘棋、捉棋、五麻子棋、牛角棋、裤裆棋等。

1. 乘　棋

乘棋（棋盘如图1所示），两人对阵，共有24枚棋子，各执12枚棋子。两人落子时像围棋一样，一前一后轮流落子。棋子

落在直线相交的点上，直到落完 24
枚棋子才开始走棋。走棋时将棋子
沿直线移动，每次只能从上个相交
点走到最近的一个相交点。棋子可
以来回走，也可以一直往前追击阻
截。每个交叉点只能落子或走子一
枚。因此，交叉点空白时，棋子才
能走动。当棋子走到 3 枚在一条直
线上时，就算获得了攻杀对方的
"一乘"。落子时，若能使 3 枚子落

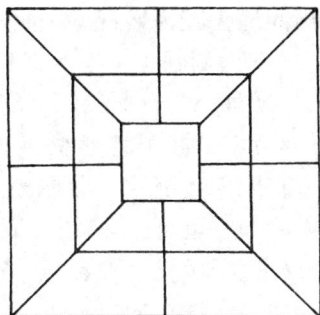

图 1　乘棋盘图

在一条直线上也是一乘。一乘，就可以把对方的任何一个子吃
掉。落子时的一乘吃掉的子，其空位不能再落子。这样直到把对
方的棋子吃得使其无法乘吃自己，方算获胜。当只剩下最后 3 枚
子时，不受直线交点的限制，可以跳走到所需的任何一个地方，
组合成一乘而吃对方。当只剩 2 枚子时，又可以二夹一来吃对
方。当只剩最后 1 枚子时，又可以一挑二来吃对方。

　　这种乘棋，棋盘制作简单，在田头地角，只要有尺许平地就
可以玩，棋子选择也极其方便，石子、树枝、草根、豆粒都可
用，只要能辨别就行。乘棋玩起来攻守结合、斗智斗勇，双方厮
杀较为激烈，是人们茶余饭后、劳作闲暇之时最好的调剂，因此
普遍受到阿昌族人民的喜爱。

　　2. 捉　棋

　　捉棋（棋盘如图 2 所示），俗称"西瓜棋"，两人对阵，各
执 7 枚棋子。首先，将棋子按图摆好，然后先后轮流走动，每次
只走一个交点。将对方的棋子围起来再没有去处时，被围的棋子
就算死了。谁的棋子先被围完，谁为输家。捉棋的棋盘、棋子的
选择，简便实用，与乘棋相同。捉棋，因为属于对抗和攻击性竞
技棋类，费时不多，又饶有情趣，因而在阿昌族地区劳作之余的

田间地头较为盛行。

3. 桃核棋

俗称"五麻子棋"（棋盘如图3 所示），棋子将桃核剖成两半便成，因而得其名。桃核棋，可以4 人参加，也可二三人进行。每人择一枚棋子做自己的标志，在开始时摆在自己选择的方位上。每人双手合掌摇撒5 枚桃核棋子，因而得名"五麻子棋"。规则是4 人轮流摇撒棋子在地上，视所撒5 枚桃核棋子在地上的翻盖情况，决定自己的标志棋所走的格数。若所摇的桃核棋子全翻在地和全优在地，叫"五麻子"，标志棋子可走5 格。只翻1 枚棋子，叫"丁"，标志棋子可走1 格；翻2 枚棋子叫"二麻子"，标志棋子可走2 格；翻3 枚棋子叫"三麻子"，标志棋子可走3 格；翻4 枚棋子叫"四麻子"，标志棋子可走5

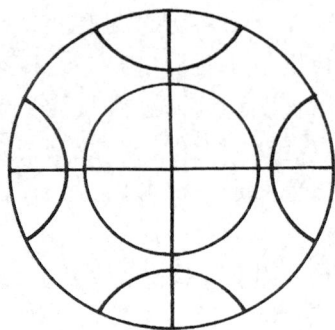

图2 捉棋盘图

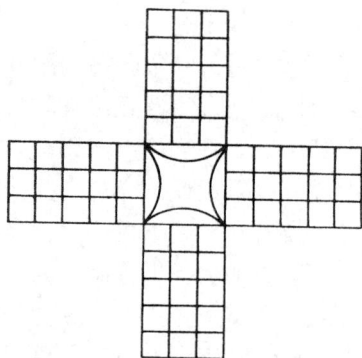

图3 五麻子棋盘图

格。谁的棋子先从"家"里出来，沿最外边的格子走完一圈，先回到"家"为胜者。

五麻子棋进出较难。出门时，只能在所摇棋子显示"丁"和"五麻子"的两种情况下出"家"沿格走；回来时，只能将所摇的棋子和所剩的格子相符合才能入门。多了，标志棋进了门又出来；少了，标志棋却走不到位。因此，选手可放弃不理想的机会。所以，4 人轮战中，有的走了半程格子，有的还不能出

"家"门；有的早就到"家"门口了，由于所摇棋子不对格子数，而迟迟进不了门。最有趣的是这种以赛跑为主的棋子，还有攻击和杀伤性质，若4个选手的标志棋，棋逢对手，相遇在同一格或追赶到同一格时，后到格的棋子能吃掉对方。对方只能回到"家"里，重新选择"丁"和"五麻子"的机会出门来追赶、搏杀、复仇。

桃核棋有时还用其他坚硬果核代替，是阿昌族人民独特的发明，因而在阿昌族地区家喻户晓，尽人皆知。尤其男女孩童在上学前后，课余劳动间隙最爱玩这种开发智力的体育活动，陶冶和培养情操，树立不畏难险的进取精神。

阿昌族青年张立旺、李仲新、曹民坤、赵昌芝曾分别参加过在新疆、内蒙古、广西和云南省民族体育运动会与全国民族体育运动会，参赛项目有阿昌族的春秋刀、抢花炮、秋千等。

二、武术类

阿昌族崇尚武术，这种尚武精神有其历史渊源。据传，阿昌族的上层人物有的是武官出身，有的当过总兵、土把总、土千总、土守备，有的中过武举和武痒生。民国年间，丹梯有一个阿昌族叫左中胜，文武双全，还当过西康省长，据说此人现在还在印度。阿昌族的武术名目繁多，人人喜爱，男性从小就学武术，不少人都会拳、棍、刀、矛等术。器械除齐眉棍外，还有两截棍、三截棍、尺子、狼牙棒等；刀有单刀、双刀、关刀、剑等，最有名的是春秋刀。云龙地区的春秋刀拳，刀叶很宽，刀把也很长，足有人高，"使春秋刀"时，刀、拳、棍合三为一，或用刀刃砍劈，或用刀把棍抵挡还击，自成一路，别具风格。拳术有公鸡拳、猴拳、十字拳等。

三、秋千类

阿昌族的秋千有"甩秋"和"轮秋"两种。甩秋用长木、竹竿立成。每年大年初一，阿昌族男青年一早就身背糯米粑粑到山上砍秋杆。傍晚，秋头、寨人及姑娘们到路上去迎接。砍来的秋杆又直又长，立秋时就选为头秋和二秋门（或二门），各为4棵。砍秋杆以小伙子来说是很荣耀的，因为秋杆立起来后，头秋和二秋是秋神驻足的地方，因此小伙子在砍秋杆时都暗自比高低。初二开始立秋，一边6棵、8棵不等，看秋杆的多少而定，最多时达七八十棵。交叉立成"人"字形，交叉处穿篾子扎牢，放平一根横杆扎牢，在横杆处吊两个篾子扎成的圆圈，两篾圈之间放11根横杆，并把此横杆的两头分别用篾圈扎紧，使篾圈沿顶端的杆摆动时能一齐摆动。再从横杆与篾圈的结合处吊下一根2丈多长的牛皮绳，绳上不放踏板，人就站在秋绳上，两手各握一根秋绳。女式双脚蹬秋绳一蹲一立来回摆动，越摆越高。男式一脚踩绳一脚悬空前后甩动来启动秋绳的摆动，秋绳越甩越高，一时直冲云霄、一时斜着往下跌。这样来回几次，秋绳几乎荡平，秋绳上的人像展翅放飞的雄鹰。谁荡得最高，人们就爆发出热烈的喝彩声，使秋者更加卖劲，不时再来一个扣人心弦的动作。

轮秋千一边各立一棵桩，高1丈处横放一棵滚轴。滚轴两边各凿通一个洞，斗两个十字架，四边各系短绳，绳端拴一块板，4人各坐一边，面向外，后退着使秋千，由接近地面的人猛蹬地纵起，促使对方下垂，自己升高，每人脚落地时蹬一下，周而复始越转越快。身穿各种色彩衣服的人们在团团旋转中像飞舞的彩蝶，煞是美观。

第十章　政治军事

第一节　政　治

一、封建各阶级的形成与发展

《史记·西南夷列传》记载，西汉时滇西的"巂"和"昆明"两大族群的社会生活是"随畜迁徙，无长处，无君长"，尚处于游牧部落时期，但是从其他记载及考古资料发现，洱海区域的"昆明人"已使用青铜器武器。"昆明人"的经济发展水平虽然低于滇池区域的滇人，当时已是能与滇池寯人地区的奴隶主势力抗衡的势力。

汉武帝曾数次派出探索"蜀身毒道"的使者，也因为"皆闭于昆明"而无法开通。"昆明人"汉晋时主要是从事游牧和狩猎，到隋唐时，他们的社会已进入家长奴隶社会。那时，南诏已是强盛的奴隶制国家。

《云龙记往·阿昌传》记载："阿昌中有傑作者，居今松牧村，号象山酋长，诸夷离散，惟象山独盛。一阿昌鳏而有子曰猛仰。因猎，误射毙人，傑作捕治，今以数羊赎罪，猛仰往求一老妇，愿鬻身买羊以赎父。"这里记载了因为狩猎而误杀他人时，要进行赔偿。当时阿昌人的畜牧业大概是以养羊为主，所以用羊赎罪。人可以用羊交换，人可以买卖是家长奴隶制的社会性质。

又从《记往》所纪阿昌女奴六（猛仰七八代孙女）"牧山上，戏作一塔，高七尺余，数年倚左，数年倚右，日久不倾"看。今日大理三塔，多数学者认为建于9世纪，云龙县不是当时佛教中心，奴六"戏作一塔"应当不会早于此时。

奴六的儿子早概长到12岁时"力能搏虎，走可追禽，能上直木，与人较弩，射悬海肥其心，植刀中其刃"。早概战胜了蒲人的酋长，被推为"众酋长"（部落联盟首领）。早概不仅体力强壮，射猎技术也好，而且"又能揲占，法用蓍三十三茎，九揲以通其变，以卜吉凶"。这个是酋长兼原始宗教祭司的人物，阿昌人称他是"阿弥"（天人），在群众中有很高的威信。又说这个酋长掘地得铁印券，并规定酋长以长子继承，无铁印券者"不得擅立"。早概开创了阿昌族世袭酋长制时代，在此以前的酋长则是"有臂力过人与善射与走者，即自为之"。

自南诏强盛，原住居浪穹（洱源）、剑浪（剑川）、邓赕（今洱源邓川）的浪人部落被战败，怒江两岸及缅北江心坡地区的"寻传人"（古代阿昌人的一部分）住地都成为南诏国疆土的一部分，阿昌族先民成为南诏的属民，受南诏国的调遣，参与南诏开疆拓土的战争。

南诏衰落，段氏大理国封建政权的建立及元、明、清封建王朝对云南边疆统治的深入，封建政权的政治、经济对阿昌族地区发生了深刻的影响。传说早概"掘地得铁印券"，或许就是受大理国封赐予印券。《云龙记往》载，早概后十几代传到早疆，与"金齿"（保山）"僰国"（大理）通商贾，大理国王段氏遣人招抚，早疆归附大理国，接受大理国王的诰命，每年向大理国王纳贡，云龙阿昌族首领早疆纳入大理国封建政权机构之中，这是阿昌族先民进入封建社会的最早记载。

二、阿昌族的土司政权

明朝军队进入云南，元朝势力最终瓦解。明朝对云南边疆少数民族也采用土司制进行治理，先后在阿昌族中建立过"云龙掌印世袭土知州""漕涧世袭土千总""茶山长官司""里麻长官司""户撒长官司""腊撒长官司"6 个土司政权。

1. 云龙州掌印土知州

云龙地区，隋唐时就有许多阿昌族先民居住，那时他们主要从事渔猎和畜牧，父系氏族社会或部落经济比较突出，尚未出现大酋长或部落联盟领袖。到 10 世纪左右，阿昌族首领早概管理云龙的牛山、雪山、马山、鹿山、鹅山、卯山、风山大片土地，成为较大的部落联盟首领。其后裔传了十几代到早褒时，已经是元末了，这时汉族和白族商贾进入阿昌族区域的人已经不少。阿昌族酋长早褒招客民李贯章为长女婿，分治蛇山，以次女招段保为婿，与早褒同住。明洪武十五年（1382 年）傅友德、沐英率领的军队已越过定西岭，段保招阿昌人 40 余名投沐英攻大理，段保攻大理有功，又造人口册献沐英，明朝廷封段保为"云龙掌印土知州"。洪武三十年（1397 年）段保死，其子段海承袭。建文四年（1402 年）赴京朝贺。永乐十年（1412 年）段海编夷民册，绘地图奉献，明朝廷赐诰命，授奉训大夫世袭土知州。永乐十九年（1421 年）段亨袭因年少即逝，其子段荣尚幼，设流官巡检司代理，但仅能管理客民，无法管理阿昌民族的事务。永乐二十一年段荣承袭，正统元年（1436 年）明朝颁发给"土知州"印。天顺八年（1464 年）取消了世袭权。成化五年（1469 年）设提举司，阿昌等民族不服，土官虽革职，但是阿昌等民族仍听其指挥，只好恢复土司旧职。嘉靖时土司内部争权，于嘉靖三十五年（1556 年）革去土知州，但是段氏土司革职后，"夷民无统属，劫杀屡闻"。这时，客民多置田产，谷物成熟时无法收租，嘉靖四十年（1561 年）又恢复土知州职。天启元年（1621 年）进行的改土归流，不到一年也因难于管理阿昌等民族地区事务，只好"仍以旧职治夷民"。清初，吴三桂统治云南时，授为土知府。吴三桂败亡，清朝廷仍允袭旧职，直至咸丰（1851～1861年）、同治（1862～1874 年）云南回民起义时才最后终止。

2. 漕涧土千总

阿昌族地区自明朝始建立土司制度。最早在阿昌族地区建立的土司政权是明洪武十六年（1383 年）漕涧阿昌族酋长早纳被封为土千总，土司衙门设在今云龙县漕涧镇苗丹。漕涧土司是澜沧江两岸云龙州辖境内阿昌族统治政权。云龙阿昌土司世袭掌印土知州，自明洪武十五年（1382 年）起至清代后期，沿袭统治近 500 年，中间虽有几段时间为流官治理，但是时间不长，终因流官只能管理客民，而不能管理阿昌等少数民族，不得不恢复土司制。

3. 明光土守备

腾冲明光土守备始于明朝万历八年（1580 年）。1984 年云龙县发现的《早陶墓碑》记载，万历八年（1580 年），腾越（今腾冲县）明光地区被"野人荼毒"，明朝政府调左万相第三子左文伟率弩手百余户前往驻防。此后，腾冲北部明光等地的防务一直由阿昌族左氏土司担任。清道光时，左大雄屡建战功，被封为"明光世袭土守备"，并管理小江、茶山、浪速、僳僳等地，世世代代效忠明清朝廷。清光绪二十六年（1900 年），左孝臣与英军作战英勇牺牲，为国捐躯。根据腾冲县明光乡麻栎大寨左后裔左维芳（55 岁）保存的《左氏谱籍》记录，左大雄自明光土司分支到茨竹隘，左大雄为清廷屡立战功，左大雄后裔受封茨竹隘土把总。清顺治十一年（1653 年）受封明光关世袭土守备，加管大江、小江、茶山、浪速等处。

4. 户撒长官司

后至元二年（1336 年），思可法取得勐卯政权，接替了麓川路军民总管之职，相继吞并了附近的民族和地区，继而其继承人思伦法进攻明军直接控制的定边（今南涧县）、白崖川（今弥渡县）。洪武十八年（1385 年），沐英战败思氏，于洪武十九年析麓地为麓川平缅宣慰使司，孟养、木邦、孟定三隶府云南，又设潞江、干崖（今盈江县）、大侯、湾甸四长官司隶金齿。传至思任发时"款复故地"又攻占南甸、潞江、孟养、孟定和弯甸等地。明朝廷于正统六年（1441 年）、八年（1443 年）、十三年（1448 年），3 次以兵部尚书王骥总督云南军务与麓川军作战，最后摧毁了麓川势力。户撒阿昌族住地，介于干崖和陇川两宣抚使司之间，属交通要道，战略要地，而且这里海拔较适中，不像其他坝区和炎热河谷那样流行瘴疬，适合外来土卒居住。于是明朝军令左哨把总赖罗义驻屯户撒，把总况本屯守腊撒。后因屯卫制衰落，戍军逃亡，官吏豪强趁机吞并屯田为私庄，赖罗义、况本及其部下的后裔渐融合于阿昌族中，赖氏后来便升为户撒长官司长官，况氏升为腊撒长官司长官，成为世袭土司。

从明朝赖罗义开始到 1956 年民主改革，赖氏土司世系顺序为：赖罗义—赖玉—赖汉—赖猛弄—赖镇—赖豪—赖罕告—赖祥告—赖送—赖迁—赖洪猛—赖国碹—赖朝佐—赖文明—赖君爱—赖邦俊—赖邦杰—赖荣祖—赖耀祖—赖有位—赖天福—赖承先—赖思强—赖奉先—赖思琳

赖氏为世袭长官司长官，是户撒地区的最高统治者，当地又称为"掌印官"，由封建朝廷授给印信、号纸，臣属于封建王朝，按例纳贡，有军事需要可调遣其武装参战。此外，封建朝廷一般不过问其地方事务，其政治、经济、司法、财政均自主，对百姓有生杀大权，俗称"土皇帝"。

土司衙门，既是行政机关，又是司法、军事机关。重大案件由

土司直接审理判决。据说，曾经有过"成文法律"，但是已丧失。土司衙门附设有监狱，刑具有脚镣、手铐、木靴（脚枷）、链条等。

保准：由土司亲属充任，其任务是管理土司衙门的财务、税收、摊派和财务支出等。

师爷：即文书，负责草拟和缮写土司衙门上呈下达的文件，有时也协助土司处理一些事务。这个官职多由懂汉文的内地汉族或白族当任，因为对封建朝廷和国民党的往来行文都是汉文。由土司衙门聘用，支付给薪金。

队长：是土司衙门的武装头目。土司衙门配备有一二十个土司兵，是土司衙门的警卫武装，平时负责守卫土司衙门，遇有军事行动，增调百姓组成土司战时武装，带领士兵战斗，为土司效忠。

团总：属户撒土司衙门增设的职务，系土司的参谋人员（多由国民党军警人员充当），为土司出谋划策，参与政事、司法和掌管武装，土司对百姓征收勒索的财物他也分得一份，其权力仅次于土司。

土司衙门下设畹（音冈，地方字），户撒土司管辖 10 个畹，其中户撒坝 8 个畹，盈江坝 6 个寨子分为 2 个畹。中华人民共和国成立前夕，户撒坝 8 个畹为：芒棒、腊姐、芒东、线董、宋汉、芒别、芒旦、六旦（芒海）；在盈江坝有遮木、芒章 2 畹。每个畹辖六七个或 10 余个村社。设畹头，由土司任免，不世袭。土司从村社中选择有钱有势、有办事能力又为自己所信任的做畹头。新任畹头要大摆宴席，土司亲自出席授权，颁发委任状。新畹头接受委任后，也要选日期到土司衙门酬谢土司，送些钱物给土司。畹头管理本畹内的事务，为土司征收钱粮、杂派。任畹头者自身不出负担，并可从代土司征收的钱粮中扣取十分之一做报酬，称为"砡（音转，地方字）"（收十得一）。

畹下设有"作"（村社），有的一个村社就是一"作"，有的则是两个或 3 个村社为一"作"。"作"的头目称"作借"(阿昌语意为"好儿子"),负责管理村社的事务,为土司收缴钱粮杂派。还有一种称为"乌蒙作"(寨中老人),他们不属土司政权机构职事人员,但是在群众中有威望。"作借"常请他们协助处理本村社事务。

5. 腊撒长官司

明朝"三征麓川"时以把总况本屯守腊撒,后融合于阿昌族中,明末"因调征野贼有功,授长官司长官,世袭"。其世系顺序为:

况本—况伦—况元忠—况碹—盖(由况改为盖)猛—盖明—盖元—盖光胜—盖伦—盖哄猛—盖裕—盖世禄—盖可隆—盖朝选—盖荣邦—盖起凤—盖世英—盖廷藩—盖定远—盖德高—盖炳铨—盖万新。

腊撒长官司的土司衙门,除团总外,其他基本相同,但是腊撒土司辖区较户撒为小,仅有芒景、芒回、芒岗、拉起及城子 5 个畍。

户腊撒两土司,从阶级利益出发,历代土司都同周围土司联姻,自取族别为傣族。通汉语、傣语、阿昌语和汉文、傣文,同阿昌族、傣族、汉族风俗。

6. 茶山长官司

茶山长官司,位于云南省怒江傈僳族自治州泸水县片、腾冲县北部接明光乡及缅甸北部的江心坡,古称"寻传"。据《南诏德化碑》载:"爰有寻传,畴埌沃饶,人物殷凑。南通北海,西近大秦。开辟以来,声教所不及,羲皇之后,兵甲所不加。诏款革之以衣冠,化之以义礼。十一年冬(792 年),亲与寮佐,兼总师徒,刊木通道,造舟为梁。耀以威武,喻以文辞。歊降者抚慰安居,抵捍者系颈盈贯。矜愚解缚,择腾置城。"以上记载了远在 8 世纪末,阿昌族先辈已是南诏国居民的一部分。宋元时,阿昌族与大理国关系密切。明朝永乐三年（1405年）孟养土司纠合上江土司刀猛永反叛明朝，阿昌族首领早章不愿参与叛乱。永乐五年（1407年）到京城朝觐，明朝廷授早章为茶山长官司长官，允许世袭，赐印。明朝永乐十五年（1417年），早章举头目早甕（瓮）为副，到其后人早玉时授为正长官。到明朝万历末年，天启初，副长官早大宸部被其他部落战败，逃入内地（腾冲）居住。茶山长官司建制已不存。

7. 里麻长官司

里麻长官司，东与茶山长官司相连，位于恩梅开江（大江）、迈立开江（小江）流域、西接孟养司，以江心坡为中心区域。有整冬、温冬二山，部属都是阿昌人。同样是因为孟养反叛明朝，他们不参与，阿昌族首领早姓"有拒贼功"，明朝永乐六年（1408年）颁印，世授长官。明朝万历（1573～1620年）中刀思庆袭正长官；早奔为副长官，于明朝万历末，天启初被其他部落打败，迁入内地赤石坪居住。原来管辖地全部丧失，长官司建制消失。

8. 民国时期的设治局

民国21年（1932年），国民党企图用流官取代土官，在户撒建立"设治局"，有局长一人，下设办事人员数人，并在户撒、腊撒分别设有税收和海关机构，把原属土司的眈头委任为保长，"作借"任命为甲长，推行保甲制度。但是设治局的建立，一方面与土司政权在政治、经济等方面发生矛盾，另一方面增加了群众的负担。过去群众只负担土司费用，设治局建立后群众除负担土司费用外，又要承担设治局的税收、公粮、门户钱，导致人民怨恨，土司反抗。设治局与土司政权在明争暗斗中维持了10多年，民国31年（1942年），日本侵略军入侵德宏地区，设治局人员逃离。1934年在阿昌族聚居的梁河县大厂乡设立梁河设治局，其主要宗旨也在于"改土归流"，即用流官来代替土司官的统治。梁河设治局的建立，在乡镇推行的保甲制度及横征暴敛，以及与土司的矛盾重重，加重了劳动人民的负担，在两个势力的对抗中，各族人民陷入水深火热的灾难之中。土司与设治局互相排挤、互相倾轧，争斗残杀不断。民国27年（1938年），土司兴兵围攻大厂，纵火焚烧设治局赶走局长，后国民党省府民政厅长亲自来拘捕土司至省府昆明，土司行贿万元而得归。民国30年（1941年），日寇进攻滇西，土司又二次焚毁在大厂的梁河设治局，赶走设治局长。改土归流期间的治政无力却大大加深了各族人民尤其是汉族、傣族之间的隔阂。

三、阿昌族的习惯法与家会法规

阿昌族土司对阿昌族人民的统治，历时五六个世纪，他们有专政工具监狱、脚镣、手铐、木靴（脚枷）等。据调查资料显示，阿昌族曾有过成文法律，但是已丧失，土司处理纠纷或有关案件，主要凭自己的意志。金钱对土司判断是非曲直产生重大影响，行贿者取胜。行贿，当地群众称为"垫褥子"，谁的"褥子""垫"得高，土司最后判决时对谁就有利。

民间处理民事一般按习惯，只要不违反土司规定即可。

对盗窃的处理，比如失主向"作借"或"乌蒙作"报案，"作借"或"乌蒙作"便进行查核，找到窃者，一般只是退还原物，罚窃者两砠（1砠等于1.67千克）酒分给大伙吃。

与有夫之妇通奸处罚较重，查实后对男方罚款三四百文卢比（缅币，20世纪50年代约合二三百元人民币）；未婚青年之间发生性关系后，双方必须结婚，如果不结婚就要受重罚一二百文不等。寨子里如发生上述事件，除照上述原则处理外，还要罚洗寨子钱，一般是一道寨门1元，用于杀鸡祭寨子鬼。

发生争执或斗殴，比如伤人，情节严重的要进行处罚，经评理后输理一方要先认错，并罚2砠酒供大伙吃。受伤人的医药费由输理一方承担。

对于嫌疑案，多采用神判方式，争执双方请"乌蒙作""作借"等做证人，然后以捞油锅、赌咒、点蜡烛等方式判定。财产继承权，原则上是男子才有。一个家庭中兄弟间有平等的继承权，弟兄分家一人一份，比如父母健在先留给一份养老田，谁侍奉父母，养老田归谁。无儿有女者可以招赘，赘婿可以继承财产，但是赘婿在村社里地位低。绝嗣户的财产归叔伯、兄弟等继承。

梁河县阿昌族与腾冲汉族接触多，封建化程度更高些，这里的封建家会组织有相当的发展，而且这种家会与腾冲汉族联系在一起。比如赵家的家会，总会设在腾冲，他们不分民族，只要是姓赵的即是其家会成员。赵家的家会即由汉族赵家和阿昌族赵家组成。梁河县阿昌族赵家，根据人口的发展和居住情况自己组成一个大家会，下设几个小家会。小厂附近的黑脑子、横路、芒展这一带赵家，以"黑脑子"为中心组成一个小家会；丙介、丙岗和曹家寨的赵家又组成一个小家会。

家会有用汉文写成的会章。据民国30年（1941年）正月修订的会章宣称：朝有朝纲，家有家法，族有族规，家法大如朝纲。该家会的宗旨是"以团结振家声"，并以图谋家会公益事业为宗旨，凡姓赵的均可为会员。其信条是忠勇为爱国之本，孝顺为齐家之本，仁爱为接物之本，信义为立业之本，勤俭为服务之本，整洁为治身之本，助人为快乐之本，学问为济世之本，有恒为成功之本。

家会对会员违反会规的要进行处罚。如果族内有忤逆不孝以至小犯上者，其父母报于家会时，由家会开大会罚大板40板。有淫盗者罚款1元乃至100元（旧币），大板120棍，打得皮开肉绽，再监禁3个月。吸食鸦片、赌博者罚10元，责30棍。家会成员中有"见财起意"者，罚国币500元，大板200棍。因不法行为违犯家规或有损族内名声者要从重处罚。族内子弟不读书者要受罚。不务正业，漂游浪荡，为非作歹者监禁一个月。

家会组织比较严密，丙介赵家家会就设有正副族长、总务、管事、纠察、财务、文化、监察、文书等职。这些职事人员都是开家会时选出，正副族长都是有钱有势、年纪较长的人担任，其他推选有文化、办事认真的人担任，是义务性的，无报酬。

家会定期举行会议，原则上一年一次，多在农历的正月召开，这时农闲有时间。会期一般三四天，有事可延长，无事可减少，家会由各户的男性家长出席。腾冲总会一般是3年召开一次会议，届时各大小家会要派代表出席。

会议的内容主要是宣讲会章，讲家谱，核实班辈名字；处理家会内部、外部纠纷，惩罚违犯家会规则者；改选、调整家会职事人员等。聚会期间大摆酒席，统一祭祀家族祖先，各户将给祖先的金银纸锞集中包成大包烧给祖先享用，祈求祖先保佑子孙清洁平安、人寿年丰等。

家会有公产，田产出租给本家族或外家族群众耕种，收取租谷，也有用货币放高利贷取得收入，作为家会伙食及活动经费。据赵氏家会章程记载，早在光绪年间，就已经有基金放高利贷了。此外，赵姓姑娘出嫁时要收出寨银子，也作为家会祭祖用。

赵氏家会已形成一股势力，族长们常利用来排斥异姓做欺压劳动人民的工具。

梁河县地区阿昌族除赵氏家会外，其他曹、孙、们、郎等姓，也多有家族聚会活动，不过有的姓氏人口少，组织不如赵氏家会严密，有的家会有经费、有的没有，到聚会时由各家拼凑一些。

四、社会主义的民族关系与区域自治

1950年，中国人民解放军派出代表与德宏地区的土司、山官（酋长）达成和平进驻德宏边疆的协议，顺利地进驻边疆，并派出工作队深入阿昌族村寨开展群众工作。但是，逃窜边疆不甘失败的国民党残余势力，暗中与户撒土司勾结，秘密组织"反共救国军"。"反共救国军"挑拨民族关系，暗伤中国人民解放军和民族工作队，公开抢劫阿昌族人民的财物，进行武装骚扰，暗杀阿昌族农民协会干部和基层骨干，当时的潞西县（现今的芒市）高埂田阿昌族民兵队长赵家生就是被他们暗杀后，捆上大石板沉入江中的。我党派驻户撒工作队的干部杨世珍同志被暗杀，工作队被迫撤离户撒地区。

为了安定边疆社会秩序，使各民族安居乐业，进行和平生产建设，中国人民解放军驻守德宏地区的边防部队于 1950 年 9 月开始全面围歼国民党残余势力及反叛土司头人。阿昌族人民对这些反动统治者早已恨之入骨，迫切希望把这些反动势力彻底消灭掉，积极为中国人民解放军送情报、带路、当翻译和运送粮草，青壮年则组织起民兵联防。梁河县丙介的民兵将土匪隐藏在村里的 5 支步枪查出交给政府。一天有 30 余名土匪窜到永和村企图进行破坏，他们又及时赶到遮岛报告中国人民解放军，并配合围歼，捕获 12 人，缴获步枪 5 支、机枪 1 挺和弹药 2 驮。中国人民解放军边防部队正确执行党的"首恶必办，胁从不问，立功受奖"的政策，有阿昌族人民的大力配合，经过一年多的斗争，肃清了国民党残余势力。1951 年 2 月 13 日（农历正月初八），中国人民解放军 41 师 122 团奉命从盈江、陇川、梁河县 3 路进剿，第二次武装解放户撒，户撒土司的"反共救国军"被彻底摧毁。在清剿土匪的斗争中，阿昌族群众李正才烈士光荣牺牲，郎本森、赵启宏成绩突出，1950 年冬被推选为保山地区首届各族代表会议代表，大会颁发给"解放大西南勋章"和棉衣等奖品。

在国民党残余势力及地方土匪武装彻底消灭后，社会秩序空前安定，阿昌族的干部和群众积极分子在与中国人民解放军并肩战斗中一批一批地成长起来了，党随即在边疆开展民主建政和建立区域自治机构。1950年4月27日梁河县城解放，5月梁河县军政代表团与南甸土司协商，成立各民族行政委员会，阿昌族赵启国成为6名委员之一。1952年5月25日，梁河县成立了各族各界联合政府，有4位阿昌族代表选为政府委员，阿昌族孙永安当选为县政协副主席，使长期受其他民族统治的阿昌族人民在政治上获得了基本的权利。阿昌族人民高兴地说："从盘古分天地，从皇帝到国民党，没有阿昌人做过官，在共产党领导下有了。"同年，陇川县的户撒成立了"户撒阿昌族自治区"（县辖区），区长和多数区级领导都由阿昌族干部当任。老积极分子项老佐，担任第一任户撒区区长，穆光荣、雷开发、银思铭3人先后担任过户撒区区委书记，还有阿昌族女区长、女乡长石老弟、彭老嫫等。他们在党的统一领导下管理本地方的事务。

1953年7月建立了德宏傣族景颇族自治区（1956年根据《中华人民共和国宪法》改为州），阿昌族的三名代表被选为德宏傣族景颇族自治州人民委员会委员。党和政府又根据阿昌族大杂居小聚居的特点，于1953～1954年先后在芒市的高埂田、梁河县的丙介和关章建立了3个阿昌民族乡，阿昌族人民当家做主的政治权利得到较好的贯彻，党和阿昌族人民的关系更加密切，增进了民族之间的团结。但是在人民公社化期间，民族乡成了公社的生产大队，自治州也一度被撤销，区域自治政策受到干扰，阿昌族人民的政治权利受到践踏。粉碎"四人帮"后，党的民族区域自治政策又得以实施，恢复了德宏傣族景颇族自治州的建制。1983年4月德宏傣族景颇族自治州召开了八届一次人民代表大会，有阿昌族代表17名。20名少数民族常委中有2名为阿昌族，阿昌族代表和傣族、景颇族、傈僳族、德昂族的代表共同行使自治地方的领导权。德宏傣族景颇族自治州人民政府根据阿昌族居住区的具体情况，于1988年初建立了陇川县户撒、梁河县囊宋、九保 3 个阿昌族乡，乡长及乡人民代表大会主席由阿昌族干部担任。

　　阿昌族虽然是一个没有建立自治地方的民族，但是从 1957 年召开第一次全国人民代表大会开始，熊开友便作为阿昌族代表参加了大会。此后，每届都有阿昌族代表，第二届仍是熊开友，第三届为穆光荣，第四届为孙广道，第五届为曹自芹，第六届为银恩铭，第七届为赵家培，第八届为赵东芬，第九届为雷翁团。曹依秀、曹明兴等先后任中国人民政治协商会议委员会委员。每届省人民代表大会、中国人民政治协商会议也有阿昌族的代表参与参政议政。党和国家领导人毛泽东、朱德、周恩来、邓小平、江泽民、李鹏等人亲切接见了阿昌族的代表们。自治州对阿昌族干部十分关心，并大力培养，除招生、招干照顾他们外，还利用文化课、党校、民干校培训等方式来提高他们的知识水平和业务能力。到 1990 年底，全省阿昌族干部为 481 人，仅德宏傣族景颇族自治州各级政府中就有阿昌族干部 377 人，地厅级干部 2 人，县级干部 8 人，科级干部 40 人，一般干部 122 人，已退休的地、县级干部各 2 人。

第二节　军　事

　　阿昌族先民自北向南逐渐迁徙。隋唐时期阿昌族先民中的一部分曾游牧于洱海区域，南诏统一洱海区域时，曾与南诏军队战斗过，但是失败了，许多部落被南诏所征服。《南诏德化碑》就记录了阿昌族的先民寻传人，面对要征服自己的南诏军队拼死作战，最后战斗失败，大批阿昌族先辈成了南诏军队的俘虏，"抵捍者系颈盈贯"的历史。由于古代阿昌人是一个有战斗力的民族，当被南诏征服后，又把阿昌人作为自己的基本力量，征调他们参与南诏的对外战争。唐咸通三年（862年），南诏把阿昌人调到安南（今越南）协助唐军作战。

阿昌族酋长阿禾配合元军与蒲甘王朝军作战：元朝开始建立"六路"时，正是缅甸境内蒲甘王朝处于兴盛时期。至元十三年（1276年）置六路，建立六路总管府，至元十四年（1277年）蒲甘王突然以大军入侵镇西路，前锋抵达南甸（今梁河县境），欲在腾冲、永昌间建立军事据点，企图进袭大理。当蒲甘军入侵干崖（今盈江县境）时，南甸总管阿禾（其为阿昌族酋长）率金齿、峨昌诸部军民，加入元军作战，击退了蒲甘军。后来，云南诸路宣慰使都元帅纳速剌丁率元军、爨军、僰军、麽些军抵达干崖，与金齿、峨昌诸部战士会合，向西挺近，直抵伊洛瓦底江之江头城，招降了木乃、木要、蒙帖、巨木秃、磨欲等二百余寨土官。这次出征击退了蒲甘的入侵，进一步巩固了元朝在麓川、茫施、镇西、平缅诸部的统治政权。

何天恩与喇猎的起义：在段保任云龙土知州期间，虽然阿昌族在云龙的统治地位已告结束，但是段保毕竟是早褒属下一位忠厚正直、知恩图报的人，所以在他任职期间，对维护阿昌族人民利益方面起到了一定的作用。当时大理诸部"赋役繁重"，云龙则比较轻。段保还"教人识字，故雪山、鹿山、卯山、凤山及穷谷之夷，皆来贡物"。后来，段保之子段海袭位，"田亩日开，客商日众。夷民不会计算，利归客商，夷日困，或死或逃，客民众而夷渐少矣"（见《云龙记往》）。阿昌等原住民族的利益已不再受到保护。因此，境内阿昌、蒲蛮等族交错为乱，使段氏统治处于时盛时衰的危机之中。到了明朝万历二十七年（1599年），由于段氏家族内部爆发了段嘉风与段嘉龙争夺袭位的斗争，漕涧白族农奴何天恩与老窝阿昌族首领喇猎，乘机以此为导火线，发动联合起义。他们以赶马撒为基地，招兵练武，筹积粮草，不久聚集人马千余人，由何天恩自任都督。喇猎任总管，王盘为先锋，越过鹿山，出松木哨，出其不意，攻陷旧州，土官段嘉龙，仓皇逃窜。起义军又东渡澜沧，破五井，控制了产盐区；接着又向西进军，围攻永昌。因攻城失败，退回云龙，扼守澜沧江渡口。起义震动了云南府，黔国公沐英匆忙调集官军和各土司兵力，包括浪穹土知州徐司明，漕涧土司左万相联合围剿，起义军终因寡不敌众，被镇压下去。首领何天恩、王盘等三十余人被生擒，解赴金腾兵备道衙门惨遭杀害。接着，明朝廷又从永昌派遣中军和指挥若干人进入漕涧和赶马撒，对起义余众进行搜捕和清洗，迫使参加和支持过起义的浪宋人和阿昌族人民或死或逃，有的窜入深山穷谷，有的远遁人茶山野人之境。这次镇压又一次使古浪峨地的阿昌族人口大为减少。

林养中的叛乱及其影响：何天恩与喇猎起义虽被镇压下去，但是阿昌等土著民族与明王朝和土司之间的矛盾并未根本消除。由于明王朝极力推行大民族主义政策，使矛盾不断激化，到了天启年间又发生了阿昌族首领林养中的叛乱。"林养中，阿昌夷也，生而魁梧猛鸷，有膂力，善用弩，能力敌数十人"（见雍正《云龙州志》）。从林养中叛乱的主要罪名看，起义的目的有两个方面：一是要求恢复阿昌对江外的土地所有权，由此而"霸占官田，不服清丈，不纳贡赋"；二是要求恢复阿昌族对江外的统治权，认为"州官（指流官）只宜治五井，江外则仍授土官管理"。其行为虽属愚妄，与当时改土归流的政策大相径庭，也从另一个侧面反映了当时云龙阿昌族的民族利益已受到严重侵犯，面临着强迫同化的危险。由于何天恩起义的教训，云龙知州周宪章，一方面采取军事上严密防范，步步进逼的政策，将州治从碓马井（今宝丰乡）迁移至旧州（今功果桥镇）筑城建署，以示绝不退让。另一方面采取分化瓦解的政策，喻降其党人。特别是把占领漕涧的这一部分党人招降了，使林养中处于孤立地位，只好率领其余党人西渡怒江，到茶山人居住区域的小江一带，继续组织力量，准备进攻云龙。后来，当局采取内紧外松的策略，诱使林养中潜回云龙境内接家属。由于喇武、李直等人的通报，林养中被捕杀。天启四年（1624 年）叛乱全部平息。从此，阿昌族在旧州的剩余势力最后被瓦解了，阿昌居民大部分向西部漕涧、赶马撒和怒江搬迁，留下的人也不敢再自称阿昌族，隐姓埋名，或逐渐融合到白族中。后来在清代出现的飞龙桥"吕祖阁赋"碑文中所称道的"想阿昌未净之时，此地之风光各异，自多士入疆而后，是邦之文执皆同"，就是对这一同化过程的真实写照。

左孝臣抗英事迹：英国侵略军侵占缅甸后，于清光绪二十六年（1900 年）一月，调集千余侵略军进攻我阿昌、傈僳等民族居住的片马地区的茨竹、派赖等村，激起了全国特别是滇西各族人民的愤怒，承袭镇守"明光隘土守备"阿昌族人左孝臣，征集当地各民族子弟，组成 600 余人的武装，奔赴片马前方的甘拜地抗击英军。受到阻击的英军不敢贸然深入，改派奸细，假装友好，麻痹边民，但是却在夜间突然袭击我守军，将茨竹、派赖、滚马、官寨、痴夏等寨烧杀一空。左孝臣率领军民奋起抗击，因为敌我力量悬殊，清朝地方官吏不派援军，负责指挥的左孝臣身中 8 弹，壮烈牺牲。在这次反侵略战争中，左孝臣率领的土练民团各族壮兵共 137 名壮烈殉国。

古代阿昌人的兵器，史书少有记录，资料缺乏，唐代（樊绰）《云南志》"寻传人……持弓挟矢……每战斗即以笼子笼头，如兜鍪状"的记载要算是最早的，反映了阿昌族先辈远在唐代他们已有进攻性兵器弓（弩）箭，也有防御性的兵器"笼子"（竹盔）。尽管这些武器相当原始，不仅用于战斗，也是日常狩猎的工具，但是比石刀、石斧大大前进了一步。当阿昌人被编入南诏军队后，要对付的是具有先进武器的民族，阿昌人被必须迅速更新装备，大量使用弓弩、铁剑、铁矛是很自然的。明代在阿昌族地区的屯军逐渐融合于阿昌族中，明军兵器生产中的锻造技术为阿昌族所继承和发展，铜、铁土炮也成为阿昌族的兵器，清朝中后期火线枪、铜炮枪逐渐流入，清政府为保护边疆也装备给部分武器，阿昌族人民在历史上许多次保家卫国的战斗中做出了自己的贡献。

第十一章　商业贸易与交通通信

第一节　商业贸易

阿昌族的商品交换，具有悠久的历史，据《云龙记往·阿昌传》记载，阿昌族先民远在公元八九世纪就有交换了。当时，阿昌族先民中有一位叫猛仰的人，因他父亲狩猎时误射死他人，酋长令他赔偿数只羊，因家中无羊，猛仰愿出卖自己买羊去赎父罪，反映了阿昌族先民的部落社会中已有交换关系存在。大理国时期阿昌族先民和"金齿（今保山）、缅国皆通商贾"，土特产通过白族、汉族商贾运往外地，所需的商品也由商贾运入销售。在交换日益发展的过程中，阿昌族也开始商业贸易。明景泰《云南图经志》有阿昌族"善商贾"的记载。同书还记载阿昌族"好食蛇，赤手握之，置之于器，负而卖之，不畏其啮，盖其气有以胜之也"。普通人也经常出入市场了。清雍正《云龙州志》在记载阿昌人时说"秋末农隙，腾永背盐者多此类"。

近代，梁河县阿昌族地区出售或购买商品，都到以汉族、傣族为主的大厂、小厂、九保、河东、蛮东和县城遮岛这些集市上。阿昌族出售的主要是农产品，诸如粮食、白薯、香果、竹笋、姜、菜、果类及猪、鸡、鳝鱼等。铁木手工业师傅也在集市上出售自己生产的铁木农具和家用器具。阿昌族购买的主要是生活必需品，比如棉纱、布匹、油、盐、首饰等。个别的阿昌人从事小商贩活动，到缅甸购买电筒、电池、肥皂等杂货来卖，也有的买卖耕牛、木材、柚木象工艺品、缅泰印度化妆品，但是本小利微，还处于发展阶段。

户腊撒的阿昌族就不一样了，成年男子多数是铁器手工业者，产品需要广阔的市场。在德宏市场上销售铁器手工产品的多为阿昌族。也有一部分手工业者，畜养一两匹骡马，驮上自己的产品到较远的市场销售。到中华人民共和国成立前，少数商贩把阿昌族工匠生产的产品，采购集中到小城镇建立固定的销售点销售。腊撒城子翁板，在缅甸北部开了一个小店，每年农闲时从户撒聘请一些技术好的师傅外出为他生产农具、长刀等，常年销售，有时也代一些技师包销产品。经营数年之后，已购有汽车，拥有了较雄厚的资金，成为远近闻名的经营大户。

二十世纪六七十年代，国内绝大部分商业贸易由国家和供销合作社经营，阿昌族人民参与商品流通的现象大为减少。改革开放以来，人们可以直接上市场销售自己的产品，户撒阿昌族乡根据自己的特点设立了企业领导小组，小组下设产供销公司，可以接受订货、采购原料和推销产品，使他们打制的藏刀、蒙古刀、彝刀销售到西藏、青海、内蒙古、四川等省区。此外，户撒阿昌族的产品在友好邻邦缅甸北部也有市场。在印度、泰国也受到青睐。1990 年陇川县户撒阿昌族乡 3 000 多户阿昌族中有 1 000 多户经营刀具打制，所生产的花色品种多达 150 多种。刀具产量达 20 万把，总产值突破 150 万元。

随着第三产业的发展，阿昌人也逐步参与百货、饮食、理发等行业的经营。据统计，1990 年阿昌族的商业专业户各种商号、商行已有 26 户，数量虽然不多，但是阿昌人已经起步了。在改革开放的大潮冲击下，地处边贸前沿阵地的阿昌族人民的观念将逐步更新，商贸边贸将更进一步地发展起来。因此，阿昌族各种商号、商行的老板也将迅速地多起来，富裕起来。

第二节　交通通信

一、公路交通

阿昌族居住地梁河县、陇川县，古代是永昌郡的一部分，是中国和印度古道上的枢纽，也是中缅商道必经之地。

从永昌进入缅甸的商道有多条，其中经过阿昌族居住地的是从永昌（今保山市）越过高黎贡山到腾冲，由腾冲经梁河、盈江抵达缅甸的八莫。因为往来于中缅两国的商品，多以我国的腾冲和缅甸的八莫为起止点，人们习惯上称这条路为"腾八路"。此路平日为主要商道，战时也是军事要道，明清至民国间还有封闭之时，但是多数时间畅通。沿途山高路险，筑路艰难，2 000余年没有得到显著改变，路况十分低劣，阿昌族等各族人民的运输也全靠人背马驮。中华人民共和国成立50年来，德宏傣族景颇族自治州各县公路贯通，特别是20世纪80年代以来，德宏10余座糖厂拔地而起，各族农民种植的甘蔗，要靠汽车和拖拉机运输，促使了乡村公路修建的发展，阿昌族人民在民办公助的方针指引下，积极投工修路，到1990年阿昌族地区除个别村社外，简易公路已通到乡和村、通到甘蔗地边，现在人们运输甘蔗等物资全用汽车和拖拉机。近年，德宏傣族景颇族自治州首府芒市机场建成，每天均有数班波音737客机航行，阿昌族干部、群众还可以乘飞机到内地学习、参观和采购、销售商品了。可以说，航空事业在阿昌族地区的兴建将极大地促进阿昌族地区各项事业的发展。

二、邮电通信

德宏傣族景颇族自治州接触邮电事业相对说来早于附近地州。1905 年清政府屈服于英帝国的压力，签订了《中英滇缅电线约款》，规定"中国腾越、英国周岗为两个接线之局，芒允为中间之局"后，架设了自缅甸周岗，经盈江、梁河至腾冲县的线路，开始了电报、电话传递。20 世纪 30 年代在盈江县的弄璋街设立过二等邮局，陇川县章凤镇设立过邮政代办所。日军侵占德宏地区后，邮务全部终止。

抗日战争胜利后，这些邮政业务有所恢复，到 1949 年在畹町设立过邮局，在各县镇设有 11 个邮政代办所。代办所仅是办理一下转接业务。至于邮件传递，靠马帮驮运，更多的地区则靠人力徒步传递，传递速度很慢。

1950 年，党和政府接管了原有的邮局和邮政代办所，重新组织了梁河、盈江、莲山、潞西、瑞丽、陇川等县（市）邮路，各县邮件专袋传送，依然靠马驮和邮递员徒步传递。50 年过去了，现代化的通信设备逐步增加，德宏境内邮件运输主要靠汽车邮送，乡镇以下多用自行车。昆明至芒市的航线开通后增加了航空邮件业务，加快了信件传递。自改革开放以来，由于事业发展的需要，以芒市为中心的通信网络基本形成，各县已安装了载波机、电传打字机、电子自动发报机，程控直拨电话已经启用，邮电事业有了巨大变化。陇川县户撒阿昌族乡李德勇等 13 户阿昌族农户于 1992 年初安装上了程控直拨电话。李德勇是阿昌族有名的"户撒刀"生产大户，在家里通过直拨电话与外省外地的客户谈定了许多宗销售业务，这是阿昌族地区邮电通信事业迅速发展的生动写照。

第十二章　经济生产

第一节　近现代阿昌族社会经济形态

一、中华人民共和国成立前的所有制形式

唐（樊绰）《云南志》记载：在公元八九世纪时，阿昌族先辈仍处于狩猎与采集为主的社会，阿昌族先辈用弓箭猎取野兽，妇女则到山林和河沟中采集虫、鱼、菜、螺维生，农业尚未充分发展起来，手工纺织也不发达，没有丝绵布帛，披兽皮御寒。到元明时已有相当发展，他们以从事农业和畜牧业为主，《滇略》记载，阿昌人从事刀耕火种，以苦荞为主食。清嘉庆《大理府志》也记载他们"以孳畜佃种为业"。从明清时期的资料来看，阿昌族因居住地区和周围环境的不同，社会经济形态明显地分为两种类型。

腊撒地区在民主改革前，其主要生产资料水田的占有形式，可分为土司田、薪俸田、社团田、私田、寺庙田几类。在上述多种占有形式中，实际上又是以私有田为主。据1955年统计，土司田119.6箩（每箩种面积约4亩），占水田面积总数的0.7%；薪俸田、寨公田两项共367箩，占2.3%；私田占总面积的86.8%。私有田（包括土司田、寺庙田、私田）占统治地位，已占水田总面积的97.7%。园地、宅基地及村社附近私人种植

的树木竹蓬则为个体家庭所有，仅旱地和较远的山林为村社公有。私有田中各阶层的占有也有差别：地主、富农占总户数的4.28%，占有水田11.84%。小土地出租占总户数的0.79%，占有水田0.87%。中农占总户数的43.71%，占有水田总数的54.89%。贫农占总户数的44.63%，占有水田22.38%。占2.5%的雇农，亦占有少量土地，他们主要是缺乏生产垫本，无力经营。从各阶层每户平均占有水田比较，主要集中在2户土司手中，每户占有55.48箩，为贫农平均占有的12.45倍。其次是地主、富农，地主平均占有18.66箩，为贫农的4.16倍，富农每户平均占有16.67箩，为贫农的3.7倍。中农平均占有8.5箩，小土地出租为7.3箩，贫农为4.45箩，雇农为0.68箩。户撒芒东村，地主、富农占总户数的10%，占有全村水田总数的19.8%，其中地主兼工商业的1户就集中了19箩（76亩），他们每户占有为全村平均数的2~3倍，为贫农阶层的4.6倍。中农的水田一般还够耕种，而占51%的贫农仅占有32.15%的水田，每户占有数仅为全村平均数的一半。又比如芒弄村，占全村总数16.28%的地主、富农，集中了将近三分之一的水田，占有四分之一的耕畜和三分之一强的骡马。占总户数27.94%的中农，占有40.1%的水田，39.5%的耕畜，略高于全村平均数。占总户数51.16%的贫雇农，仅占有28.85%的水田和35%的耕畜、7.9%的骡马。这里有一半的人家成了少田户。2.3%的人家全沦为帮工。腊撒海南村无地主，2户富农占有的水田为贫农占有量的2倍，中农占有水田接近全村平均数，贫农占有低于平均数，无雇农。东山连勐村无地主、富农，占总农户65%的中农占有77.5%的水田，而占35%的贫农只占有24.55%的水田，无雇农，这是两极分化不明显的地区。

这里水田绝大部分已归私有，而且在典当、出售方面也不受土司的限制，只要承典和买卖双方商定即可。所不同的是百姓的私有田上仍保留着土司的负担——官租。原主虽然卖了田，但对土司的负担依然存在，若要承典者承担所典人田的土司负担时，也需事前商定，写入契约。芒那下寨喇以典给芒来寨虞国彩一箩田，后来虞国彩又将田转典与海南寨的着保，立的契约如下：

> 立还田契文约人芒来寨虞国彩，因其下寨芒那喇以为因买房子应用不敷，欠少洋钱，将河边大田一丘抵当到虞国彩名下，田价银五十文正，每两月行息三分。到民国二十七年十月内，虞国彩又卖当到海南寨着保名下，田价银洋钱五十文正，以后芒那喇以有力，十月赎取，物身不得加钱分文。空口无凭，立此文约存照。
>
> 民国二十七年十月二十二日立　代笔虞国有

这即是土司只管贡纳有着落，却不管田归谁有或由谁耕种了。典出的土地期满后，原主可以赎取，习惯上叫银到田归，到期原主无力赎取，承典者可继续享有权利，也可转典与他人，但是必须保留原主的赎取权利及对土司的门户负担。

土地自由典当买卖的结果，除户撒、腊撒两家土司系因旧时特权占有水田超过农民平均水平 10 倍以上外，已有部分人家（其中多数是汉族）通过土地买卖集中了数倍于农民平均占有量的水田，因而在户腊撒阿昌人的社会中，缺少水田耕种的阶层开始形成，完全无水田靠帮工维持生活的人家也在一些村寨相继出现，封建地主经济的生产关系已经形成。

紧跟着土地买卖之后出现的是租佃关系。地主购买土地之后，多租佃与原主耕种，收取地租，土地的所有权与使用权便分离了。租佃关系在户腊撒地区已普遍存在，有的比例还相当高。芒弄村有二分之一的田是从地主、富农那里租来的，腊姐大寨佃耕面积达全村水田面积的 41%，海南及东山连勐两村，土地集中程度低于以上地区，租佃关系也少些，但是仍然占总水田面积的20%左右。

租额有活租和定额租两种。活租的比例不一，有对分的，即秋收后按实际产量，田主、佃户各得一半；有按二比一分的，佃耕者得三分之二，田主得三分之一。定额租，租佃双方事前商定租额，租额一般为正常年产量的20%～35%。收获时增产不增租，减产不减租。从芒弄村看，9起租佃关系中6起是活租；而芒东寨，15起租佃关系中有10起是定额租。各地情况不一，但是外村地主出租的田多是定额租。

户撒地区雇工普遍存在，有长工、季工、零工和童工。比较普遍的是零工，季工次之，长工不多。雇工的主要是地主、富农，其次是手工业者。这里的男子普遍会打制铁器，农忙务农，农闲打铁，技师们多雇用一两个人做助手或接收一两个少年儿童做徒弟。

户腊撒地区的高利贷也比较盛行，放高利贷的又主要是地主、富农。户撒芒东村地主全都放高利贷，富农80%的人家放高利贷。借贷形式主要有3种：货币借贷，利息以货币偿付，当地群众称为"干息"；借货币或谷物，秋收后以新谷偿还，称为"水息"；买青苗，高利贷者利用青黄不接时粮价高，新谷登场粮价低的特点，秋前借一箩谷子，秋后得还2～3箩。正常借贷的利率，抗日战争前较低，一般年息是15%，抗日战争时期上升到20%～30%，抗日战争后又升到50%。利息用货币（干息）或谷物（水息）支付，主要看借贷人支付条件及债主的需要，由双方自愿商定。1955年民主改革前，在商品经济比较发展的芒东寨，51件债务中49件用货币支付。借贷金额大的，要立契约，债主为了保住本金的回收和利息的取得，要求借款人必须以水田或其他有价实物做抵押，遇债人无力还债时，他们便占有抵押品。

梁河县的部分地区，原隶属于腾冲县，汉文化程度相对高一些。许多阿昌族村落远在元明时期就与汉族村落为邻或同寨居住。芒展村以阿昌族为主，也有部分汉族居住，而且杂居的时间较早，汉族谢家祖坟墓碑（1766 年立）就刻着"历代始祖原籍四川人氏，寄居屯越（腾冲）瓦窑，嗣后康熙五十四年（1715年）祖父移至芒展"。特别是明代大量汉军屯守边疆，多与阿昌族为邻。内地汉民带来了先进的技术，尤其是铁器的制作和使用，促进了阿昌族农业和手工业的发展。

从建寨历史比较悠久的一些阿昌族村落考察，当他们建寨时，就以开垦水田和种水稻为生，他们虽然受到汉族的影响，但是仍然在傣族土司制度下，百姓在土司辖区内开挖的水田，仅有耕种权，所有权属于土司，土司头人宣称土司就是"土地的主人"，管土吃土是理所当然的，百姓种田就得出负担，称为"官租"。近代，土司要阿昌族人民出"地基银子""官烟"（鸦片）"官租"三大款。所派数额各地略有差别，总的是负担沉重。丙介芒展村 31 户居民，每年给土司交的三大款禄折谷 667 箩（约 1.15 万千克）。此外，每年 7 月份还要给土司交竹笋 40 多千克，还有不定期的杂派。此外，有些阿昌族村寨要负担土司的一些劳役；勐科寨是土司固定的"佚马寨"，凡土司家人外出，就由该村派人去抬轿；丙介、丙岗是"伙夫村"，土司家有事均由他们派人煮饭；弄丘、关章划为"胭粉庄"，负责供应土司夫人、小姐胭脂花粉；长寨负责吹大号，一天吹 3 次，常年如此。此外，荒田村负责烧柴，那乱寨负责洗菜，瓦窑寨新城专吹唢呐等。

二、社会主义所有制的建立与发展

中共中央和人民政府为消除由于历史上阶级压迫和剥削而造成的民族隔阂，把各族人民团结起来，共同保卫和建设边疆。1950 年底，中央民族访问团带着党中央、中央人民政府和毛主席对各族人民的关怀进入德宏地区，向阿昌族、傣族、景颇族、德昂族、傈僳族等民族进行慰问，听取了阿昌族等民族人民的意见。1952～1953 年，中共云南省委和保山地委，先后派出两批民族工作队，一些工作组分别进入阿昌族村寨，开展访贫问苦和做好事、交朋友活动，主动修桥补路，帮助群众治病、挑水、扫地、犁田、栽秧，只要对阿昌族人民有益的事他们都做。民族工作队诚心诚意地帮助阿昌族人民解决生产、生活中的困难，帮助调解民族内部和民族之间的纠纷，消除互相间的隔阂，深得阿昌族人民的信赖，工作队成了阿昌族人民的知心朋友。

阿昌族人民长期处在封建领主、地主的双重压迫剥削之下。德宏和平解放后，国民党的捐税负担不存在了，但是土司的官租、杂派，地主的田租、高利贷剥削依然存在，农民辛苦一年所得粮食的大部分，仍然落到封建领主和地主手中。若不从根本上废除封建剥削，要彻底解放生产力是不可能的。梁河县丙介阿昌族农民带头掀起了反官租、地租的浪潮，永和阿昌族的一些贫农积极分子组织了"机密组"，自发打开了土司设在村里的粮仓，把1 500多千克稻谷分给贫困农民，他们说："谷子是我们种出来的，为什么自己饿着肚子也不能吃！"接着农民要求进行土地改革，群众说："不改革走不成社会主义道路。"1953 年 7 月，在庆祝德宏傣族景颇族自治区（后改为州）成立大会上，阿昌族代表庄严提出"废除官租，消灭剥削，实行土地改革"的要求，梁河县的永和、那乱两村已先后反掉官租、地租 10 余万千克。芒市高埂田阿昌族和汉族一道，于1954 年 4 月开始了减租清债斗争，并于同年秋分了地主的田地和牲畜。

阿昌族的贫苦农民受压迫剥削深，觉悟提高快，许多事情都走在党的工作之前。为了稳定边疆和有秩序地进行改革，德宏傣族景颇族自治州在中共云南省委的统一领导下，制定了《和平协商土地改革条例》，在 1955 年 8 月 17 日召开的首届人大第三次各族人民代表大会上通过。1955年秋末冬初，和平协商土地改革运动轰轰烈烈地开展了，和平协商土改工作队严格执行党的方针政策，坚决贯彻"依靠贫农、雇农，团结中农，中立富农，有步骤、有区别地废除封建土地所有制"的阶级路线。"土改工作队"认真依靠阿昌族和其他各族劳动人民，团结各阶层人民和与人民群众有密切联系的民族公众领袖，采取自上而下的协商方法，坚持废除领主、地主的土地所有制和劳役、门户捐、高利贷等负担，没收他们的田地归农民所有。在此前提下，对民族上层实行赎买政策，保留他们的房屋和浮财，优先分配给一份与农民同等条件的土地，对其多余的耕牛和大牲畜由政府购买后分给农民。在具体工作中，工作队深入到贫困人民中，认真宣传进行"和平协商土地改革"的意义，分别召开贫雇农、中农、民族上层人士、青年、妇女、老人座谈会，解除思想顾虑，逐渐组织阶级队伍，成立农民代表会、妇联会和扩大民兵组织，基本条件具备后，即划分阶级。在斗争策略上采用"背靠背诉苦"和"面对面协商"方式。农民在背靠背的诉苦中，进一步认识到土司、地主是一丘之貉，贫苦农民才真正是一家。协商代表根据群众的控诉，有理有节地与土司、地主斗争，使其低头认罪和接受"和平协商土地改革"。时机成熟后即没收、征收土地。据梁河县丙介乡统计，没收土司、地主的田和征收的寨公田及富农多余的田共7 700多亩，产量为111.75万余千克，分配给900户无田或少田户。丙介村没收、征收地主、富农的土地221亩，占全村总耕地面积的60%。芒展村土改后每户平均少交租谷1 500余千克，改革解决了阿昌族农民的土地要求，解放了生产力。

1955年7月，毛泽东主席《关于农业合作化问题》，中共中央《关于农业合作化问题的决议》先后发表，中共云南省委也制定了《全面发展生产，逐步实现农业合作化》的方针，在上述方针指导下，阿昌族地区的农业互助合作运动蓬蓬勃勃地发展起来。1956 年仅梁河丙介乡就按照自愿互利和民主原则组织起 12 个互助组。通过换工互助进行集体劳动，按照等价原则使用大牲畜和大农具。互助组有条件合理调剂耕牛和劳动力，能适时栽插，不误农时，相互间的生产经验也能及时交流。秋收时丙介乡的 12 个互助组都增产增收，增产幅度大多在 30% 以上，阿昌族进一步认识到互助组是促进农业生产的好形式。接着，各级党委和政府准备在工作基础较好的地区试办农业生产合作社，一方面进行办社优越性的宣传，另一方面组织一些阿昌族的积极分子到内地参观和学习办社经验，阿昌族人民办合作社的热情逐步高涨起来。丙介乡原规划办一个 20 户人家的合作社，但是广大农民都认为合作社比互助组有更多的优越性，申请入社农户达 280户，远远超过预计数。由于领导干部不足，又没有什么经验，只好在丙介、那乱、永和、芒展选择了态度坚决的 120 户农民，办了 4 个合作社，说服了其他要求入社的农户，待取得经验就接纳他们。那乱社当年收入稻谷 34 200 多千克，比 1955 年增长 23%，入社前 18 户社员中有 14 户靠救济，到 1957 年有 15 户变成余粮户，当年出售余粮 1.3 万千克。与此同时，陇川县户撒区也办起了 15 个农业生产合作社，入社达 289 户人家，占全区总农户的 11.9% 。

合作社建立的第一年普遍都增加生产，有的增长幅度比较高，这又进一步鼓舞了农民的办社热情。德宏傣族景颇族自治州、各县党政部门仍然坚持"慎重稳进"的方针，力争在巩固的基础上前进，保证合作社的健康发展。但是，当时阿昌族群众要求办社的呼声很高，丙介只好在原有 4 社的基础上又新办了 5个社。到了 1958 年秋天，"左倾"之风也刮到阿昌族地区，短短的几个月内全州实现了公社化，阿昌族农民也全部成为人民公社的社员。但是，社员的自留地、竹蓬、果木全归入村社成为集体财产，大牲畜和猪无偿地集中到公社的畜牧场、养猪场里，大办钢、铁、铜，大协作，吃饭不要钱等一些不切实际的做法流行起来。瞎指挥、强迫命令、浮夸等风气盛行，也给阿昌族人民造成很大损失。德宏傣族景颇族自治州党政部门及时发现问题报告省委，较快地纠正了偏差，生产秩序又逐渐恢复，农业生产得以复苏。1960 年，中央对国民经济实行"调整、巩固、充实、提高"的方针，纠正了"左"的错误，各项工作又取得正常发展。

经过几年调整，一种适合阿昌族干部和群众管理水平的合作社体制建立起来了，但是还没有得到应有的发展，"文化大革命"又开始了。1969 年具有"一大二公""政社合一"特点的人民公社又强加到阿昌族人民头上，开展"学大寨""评政治工分""割资本主义尾巴"之风也在阿昌族人民中流行，又一次挫伤了阿昌族劳动人民的积极性，农业生产又遭到严重破坏。十一届三中全会后，逐步恢复了"包工包产"的办法，群众喜欢的包干提留办法迅速发展起来，"联产计酬"的责任制不断得到完善。1983 年，阿昌族地区包工包产的社已在合作社总数的99.8%，私有大牲畜占大牲畜总数的98.2%，彻底打破了吃大锅饭的平均主义分配方式。为了使大好形势继续发展，中共德宏傣族景颇族自治州委做出了"联产计酬"15 年不变的决定，使阿昌族人民放心增加农业投资，扩大再生产。

同时，在从实际出发，因地制宜开展多种经营，改变单一经济结构，尽快发展民族经济的指导思想指引下，通过调整农村产业结构，较好地发挥了本地区优势，经济作物有了较大发展。陇川县户撒乡大种经济林木桉树，提炼桉叶油，仅在 1992 年就种植桉树 5 万株。梁河县糖厂的建立，曩宋阿昌族乡的 5 个合作社，甘蔗从 1980 年的 80 亩，1985 年为千余亩，1990 年发展到9 000余亩，产量39 500余吨，产值 395 万余元。九保阿昌族乡1990 年种甘蔗5 380余亩，产量26 150余吨，产值 261.5 万余元。户撒阿昌族乡的产业结构调整也取得较好成绩，农业在不断增长的同时，扩大了工副业及多种经营，在总收入中，粮食的比例下降，工副业及多种经营收入在不断上升。1960年，粮食占总收入比重的98.9%，1985年降为80%。1960年种植业占90.25%，1985年下降为48%，在此期间，工副业由原来的8.56%增长到18.5%，其他多种经营由1.19%，增加到33.5%。1985年总收入为604.25万元，每人平均345元，分别为1960年的10倍和4.8倍。阿昌族的一些"专业户""重点户""科技户""养殖户""种植户"也随之发展起来，新的经营方式在出现，梁河县横路有5户阿昌族联合经营一个有96亩茶园的茶厂，有24人联办砖瓦厂，还有的联合经营鱼塘、甘蔗基地，承包荒山种植柑橘、蜜桃、梨等经济林木，积极探索有利于发展社会主义生产力的劳动组合方式与产业结构。

阿昌族多居住于半山半坝地区，物华天宝。坝区适宜运输、饮食、加工、服务行业；山区适宜种植、养殖、采矿等产业。改革开放以来，继续深化农业，开辟第三产业，是各级党委、政府部门的一件大事。各级党委、政府部门瞄准目标，组织扶持各村社开展新产业，大办经济实体，大力调整产业结构，加强第三产业。曩宋阿昌族乡到1988年建成乡镇企业46个，从业人员达3 200人，仅乡镇企业收入就达227万元。世世代代只会在田地里躬耕而不会经营，甚至耻于经商的阿昌族人民，如今理直气壮，开辟新的产业，在商品经济的大潮中初显身手。全乡出现了热气腾腾的"经营七个子"，即曩宋、瑞泉从事运输的车轮子，马茂搞布料、百货经营的尺子，河东贩运生猪牲畜的竹刷子，芒林、芒东搞屠宰经营的秤杆子，弄行种植油菜获利的油菜子，弄别、弄蚯、墩芡挖煤开矿的煤洞子，关章弄蚯种植柑橘的橘园子。曩宋乡的面貌从一个角度充分显现了阿昌族地区除乡镇企业作为新兴的第三产业正在兴起外，各地又涌现出发展商品经济前所未有的热潮。

第二节　农业生产

近代阿昌族的农业，以种植水稻为主，水田成为阿昌族的主要生产资料。但是，阿昌族多居住半山区，绝大部分水田都在山坳里，多为埂高面窄的梯田，有些水田又是要靠山涧小溪、雨季来临后方有充足水源。如遇到干旱则有相当部分田地的生产就受到威胁。延误栽插季节，产量就难以保证。

阿昌族种植水稻的技术是比较高的，普遍重视选用和培育良种。中华人民共和国成立前，阿昌族选育的"毫公安"就是一个高产品种。各家各户都有育苗的秧田，每年播种前要追足底肥和绿肥，以保证秧苗茁壮。水田一年种一季普遍都是 3 犁 3 耙，薅 2 次草过细耕作。产量一般为籽种的 65 倍左右，高的达 80 倍，低的为 35 倍。一个正常劳动力一年出勤 250～280 个劳动日，可耕种水田 8～12 亩，可生产水稻 2 400 余千克，口粮及衣服支出 600 千克左右，所余 1 800 千克，超过自身消费的 2 倍以上。然而，阿昌族中仅有少数人能达到此水平，还有相当部分因水田不足，缺乏生产垫本等不能充分发挥作用，只好将劳动力使用到其他项目上，比如在旱地上种包谷、小麦、荞、白薯、大豆及开荒种旱谷等。中华人民共和国成立前，有的还种一些"大烟"（鸦片）。

玉米，习惯种在自己的园地里，玉米收后即种菜，也有的在旱谷收割后即点上玉米、花生或大豆。其他旱地上种生姜、红薯。此外，也在旱地上种芝麻、红米等，数量不多。

在农业生产和家务劳动中，男女间有一定分工。女人不犁田、不使牛、不上房顶，传统的说法是"女人使牛牛会哭，女人犁田庄稼长不好，女人上房不吉利"等。妇女主要从事栽插薅锄、找柴火、找猪饲料、找互市山货、做家务、织布、做衣服等。

生产工具有犁、锄、耙、条锄、镰、斧、长刀、弯弓、刷棍等20余种。犁铧来自外族。耙有手耙和脚耙，木制，有的耙齿用铁制。生产工具多数自己制作，少数购自市场，样式和附近汉族、傣族农民使用的相同。

生产季节，主要是围绕农作物安排，多半是三月下种至秋收比较忙，秋后至次年春耕前比较松，农历正月、二月农活少，人们说"正月闲过，二月晃过，三月理活四月做"。但是，对劳动者来说，正月、二月农活虽少，他们还是要去捉鳝鱼、割山草、扎扫帚等到市场出售，以补贴生活之不足。今天则不同了，从20世纪70年代初，双季稻进入阿昌族地区，正月初二就要抢种抢栽，农活比旧时增加了一倍。另外，由于糖厂的建立，甘蔗面积大量增加，榨糖正是在过去的农闲季节，于是农闲变为农忙了。

发展生产，改善生活，是长期处于贫困状态下的阿昌族的根本要求，工作队进入阿昌族村寨后，首先是帮助他们解决生产、生活中的困难。1952年，户撒地区救济了铁锅120口，还有粮食、衣服、被盖等。1953～1954年初，给户撒、腊撒的耕牛、农具和恢复发展手工业的贷款为2.5万元人民币，得到政府扶持的651户，占总农户的四分之一以上。有12户人家的邦四寨特别贫困，政府除救济口粮、布匹、棉毯、铁锅等生活资料外，还救济耕牛6头，帮助恢复和发展生产。在梁河县，从1952～1954年，党和政府领导阿昌族人民兴修大小水利工程250多件，解决了部分农田灌溉，提高了产量，增加了农民收入。阿昌族聚居的丙介村1957年办起了9个合作社后，即组织部分社员在14个月内，投工8 300余个，炸药3吨，在悬崖峭壁上开出了2条引水渠，使1 000余亩雷响田变成保水田，使产量由过去每亩100多千克增加到200多千克，产量翻了一番。1969年5月，弄别大队的阿昌族和汉族一道，动工修建南林大沟，由于工程艰巨，除大沟长15.8公里外，要凿通一个长94米的隧洞，费时费工，但在齐心协力共同奋斗下，终于在1979年通水，增加了680余亩保水田。水利是农业的命脉，阿昌族许多村寨，都为农业生产配套修了大沟，许多大沟修建工程复杂艰巨，为造福后代，有的人献出了生命，修芒展大沟时就有赵大繁牺牲。效益型大沟还有关章大沟，1990年投资7万元修扩工程，新建倒虹吸工程。此外，各地还修建了一些小型水库和坝塘。

阿昌族农民长期坚持以农业为基础和大力兴修水利，使粮食生产迅速发展。1986年，梁河县横路村8个合作社，粮食总产达42.79万千克，比1979年增加了13.3万千克，增长了46%，人均有粮447.5千克，基本上解决了温饱问题。丙介村在粮食面积减少（部分改种甘蔗）的情况下，粮食产量仍达74.76万千克，比1979年增长18.6%；农业总收入65.67万元，比1979年增长1.7倍。陇川县户撒阿昌族乡，1986年的粮食总产为874万千克，人均有粮484千克，年产量达5 000千克以上的达36户，交售商品粮5 000千克以上的有14户。户撒乡近几年把扩大小春种植作为增产粮食的一项重要措施，过去水稻收割后即休耕，现在种小麦、油菜、烟草，改一季为两季。1985年种小春5 293亩，增加产量101.73万千克。1990年复种面积9 644亩，产量为150.56万千克。户撒乡在种植著名"户撒烟"的基础上，大力种植烟草。1993年种夏烟5 496亩，还准备试种秋烟1 500亩。1998年，户撒乡干果办大力推广"1 000万亩板栗"工程果苗长势呈良好态势。改革开放以来，阿昌族的产业结构也得到较好的调整，除保持粮食的稳步发展外，梁河县扩大了甘蔗种植，为糖厂提供商品原料。户撒地区有相当部分劳动力继续发挥手工业专长，从事铁器制作和销售，都有较好的效益。曩宋阿昌族乡1989年大小春粮食总产7 151吨，总复种面积13 319亩，占粮食面积的85%；其中双季稻4 953亩，三熟制1 000亩，亩产1 000千克（称"吨粮田"）。油菜总产量63 500千克，全乡工农业总产值达1 020.93万元，比1978年的212万元增长3.8倍。被国务院、国家民族事务委员会评为"全国民族团结先进集体"。

改革开放20年来，阿昌族地区加大改革力度，加快致富步伐，在脱贫致富奔小康的道路上，一步一个脚印，开拓进取，开创了边疆农村新局面。1998年，梁河县曩宋阿昌族乡全乡工农业总产值达3 666.67万元，人均纯收入923元；全乡粮食总产量6 550吨，人均292千克；全乡财政收入650 947.79元。小学以上在校生4 210人。1998年，梁河县九保阿昌族乡全乡工农业总产值达3 105.36万元，人均纯收入974元；全乡粮食总产量4 688吨，人均308千克；全乡财政收入490 000元。小学以上在校生5 408人。1998年，陇川县户撒阿昌族乡全乡工农业总产值2 690万元，人均纯收入767元；全乡粮食总产量9 507吨，人均455千克；全乡财政收入560 889元。小学以上在校生2 765人。

第三节　独具风格的民族手工业

一、铁器生产

阿昌族的手工业有悠久的历史，远在公元八九世纪就制作弓（弩）、箭和竹制头盔，明清以来户撒的铁器手工业最具特色。

明代屯戍陇川户撒的军队，逐渐融合于阿昌族中，明朝兵士生产兵器的先进技术，被阿昌族继承下来并进一步发展了这一项技术，生产了砍刀、长刀、矛头、镰刀、斧头、锄、犁、耙齿、钉耙、剪刀、马掌、锅铲、铁铲、勺及凿子、锤、破楔、錾子、铁犁头、铁耙齿等生产生活用具，为边疆各民族的生产提供了服务，产品还畅销友好邻邦缅甸、泰国、印度等东南亚地区。

阿昌族长刀炼制精纯，具有锋利、坚韧、耐用的特点，素有"柔可缠指，削铁如泥"的美称。有的技师还在刀上刻制十二生肖图，灌注黄白铜，又变成了精美的艺术品。有些好刀还用白银包柄和刀壳，青壮年挂上它可增添英俊威武之感。因此，在边疆，不论景颇族、傣族、德昂族、傈僳族、阿昌族乃至居住山区的汉族青壮年，都会购置一把精制的阿昌刀，外出时随身佩带。

生产铁器，过去钢材稀少，主要用毛铁打刀、斧和生产工具，仅在关键部位夹钢，这要有较高的技术，首要的是使钢走匀，走不匀或夹灰就成次品或废品。国民党设治局1920年估计，生产长刀11 000多件。抗日战争后，国民党不顾人民休养生息的需要，继续进行内战，无休止的捐税、劳役，使阿昌族的铁器手工业难于恢复。当时，国民党及日军遗弃在德宏地区的武器及废旧钢材不少，原料不成问题，但购买力低，每年仅能生产3 000余件，数量十分有限。

户撒地区的阿昌族男子大多从事铁器生产，但是不同村落又各有特长，习惯上有一定分工，海南寨以铸铁犁头见长，芒胆寨善于打制长刀，来福寨多打制大刀、砍刀，雷曼寨以马掌、锯齿镰出名。各个技师在自己的产品上打上印记，刻有商标，这是技术和信誉的象征，他人不得冒充，冒牌者要遭到谴责，甚至会被告发。户撒手工业历史悠久，从业人员多，海南寨90%的男劳动力都从事铁器生产，但是多为家庭作坊，由有技术的父亲和儿子组成，或由师傅招收两三个徒弟，或由师傅聘用几个帮手组成，基本上是三四人开一盘炉子，而且是农忙务农，农闲生产铁器，或挑上打铁工具走村串寨服务，有的也到缅甸北部一些村寨服务。梁河地区就不一样，这里阿昌族中也有铁匠，多数是几个村寨才有一户，他们主要是为周围人家修理或来料加工农具，有时也生产一些铁锄、刀、三脚架、火钳等到市场上出售，但是活动范围狭窄。

中华人民共和国成立后，压在各族劳动人民头上的"三座大山"被推倒了，阿昌族人民的生产力也得到空前解放，工农业生产迅速恢复和发展，农具的需求量大幅度增长。为了满足边疆各族人民的需要，商业供销部门对阿昌族的铁器手工业给予了大力扶持，保证供应优质钢材、白银和黄铜，并包销他们的产品。于是，1953 年户腊撒打铁的炉子发展到 300 多盘，农具产量比1952 年增加了 3 倍。1954 年创办了有 10 户社员参加的铁器手工业合作社。1956 年扩大到 37 户，炉子由 5 盘增加到 13 盘。腾冲、瑞丽、陇川、盈江、梁河等县的贸易公司，每年向合作社订购的农具都在万件以上。在此基础上，1960 年创办了户撒铁农具厂，购置了汽锤和机床，1966 年后又改为民族刀具厂。在"文化大革命"期间受到干扰，发展缓慢。改革开放以来，除集体的和社队企业外，农民家庭手工业又有发展，私人打铁炉子发展到 282 盘，从业者 860 余人，产值直线上升。户撒阿昌族乡和县农具厂实行厂群结合，1985 年生产刀具和银器 11 万多件，产值从 1978 年的 30 万元增加到 113 万多元。1979 年接受国家主管民族特需品部门的委托，生产藏族同胞日常所需的可用于装饰、剥畜皮、砍骨头和防身的多用刀。这种刀过去从印度进口，价格昂贵，往往是买一把刀要卖一匹马。户撒阿昌族技师专门生产的藏刀，不论工艺水平和质量都可与印度刀媲美，在某些方面还超过印度刀，价格仅有进口刀的十几分之一，深受藏胞欢迎。1983年被国家民委、轻工业部评为"民族特需工艺品最优产品"。1986 年有 2 万余件直接销往西藏、四川、青海的藏族地区，还有部分远销新疆等地。在本省销售的达 8 万余件。好刀要有好的刀鞘、刀柄陪衬，藏刀的壳和柄多用镂刻有各种浮雕图案花纹的银或铜皮包着，华丽美观，也有专门技师制作。

随着生产的发展，现代机械也逐步增加。1990 年户撒民族刀具厂有 65 千克汽锤 1 台，160 吨压力机 1 台，120 吨冲床 1 台，平面磨床 1 台，万能工具洗床 1 台，砂轮机 2 台，电焊机 1 台，汽车 2 辆。年销售总额为 37 万余元。个体户李德勇现有 65 千克汽锤 1 台，钻床 1 台，砂轮机 1 台，1998 年的销售收入 15 万余元。阿昌族个体户余建设与另一人合伙生产，年销售收入增长 5 万余元。1990 年群众生产刀具 21.5 万余件，产值 154 万余元，销售总额达 102.66 万元。1998 年户撒乡全乡生产刀具 728 万件，产值 2 284 万元，销售总额达 2 941 万元。

此外，阿昌族的银饰品也很有特色，户撒李芒呆村 71 户人家，66 户生产银饰品。所生产的银手镯、银链、银簪、银扣，景颇族妇女节日盛装上的银泡等，行销德宏各地和缅甸北部市场。

现在户撒阿昌族的乡镇企业和私人手工业的从业人员已超过 2 000 人，占户撒阿昌族总人口的 22% 左右。乡里还设立了企业领导小组，有管理干部 6 人，他们都是从有经验和有技术的农民兼手工业者中选出。企业领导小组下设产、供、销公司，公司下为厂长（经理），实行产、供、销一条龙，现有原料采购和产品销售人员 60 余人。产品花色品种已发展为有藏刀、蒙古刀、彝刀、武术长剑等 150 多个品种，生产方式已从千家万户"各吹各打"走向专业化、集团化的道路。

二、纺织手工业

据史书记载，公元八九世纪时，阿昌人主要靠兽皮御寒，纺织业尚未发展起来。宋元时期他们的农业有长足发展，纺织随之兴起，到明代已有相当发展了，（清）道光《云南通志》载："峨昌……畜牧、纺织为生……地产蔴葛。"近代，阿昌族妇女都有纺织技术，人们常说："不会织布的阿昌族姑娘是嫁不出去的。"过去，家庭里男女的衣服、包头、裙子，都由妇女们自己纺纱、织布、染色和缝制的。20 世纪初，由于机纺棉纱的流入，为节约纺纱时间，人们逐渐购买棉纱织布。中华人民共和国成立后，随着我国纺织工业的飞速发展，布匹供应充足，物美价廉，阿昌族妇女的衣服布料多从市场购买，有些青年人直接从市场购买成衣，靠妇女织布做衣服的情况发生了巨大变化，妇女们仅利用空余时间织一些自己喜欢的民族花纹的裙子、包头布、挎包之类。传统的手工纺织已基本上被机织棉毛、化纤布料所代替。

三、编织手工业

古代阿昌人的生产、生活用品中，有许多竹制品，而且工艺有一定水平。史书载"峨昌早制竹器"，不少民间故事和山歌中也有描述："栀子开花紫叶红，阿昌早会用竹筒，编成吊篮赛凤凰，编成簸箕赛月亮。"阿昌族编制的竹器有些仿飞禽走兽造型，并涂以彩漆，是很好的工艺品。至今，户撒乡项宋村 35 户阿昌族，其中 33 户编畚箕、花篮、提篮、背箩、筒箕、簸箕等出售，产品销往盈江、陇川等地，每年销售 1.5 万余件。这个村农民的总收入中，60% 来自竹器销售。如今，阿昌族竹编的使用范围大大缩小，过去使用的篾饭盒、篾书包、草烟盒、竹洗脸洗脚槽等生活用具，逐渐被铜、铁、瓷、铝制品或搪瓷碗盆所代替，竹编的桌、凳、箱、笼，逐渐被木箱、木柜、木桌、大立柜、三门柜等现代家具所代替。少数经济条件好的人家已使用沙发等高档用品了。

阿昌族的手工业虽然与农业紧密联系，手工业者多系农忙种田，做完农活就做手工业，或家中部分人从事农活，部分人从事手工业，他们的技术水平和行业分工发展程度较高，有些已不再是纯手工业，而是向机械生产过渡了。曩宋阿昌族乡 1989 年统

计，本乡有农用汽车 11 辆、大中型拖拉机 75 台、手扶拖拉机
276 辆、农用脱粒机、碾米机、粉碎机、喷洒农药机，步入千家
万户，已无法确切统计。这些现代工业文明的产物，代替了阿昌
族的多数民族手工业，但也极大地解放了生产力，有利于阿昌族
地区的社会主义现代化建设。

后　记

　　《阿昌族文化大观》系"云南民族文化大观丛书"之一。在编写过程中，参考了中华人民共和国成立以来有关阿昌族文化方面的现有材料，有的资料在文中已注明来源，有的资料由于各种原因无法注明来源。对未能注明来源的资料作者在此深表感谢歉意！

　　《阿昌族文化大观》是中华人民共和国成立以来，第一部从文化学角度评价阿昌族人文历史的专著，内容集理论性、科学性、系统性、广泛性、知识性、趣味性和权威性于一体。涵盖了阿昌族的渊源历史、语言文字、宗教信仰、风俗习惯、伦理道德、文学艺术、新闻出版、科学技术、教育体育、政治军事、商业贸易、交通通信、经济生产等领域。全书共分十二章，计25万字。在编写过程中曹先强（阿昌族）负责撰写了引言、第一章、第二章、第三章、第四章的第一至九节和第十一节、第五章、第六章、第七章、第八章、第九章的内容，计20万字，并承担了全书的统稿工作。桑耀华负责撰写了第四章第十节、第十章、第十一章、第十二章的内容，计5万字。

　　曹先荣做了前期的准备工作，并且撰写了第五章的初稿。赵家健、曹连能、赵安周、左续忠、曹明东、曹明强、张恩放、闫敬芳、曹先鹏、们发延、们维德、赵兴旺、赵家贤、项陆才、穆光荣等阿昌族同志提供了部分数据和材料。图片资料由刘扬武、曹先强、王红、赵汀、张红艳、曹鹏举拍摄。定稿过程中得到了中共梁河县委书记、第九届全国人民代表大会第九届阿昌族代表、雷翁团（阿昌族）的关心。第七届全国人民代表大会阿昌族代表、原中共梁河县委书记、梁河县人民政府县长、现任德宏傣族景颇族自治州人民政府副州长赵家培（阿昌族）同志，云南省少数民族语言指导委员会研究员和即仁（纳西族）先生在百忙中审阅初稿，并提出了宝贵的修改意见。谨对以上所有领导和专家的关心和帮助深表谢意！

　　由于时间仓促，水平有限，缺点或错误在所难免，望批评指正。

曹先强

1992 年 8 月初稿

1993 年 8 月第二稿

1999 年 6 月第三稿